全国革命老区县发展史丛书·广东卷

珠海市斗门区革命老区发展史

珠海市斗门区革命老区发展史编委会　编

SPM 南方出版传媒·广东人民出版社
·广州·

图书在版编目（CIP）数据

珠海市斗门区革命老区发展史 / 珠海市斗门区革命老区发展史编委会
编 . —广州：广东人民出版社，2021.7
（全国革命老区县发展史丛书·广东卷）
ISBN 978-7-218-14652-2

Ⅰ . ①珠…　Ⅱ . ①珠…　Ⅲ . ①区（城市）—地方史—珠海
Ⅳ . ①K296.54

中国版本图书馆CIP数据核字（2020）第237268号

ZHUHAI SHI DOUMEN QU GEMING LAOQU FAZHANSHI

珠海市斗门区革命老区发展史

珠海市斗门区革命老区发展史编委会　编　　　　　版权所有　翻印必究

出 版 人：肖风华

责任编辑：李　敏　温玲玲
装帧设计：张力平等
责任技编：吴彦斌　周星奎

出版发行：广东人民出版社
地　　址：广州市海珠区新港西路 204 号 2 号楼（邮政编码：510300）
电　　话：（020）85716809（总编室）
传　　真：（020）85716872
网　　址：http://www.gdpph.com
印　　刷：广州市浩诚印刷有限公司
开　　本：715mm×995mm　1/16
印　　张：20.75　　　插　页：8　　字　数：290 千
版　　次：2021 年 7 月第 1 版
印　　次：2021 年 7 月第 1 次印刷
定　　价：78.00 元

微信扫描二维码　◀◀◀
您立即获得**本书主要内容/
丛书介绍。**

广东省编纂《革命老区县发展史》丛书
指导小组

组　长：陈开枝（广东省老区建设促进会会长）

副组长：林华景（广东省老区建设促进会常务副会长）

宋宗约（广东省农业农村厅二级巡视员、广东省老区建设促进会副会长）

刘文炎（广东省老区建设促进会副会长）

郑木胜（广东省老区建设促进会副会长）

姚泽源（广东省老区建设促进会副会长兼秘书长）

谭世勋（广东省老区建设促进会副会长）

廖纪坤（广东省农业农村厅总经济师）

办公室

主　任：姚泽源（兼）

副主任：韦　浩（广东省农业农村厅扶贫协作与老区建设处处长）

柯绍华（广东省老区建设促进会副秘书长）

伍依丽（广东省老区建设促进会副秘书长）

《珠海市斗门区革命老区发展史》
编纂委员会

编委会成员

主　　任：陈夏森

副 主 任：刘孝雄

编　　委：邝英豪　　邝建楠　　潘倩岚

　　　　　周翠兰　　黄学游　　容燕宇

　　　　　冯均辉　　申元凯　　梁　娟

　　　　　杨成樟

编辑部成员

主　　编：刘孝雄

执行主编：杨　婷

执　　笔：龚　超　　张永刚　　肖扬宇

　　　　　关　锋　　曾先红　　梁晓珊

　　　　　李秀敏　　许家怡　　靖倩倩

特约评审：梁少华　　刘细学　　陈国齐

在举国欢庆新中国成立 70 周年前夕，中国老区建设促进会王健会长请我为《全国革命老区县发展史》丛书作序，作为一名在老区战斗过并得到老区人民生死相助的老兵，回首往事，心潮澎湃，感慨万千，深感义不容辞，欣然应允。

中国革命老区，是以毛泽东为代表的中国共产党人在领导人民推翻帝国主义、封建主义和官僚资本主义三座大山，争取民族独立和人民解放伟大斗争中建立的革命根据地，在这片红色的土地上，诞生了无数可歌可泣的革命英雄儿女，为后人树起了一座不朽的丰碑，她是新中国的摇篮，是党和军队的根。

在艰苦卓绝的战争年代，老区人民把自己的命运与中华民族的命运紧紧地联系在一起，与中国共产党和人民军队的命运紧紧地联系在一起，他们生死相依，患难与共。我曾亲历过战争年代，并得到过老区红哥红嫂的救助，切身感受到发生在身边的一幕幕撼天动地的革命故事，在那极其艰难的条件下，老区人民倾其所有、破家支前，不怕艰难困苦，不怕流血牺牲。"最后一碗米送去做军粮，最后一尺布送去做军装，最后一件老棉袄盖在担架上，最后一个亲骨肉送去上战场"，这是当时伟大的老区人民为建立新中国做出巨大牺牲的真实写照，它将永远镌刻在中国共产党、中国人民解放军、中华人民共和国的历史丰碑上。他们的光辉业绩永载史册，他们的革命精神必将影响一代又一代的革命新人，造就一代又一代的民族脊梁。

在社会主义革命和建设时期，革命老区和老区人民响应党的号召，面对落后的面貌、脆弱的经济、恶劣的生态环境，他们本色不变，精神不丢，自力更生，艰苦奋斗，干一行爱一行。始终坚持"革命理想高于天"，自觉做共产主义远大理想的坚定信仰者和忠实实践者，勇于向恶劣的自然环境和贫穷落后宣战，他们在各条战线上为国建功立业，用平凡的双手创造了一个又一个不平凡的奇迹，彰显了老区人的崇高精神和人格力量。

在改革开放的伟大进程中，老区人民解放思想，勇于创新，发奋图强，攻坚克难，老区的经济社会建设取得了辉煌成就。特别是在改变中国的面貌、中华民族的面貌、中国人民的面貌、中国共产党的面貌的伟大实践中发挥了至关重要的作用。老区人民既是改革开放的参与者，也是改革开放的推动者。

艰苦练意志，危难见精神。老区人民在近百年的革命战争、社会主义建设和改革开放的伟大实践中，孕育形成了伟大的老区精神：爱党信党、坚定不移的理想信念；舍生忘死、无私奉献的博大胸怀；不屈不挠、敢于胜利的英雄气概；自强不息、艰苦奋斗的顽强斗志；求真务实、开拓创新的科学态度；鱼水情深、生死相依的光荣传统。这是党和人民宝贵的精神财富、丰厚的政治资源，是凝心聚力、振奋民族精神的重要法宝，也是社会主义核心价值观的重要内容。

中国老区建设促进会怀着强烈的政治责任感和历史使命感，组织全国各地老促会人员克服困难，尽心竭力编纂《全国革命老区县发展史》丛书，记录老区的光辉历史和辉煌成就，传承红色基因，弘扬老区精神，是功在当代，利及千秋的一件大事。手捧这部丛书的部分书稿，读着书中的故事，倍感亲切，深感这部丛书具有资政、育人、存史的社会功能，有着重要的时代和历史价值。它是不忘初心、牢记使命的源头活水，是赞颂共产党、讴歌老区人民的一部精品力作，是弘扬老区精神、传承红色记忆的丰厚载体，是一项继承优秀传统文化、弘扬革命文化、发展社会主义先进文化，坚定"四个自信"的宏大文化工程。它必将成为一种文化品牌，为各界人士了解老区宣传老区支持老区提供一部有价值的研究史料。希望读者朋友们能从中了解并牢记这些为党和民族的利益不断奉献的老区人民，从中得到教益，汲取人生奋斗的精神动力。

新时代赋予新使命，新起点开启新征程。让我们更加紧密地团结在以习近平同志为核心的党中央周围，坚持以习近平新时代中国特色社会主义思想为指导，增强"四个意识"，坚定"四个自信"，做到"两个维护"，弘扬老区精神，铭记苦难辉煌。为实现"两个一百年"奋斗目标，实现中华民族伟大复兴的中国梦作出新的更大的贡献！

邓淯田

2019 年 4 月 11 日

2017年6月，中国老区建设促进会组织全国各地老促会启动编纂《全国革命老区县发展史》丛书，按照"建立中国共产党、成立中华人民共和国、推进改革开放和中国特色社会主义事业"三大里程碑的历史脉络，系统书写革命老区百年历史，深入挖掘革命老区红色文化资源，这对于充实丰富中国革命史籍宝库、在新时代传承红色基因、弘扬革命精神、强固根本，对于激励人们在新的历史条件下夺取中国特色社会主义伟大胜利，实现中华民族伟大复兴的中国梦具有重要意义。

丛书编纂以习近平新时代中国特色社会主义思想为指导，以《中国共产党历史》《中国共产党的九十年》等重要文献为基本依据，以党的领导为核心，以老区人民为主体，以老区发展为主线，体现历史进程特征，突出时代发展特色，坚持辩证唯物主义和历史唯物主义相统一、历史真实性与内容可读性相统一的原则，书写革命老区从站起来、富起来到强起来的光辉革命史、不懈奋斗史、辉煌成就史，把老区人民的伟大贡献、伟大创造、伟大成就、伟大精神充分展示出来，形成一部具有厚重历史特征和鲜明时代特色的精品力作。这是一部培根铸魂、守正创新，既为历史立言，又为时代服务，字里行间流淌着红色血脉、催生着革命激情的传世之作。丛书的编纂出版将成为讴歌党讴歌人民讴歌时代、传播红色文化、为革命老区和老区人民树碑立传的重要载体。

　　丛书按照编年体与纪事本末体相结合、以编年体为主的编写体例确定框架结构；运用时经事纬、点面结合的方式记述史实；坚持人事结合、以事带人的原则处理人与事的关系；采取夹叙夹议、叙论结合以叙为主的方法展开内容。做到了史料与史论、历史与现实、政治与学术统一，文献性、学术性、知识性相兼容。

　　为编纂好《全国革命老区县发展史》丛书，打造红色文化品牌，中国老区建设促进会认真组织积极协调，提出政治立场鲜明、史料真实准确、思想论述深刻、历史维度厚重、时代特色突出、编写体例规范、篇目布局合理、审读把关严格、出版制作精良的编纂出版总要求，力求达到革命史籍精品的精神高度、思想深度、知识广度、语言力度，增强丛书的权威性和社会影响力。各省（区、市）、市（州、盟）、县（市、区、旗）老促会的同志，以强烈的使命感、责任感和紧迫感，勇于担当，积极作为，认真实施，组织由老促会成员、专家学者等参加的十余万人编纂队伍。编纂工作主体责任在县，省、市组织协调、有力指导、审读把关。各方面人员以高度负责的精神和科学严谨的态度，满腔热情地投入工作，为丛书编纂出版做出了重要贡献。丛书编纂工作还得到了党和国家有关部委、地方各级党委政府及有关部门的大力支持和积极参与，社会各界也给予了热情帮助。中共中央政治局原委员、中央军委原副主席、原国务委员兼国防部长迟浩田上将，对老区人民怀有深厚感情，对革命老区建设发展十分关注，欣然为《全国革命老区县发展史》丛书作总序。

　　丛书由总册和1 599部分册（每个革命老区县编纂1部分册）组成，共1 600册。鉴于丛书所记述的史实内容多、时间跨度长和编纂时间紧，不妥之处，敬请批评指正。

中国老区建设促进会

● 革命旧址遗址 ●

进步刊物《黎明报》编辑部旧址

井岸西坑——黄杨山反围攻战斗遗址

月坑村五圣宫——中山八区抗日游击大队队部旧址

邝氏宗祠——原抗日先锋大刀队训练基地

白蕉镇大托村南村后山侵华日军
地道遗址

创基张公祠——马山乡战斗遗址

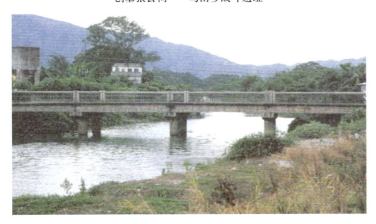

风流桥阻击战遗址

解放战争时期中山七区、八区武工队秘密集中地和指挥部

网山村革命斗争纪念广场

珠海市历史建筑——南门四圣宫镇边楼

珠海市历史建筑——定海楼

毓秀洋楼——斗门建县筹备组办公楼旧址

中共小濠涌党史教育基地

白蕉镇月坑老区纪念亭

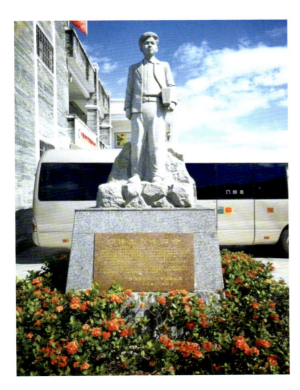

小濠涌村邝任生雕像

● **历史留影** ●

斗门建县初期农村面貌

斗门建县初期井湾路

1988年井岸大桥通车剪彩

20世纪80年代中兴路楼房林立

● 斗门新貌 ●

斗门镇南门村菉猗堂

井岸镇

白藤街道

斗门镇

革命老区村网山村新貌

莲洲镇

乾务镇

白蕉镇

美丽的斗门新城

创新斗门，一河三埠

斗门新青科技工业园

斗门富山工业园

四通八达的斗门交通

微信扫描二维码
您立即开展本书的
延伸阅读。

在革命战争时期，广东省的革命老区在中国共产党的领导下，进行了艰苦卓绝的斗争，为中国革命的胜利做出了重要贡献。珠海市斗门区革命老区作为广东省革命老区之一，无论在革命战争年代还是在全面建设小康社会的新时代，始终坚持中国共产党的领导，不忘初心，砥砺前行。

斗门蕴含丰富的红色文化资源，形成了宝贵的斗门老区精神，其红色文化资源和老区精神指引着老区的建设和发展。为了全面展示斗门老区的革命历程和建设成就，我们推出了《珠海市斗门区革命老区发展史》这部作品。本书凝聚了丰富的红色基因，将帮助我们确立文化自信，坚定政治信仰，也将为斗门脱贫攻坚、全面建成小康社会提供强大的精神动力。

本书以中共十九大精神和习近平总书记在庆祝改革开放40周年大会上的重要讲话精神为指导，以《关于建国以来党的若干历史问题的决议》《中国共产党历史》和《中国共产党的九十年》等重要文件、著作为基本依据，在深入走访革命老区、召开抗战老战士座谈会、认真查阅历史资料的基础上，以站起来、富起来到强起来的近百年历史发展为线索，系统记述了从新民主主义革命到社会主义建设时期斗门人民在中国共产党的领导下团结奋斗的光辉历程，客观反映了斗门的革命历史、建设历程尤其是中共十八大以来取得的重要成就。

斗门孕育了光荣的革命传统。1911年，坭湾乡的孙志雄率领乡民携带枪支弹药参加孙中山领导的辛亥革命。在1919年五四运动的浪潮中，斗门地区的广大爱国师生自觉组成宣传队，上街宣传反帝反封建的思想，声讨北洋军阀政府卖国求荣的罪行。1924年，参加了毛泽东主办的广州农民运动讲习所第二届培训班的斗门籍青年梁瑞生回到月坑村，开办农民夜校和农民剧社，向农民传播革命真理，并组织农民协会，建立农民自卫军，开展声势浩大的农民武装斗争。1937年9月20日，由邝任生担任支部书记的中共小濠涌支部诞生，这是中华民族最危急时刻中山八区诞生的第一个中共支部，也是珠海市最早成立的中共支部。在邝任生等中共党员的领导下，斗门先后成立了抗日先锋队、妇女协会、后援会、大刀会、锄奸队等先进群众抗日组织，发动面广、人数众多，在当时的中山县造成了巨大影响，小濠涌因此被称为"八区的小延安"。斗门区有20多个革命遗址，如斗门镇的小濠涌、黄沙坑、健民小学、南门崇基祠、意塘赵公祠，白蕉镇的八卦山、月坑五圣宫，乾务镇的网山村、南逸陈公祠等，这些革命遗址见证了斗门革命烈士保家卫国、视死如归的爱国精神。中华人民共和国成立后，斗门村安峨革命老区的12位优秀青年义不容辞地加入抗美援朝保家卫国行列。

在社会主义建设时期，老区艰苦奋斗的优良传统得以传承。

改革开放以来，老区锐意创新、先行先试，加快政治体制改革，加速经济转型，确立了与发展社会主义市场经济相适应的新思想、新观念、新作风。2001年，老区利用划归珠海特区的机遇，继续沿着社会主义市场经济的道路，在经济、社会发展等方面取得了巨大的成就。

　　《珠海市斗门区革命老区发展史》既是一部斗门革命斗争史，也是一部斗门人民发展史。它以生动的事实阐述了"没有共产党就没有新中国""只有社会主义才能救中国""改革开放是正确之路、强国之路、富民之路"的真理。全书地方特色鲜明，重点突出，通俗易懂，可读性强，是我们开展革命传统、爱国主义、区情区史教育的生动教材。

　　在本书编纂过程中，各级各部门党组织高度重视、积极参与，给出了许多重要指导意见；斗门区委党史研究室、斗门区档案局、斗门区博物馆、斗门区图书馆等部门为本书的编撰提供了大量的史料和文献，对此表示特别感谢！

　　最后，对一直关心和支持斗门工作和革命老区发展的各级领导、社会各界人士表示衷心感谢！希望全区各级党组织和广大党员认真学习、全面深入了解斗门的革命历史，进一步增强工作使命感和责任感，为斗门创建科学发展示范区做出积极贡献！

《珠海市斗门区革命老区发展史》编委会

2021年3月

第一章
斗门热土

珠海市斗门区地处南海之滨，山水相拥，河海相依。境内的珠江门户第一峰黄杨山绵延起伏，如苍龙静卧海面；浩浩汤汤的珠江水在此分流入海，形成"珠江八大门，五门过斗门"[①]的景观。又因该处地貌形如犀斗，而被称为"犀斗之斗、海门之门"。得益于出海口水道泥沙淤积，斗门先祖有了安身立命的沃土。加之雨量充沛、阳光充足，斗门稻蔗争翠、鲈蚬争鲜，成为宜种宜养的滨海水乡。斗门坐拥得天独厚的区位优势，

---

① 珠江有八大出海口门，其中五门流经斗门，包括：崖门、磨刀门、鸡啼门、坭湾门、虎跳门。

东北连中山，西北接江门，毗邻港澳，拥有海陆空立体化交通网络。

斗门热土钟灵毓秀，萃集自然与人文之美。历代斗门人民用智慧书写斗门故事，留下了宝贵的古老印迹与精神遗产。峥嵘岁月里，红色革命的种子在这片热土生根发芽，濠涌火种点燃斗门子女保家卫国的革命热情。迎来解放曙光后，斗门在保护中不断发展老区，让红色精神得以传承。筚路蓝缕，如今的斗门已改天换地，享有全国科技进步先进区、全国义务教育发展基本均衡区、广东教育强区、中国曲艺之乡、中国历史文化名镇、全国文明村镇、全国休闲农业和乡村旅游示范区、中国最美乡村旅游目的地、中国海鲈之乡、中国禾虫之乡等多个荣誉称号。

千载斗门　物华天宝

斗门地域虽然只是大海中的小山、海岛和礁石，但因气候宜人、资源丰富，促成了人类的繁衍生息。早在四五千年前已有人类在这里活动，经过数千年的冲击成陆和近现代的大规模围垦，终成今日之斗门。千载斗门，物华天宝，这片土地上有着层峦叠嶂、山水相拥的自然美景，亦有着滨海水乡的特色水产和美味珍馐。随着时代的发展，斗门区成为珠海市三大行政区之一，在新时代与粤港澳大湾区建设中，有着不可忽视的区位优势与发展潜力。

一、悠久古邑，滨海水乡

斗门区历史悠久，上可追溯到春秋战国时期，当时属百越海屿之地，是扬州之南裔；秦汉时期隶属南海郡番禺县；东晋元熙元年（419年）至南朝时期隶属新会郡封乐县；隋朝开皇九年（589年）隶属南海郡冈州；唐朝至德二年（757年），斗门地域分属新会县潮居都和东莞县香山镇；宋代绍兴二十二年（1152年）隶属香山县①，称潮居乡；元朝至元十九年（1282年），原广州府被改为广州路，斗门地域隶属广州路的香山县；明清时期，斗门地域分属广州府的香山县和新会县。明朝洪武十四年

---

① 东莞县请设香山县获准，析广州府辖下南海、番禺、东莞、新会四县濒海之地置香山县。

（1381年）改潮居乡为黄梁都，大沙、马墩、上横隶属新会县潮居都；清朝道光七年（1827年）至宣统元年（1909年），大沙、马墩隶属新会县潮居都；光绪六年（1880年），黄梁都改称黄梁镇；宣统二年（1910年），称香山县第八区。据《香山县志》记载，明洪武二十六年（1393年），斗门地区已有赤坎、乾务、坭湾、荔枝山、龙坛、斗门、濠涌、长沙、冈湾、罗涌、大沥岐、小沥岐、南山、三灶等自然村落。到清朝道光年间，县令祝淮主修的《香山县志》中记载了黄梁都（即今斗门及三灶高栏诸岛）共有194个自然村，这些自然村大部分直至中华人民共和国成立后仍沿用旧名。

1911年辛亥革命后，广州府被撤销，香山、新会隶属广东省。1925年，香山县改为中山县，次年斗门地区的大沙、马墩属新会县第八区，其余地域村落隶属中山县第八区。斗门地区解放前，人民饱受封建地主和国民党贪官污吏的双重剥削，加之土匪和帝国主义的掠夺，人民生活苦不堪言。中华人民共和国成立后，斗门地区仍分属中山、新会两县管辖。1953年6月，中山县第八区划出白蕉、六乡、斗门等12个乡成立第九区。1957年3月，中山县撤区并乡，全县改置34个大乡、3个镇，原八区、九区共被划为6个大乡，包括乾务乡、白蕉乡、荔山乡、斗门乡、赤坎乡、六乡乡。

1965年7月19日，经国务院批准，斗门县正式成立。斗门县由中山县划出的白蕉、斗门、乾务3个公社及平沙农场，新会县划出的西安、上横2个公社及大沙农场组成；隶属广东省佛山地区，县行政机关设在井岸镇。在建县前夕，人们就县名引发讨论。有建议称"滨海县"，因该县地处南海之滨，又能与珠海县结为姐妹县；有建议称"五门县"，取斗门境内有五大出海门之意；又有建议，考虑斗门有珠江门户第一高峰黄杨山，可称"黄杨县"；而大部分人认为县内斗门镇历史悠久、老少皆知，因而取"斗门县"为县名最好。经过反复讨论，最后采用了"斗门县"这一名字。1983年7月，国家实行市管县体制，斗门县从原来的佛山地区划出，归珠海市管辖。1986年10月，实行撤区建镇体制，斗门县共设有8个镇，分别为井岸、斗门、白蕉、乾务、五山、上横、六乡、莲溪，下辖3个街道办事处、12个居民委员会、120个村民委员会，坭湾区并入井岸镇。

2001年4月4日，国务院批准撤县建区，7月31日珠海市宣布成立斗门区，12月28日县改区工作全部完成。2003年，斗门区原有8个镇改为5个镇，除斗门、井岸两镇保持不变外，白蕉与六乡合并为白蕉镇，乾务与五山合并为乾务镇，上横与莲溪合并为莲洲镇。2010年8月26日，国务院批准珠海经济特区范围扩大至全市，斗门正式列入珠海经济特区，从2010年10月1日起实施。至2018年，斗门区辖井岸镇、白蕉镇、斗门镇、乾务镇、莲洲镇等5个镇和白藤街道办事处，共有101个行政村、26个居民委员会。根据珠海市公安局斗门分局统计，截至2018年底，斗门区户籍人口为38.25万人，流动人口为27.1万人。

斗门儿女战天斗地，也斗水斗风。珠江三角洲前沿岛屿甚多，地势较高，致使珠江水道出口外形宛若门户，于是人们称水道出海口为"门"。斗门的名字正因斗门是珠江水道出口而得名。水道出口为斗门带来了丰富的滩涂和水资源，区内河涌纵横交错，将斗门分割成一个个小岛，使之

竹洲水乡

成为珠三角著名的水乡。以水为媒，斗门的自然村落也与水结下不解之缘。依赖江河流沙沉积而成的滩涂安身立命，人们大多将家园以"沙""洲"命名，如黄沙坑、小沙栏、沙仔埔、竹洲、白沙洲、莲洲等；围垦造田，筑成一个围，也立了一个村，全区有58个自然村以"围"为村名，如沙仔围、头围、下三围等；环水建村，安居谋生，多以"湾"为村名，如沙湾、东湾、双顶湾；河涌的地位也不可忽视，斗门区还有许多以"涌"为名的村，如大濠涌、小濠涌、办涌等。在广东省开展的自然村落历史人文调查中，斗门区有261个自然村，其中有158个村名都来源于水，占全部村落的六成多。

斗门这个滨海水乡，也因此形成了自身独有的文化习俗。捕鱼为生的人们聚居在一起，形成了斗门的"水上人家"，亦称"疍家"，其劳作时唱的"咸水歌"、独特的"水上婚嫁"习俗是当地极为珍贵的非物质文化遗产，也在这个群体中形成了斗门一大方言——"水上话"。斗门方言除了水上话，主要还有斗门话和客家话两大类。其中使用人口最多的是斗门话，约23万人。斗门话属于粤方言中四邑方言（泛指台山、开平、恩平、新会的本地方言）的一种，与临近的江门地区的方言相近，与广府粤语的差别主要体现在语调的不同——阴平声多变为去声，且保留一些中原古音。水上话也可称为"疍家话"，与斗门话同属粤方言范畴，主要是疍家人使用，与中山、顺德、番禺一带的水上话相近，但与珠海本地粤语差异较大，以致本地人视之为另一种方音。水上话的使用人口仅次于斗门话，约7.5万人使用。再次是客家话，约1.3万人使用；客家话又叫"子话"，保留着较多古汉语的特性。

二、黄杨毓秀，金台流芳

在斗门区的中西部，坐落着被誉为"珠江门户第一峰"的黄杨山。黄杨山自然风光优美，人文景观丰富，古今闻名。其海拔为581米，面积为30多平方千米，山上层峦叠翠，湖泊幽蓝，金台寺系揽古今，更有"黄杨八景"——茶田吐翠、清泉冽水、第一石门、

第一石门

赤脚仙踪、金台瀑布、无底深潭、环海镜面、也字山峰。登高望远，珠江三大出海口尽收眼底。

　　黄杨八景不仅风景宜人，还有着丰厚的文化底蕴。从前不知何许人在黄杨山上的石门处刻下了"第一石门"四个大字，引得行经此处的文人墨客驻足欣赏，一饱眼福，留下"不到石门非墨客"的传言。又传八仙清闲无事，相约博览名山，当游至黄杨山第一石门时，韩湘子乐极忘形，顺口吟了一首诗：

　　　　黄杨山上九峰连，好水好山别有天。

　　　　日丽风和人欲醉，能饮能逛便成仙。

　　吟毕，他脱下鞋，作为八仙到此一游的标志，"赤脚仙踪"便成为黄杨山一景。又相传汉钟离游览黄杨山后，汗流浃背，在石门沐浴，猛擦身上的汗渍，由于用力大，磨出一个凼，而瀑布流下的水又天天冲击此处，年深日久，越冲越深，就成了深潭。好奇之

无底深潭

人想试探深浅,用一长绳系了石块放进潭中,但总探不到底;后又投入大糠,有人在大赤坎村的海面看见有大糠浮出,故命名为"无底深潭"。

在黄杨山第二峰乌岩山左侧海拔190米的山坡上,保留着金台寺的遗址。因1979年建"金台寺水电站"而在寺前山谷筑坝蓄水,遗址今处于电站蓄水库区内。宋度宗时(1265—1274年在位),赵时钶因世乱而避居潮居里(今斗门赤坎一带),寄情黄杨山,用茅草竹木搭建住所,取名"金台精舍",后邓光荐、龚行卿也到此与他一起隐居。乾隆庚申年间(1740年),赵氏后人于此建成金台寺。乾隆壬辰年(1772年),金台寺住持光镜大师发起募捐扩建,至乾隆丁酉年(1777年)仲春,建成前、中、后三座坐南向北建筑,置石刻"金台寺"匾额及"金身现在、台镜常明"楹联,又立《重建金台寺碑记》石碑。如今金台寺遗址长34.5米、宽12.5米,仍遗留高约1～3米的残墙,墙体厚50厘米,用黄土混合灰沙夯筑;原建筑布局明显可辨,为坐南向北三座建筑夹两通道,前座面阔三间,中、后座单间;石匾额尚存,"金台寺"三字完好;地面遗留着石柱残段及石柱基座等数件,其中

坐落于黄杨山上的金台寺

有长3.1米、截面29厘米见方的石柱一根，上面楷书阴刻"乾隆四十二年岁次丁酉仲春吉旦"；遗址周围散布瓦砾，中有素胎窗花、蓝绿釉窗花、青花皿、素胎碗、板瓦、筒瓦、瓦当等种类陶瓷残片。曾经居于金台寺内的人们从山峰上用竹筒引水，清冽可口，人称"仙水"。水顺流而下，长年不绝，汇成一泉。因泉水清凉，命名为"清泉冽水"。而在金台寺附近，一峰高耸，两水夹流，瀑布百丈，有如猛虎下山，发出阵阵吼声，扣人心弦，形成"金台瀑布"一景。

此外，黄杨山上的茶闻名遐迩，茶味入口芳香，生津止渴，提神醒脑，故有"茶田吐翠"之称。从大黄杨村前行约1千米有一瀑布，瀑布下有一圆形大石块，石块下有一天池，长20多米、深约3米，池下有两小池，从第二池侧登山即到张世杰墓地，墓地名叫"也字山峰"，因它形似"也"字而得名。黄杨山四面被海环抱，登高能俯瞰珠海、澳门、中山、台山、崖门等地，亦由此得"环海镜面"的美景。

三、鲈蚬争鲜，水产盛名

斗门区内河涌交错、水道众多，地貌形态复杂多样，有着"二山三水五分田"之说。全区水岸线长达71.5千米，出海口处西江、北江水大流急，带来大量泥沙沉积，加之南海潮汐涨落，形成了辽阔宽广的滩涂。加上气候温暖、光照充足，这里十分适宜各种水生生物的繁衍生长，形成水产种类繁多的优越渔场，有大弹涂鱼（即花鱼、泥鱼）、棘头梅童鱼（即黄皮鱼）、蜥形副平牙虾虎鱼（即白鸽鱼）等海洋资源。斗门的地下水资源丰富，水质良好，拥有地穴矿泉矿、地下矿泉水等重要矿产资源。斗门劳动人民通过辛勤围垦，从1949年至1992年共围垦造田31万亩。围垦而成的大沙田是种植与养殖的宝地，占全区沙田种养殖总面积的62%，斗门区也因此成为广东省围垦造田最多的县区之一。得天独厚的自然环境，加之人民的奋力耕耘，斗门的重壳蟹、黄沙蚬、白蕉海鲈、莲洲禾虫、黄金风鳝、上横黄沙蚬等特色水产盛名在外。

斗门充分发挥滨海水乡的优势，打造当地特色水产品牌。2018年，珠海（斗门）农业电商孵化园项目获区科技企业孵化器认定及扶持，开展海鲈、禾虫、虾类、加州鲈等多个河口区代表品种的科研和种养殖工作，获得了国家发明专利授权1项、区专利项目奖励1项，出版技术专著1部，发表科技文章2篇。同年，聚农水产养殖专业合作社晋升为国家级农民合作社、省级海鲈标准化养殖示范区；斗门重壳蟹、斗门禾虫、斗门荔枝、斗门黄沙蚬和白蕉海鲈5个地理标志产品成功注册；莲洲镇获评"中国禾虫之乡"，莲洲水产特色小镇入选广东省特色小镇；白蕉镇昭信村获评"全国一村一品示范村"，白蕉海鲈获评广东省最具影响力渔业区域性公用品牌；"莲洲生态粉角""乾务泥鱼赛海参"分别获得首届粤港澳斗门棚大湾区"粤菜师傅"技能大赛金奖、银奖。

四、湾区门户，区位优越

作为粤港澳大湾区门户，斗门毗邻港澳、腹地广阔，是珠中江区域合作的重要节点，属粤港澳紧密合作核心圈，位于粤港澳大湾区和港珠澳一小时生活圈内。

过去由于复杂而特殊的水文地理条件，斗门落后的基础建设，尤其是交通建设一直制约着斗门的发展。20世纪80年代中期，当时的斗门以"修建桥梁，消灭渡口，提高公路等级，乡乡镇镇通汽车"为奋斗目标。至1993年，井岸大桥、南门大桥、尖峰大桥、斗门港等陆续建成，为斗门经济的快速发展创造了有利的条件。如今，斗门独特的区位优势与海陆空立体交通网络相得益彰，斗门已走上现代化建设的快车道——区位综合优势明显，土地开发潜力巨大，人口密度适宜，生态资源得天独厚，人文环境魅力十足，区域合作和创新发展基础良好。

2018年港珠澳大桥的开通，深刻改变了粤港澳大湾区的空间格局。湾区合作发展为斗门带来了学习借鉴港澳先进经验的机会，也带来了斗门与港澳地区在科技、产业、旅游、教育、文化等领域交流合作的机遇。大湾区建设将带动人才、资金、物流等资源要素的更高效流转和更集约配置，将促进港澳与斗门地区交通、产业、城市、社会的融合与发展。斗门正努力推广在2017年与新会建立旅游行业合作联盟的成功经验，与澳门、深圳、东莞、惠州等粤港澳大湾区重要城市建立旅游行业合作联盟，宣传斗门旅游特色，推动资源连接、客源共享、线路共建和旅游产品互推互补。同时，斗门人民的不懈努力和接续奋斗，旨在将斗门打造成珠江西岸智能制造示范区、滨江田园生态新城和粤港澳休闲旅游目的地，为全市实现"建设新珠海、新经济、新生活，成为粤港澳大湾区经济新引擎、独具特色令人向往的大湾区魅力之城、践行新发展理念的典范城市"做出应有贡献。

作为珠海市面积最大的行政区，斗门区在珠海地区发展中愈来愈占有举足轻重的地位。新时代的斗门在找准定位的同时主动抓住粤港澳大湾区建设和港珠澳大桥通车的历史性机遇，已经成为粤港澳大湾区的重要参与者。

第二节 人杰地灵　人文荟萃

斗门大地人杰地灵、人文荟萃，斗门人民在这片沃土上勤劳地抒写着自己的故事，演绎着斗门的兴衰更替。经过几千年的创造，劳动人民在这里留下了祠堂、碑刻、雕塑、村落乃至断壁残垣的古老印迹；这里重学重教，英才辈出，更为后人留下了宝贵的非物质文化遗产。

一、村落文脉，古今相连

宋、元、明时期，是斗门地方历史发展的一个重要时期。由于宋室南迁、朝代更替、南雄珠玑巷居民的大规模南迁等原因，在此期间进入斗门开村立户的人数大量增长。社会人口的增加，也促进了当地社会经济文化的发展。

菉猗堂后殿悬挂着"忠孝义士"牌匾

斗门人多分姓氏聚居成村，村中修建宗族祠堂和祀神庙宇，如明代迁居斗门者，有黄、邝、周、李、张诸姓。至20世纪80年代末，斗门地方尚保存着大大小小的祠堂共67座，这些祠、庙以清代建筑为主。此类建筑多采用硬山式顶、穿斗与抬梁混合式木构架、青砖构墙的结构形式，其规模较大者，则分别饰有灰雕、砖雕、石雕、木雕、壁画等。

宋太祖赵匡胤之弟赵匡美等南宋皇族后裔、赵氏子孙聚居于斗门镇，并留下明清古院建筑代表作、省级文物保护单位"菉猗堂"。"菉猗"一词源于《诗经·淇澳》，为"绿竹茂盛"之意。明景泰五年（1454年），宋太祖赵匡胤之弟魏王匡美的十五代裔赵隆（即赵晴峰）为祀四世祖赵梅南（1296—1365年）而建祠堂，取梅南别名"菉猗"为祠堂名。菉猗堂的建筑布局、结构、形制手法都具有较高的历史、科学和艺术价值。祠堂有着各式雕饰，如石雕、砖雕、木雕、陶塑、泥塑等；其布局为三进四合式，每一进之间有一天井做间隔，后殿至今还挂着"忠孝义士"的牌匾。

宗祠伫立，让村落文脉得以延续，旧街风采则是古今相连、中西融合的见证。1840年鸦片战争之后，国门大开，集市贸易随之发展兴盛。据《斗门镇志》记载："初时居民是外来的小商小贩寄住，后逐渐定居，全墟分三个管理片：大马路片、民主街片、南村片。是全镇集市贸易中心。"当时，斗门镇常有船只来往于香港、澳门、广州等地，每逢墟日，墟内商贾云集，车水马龙，农副产品购销两旺，热闹非凡。周边的商人、本地的华侨和外国传教士看中了斗门土城，纷至沓来，投资经商、办教堂。此后墟内街道洋货增多，逐步加快了斗门土城中西商业和宗教文化的交流。之后，在主街道两旁逐步建起了平房式的店铺，这就是斗门旧街的雏形。

这样一条具集市贸易功能的商业街，位于斗门镇核心区域，长500多米、宽7.5米，由石板路连接贯通，街道两旁店铺林立，行商坐贾四方云集。沿街骑楼式建筑整齐排列，保留着高挑的

斗门旧街

骑楼风格和典型的欧式外饰，是一处横卧在南粤大地上兼具中西建筑风格的独特建筑群。2013年斗门旧街获评"中国历史文化名街"。整条旧街由加拿大牧师、建筑工程师嘉理慰等人于19世纪末到20世纪初统筹规划建造而成设计；它博采欧美各国古典建筑之精华，吸取南洋岛国之建筑理念，秉承中国岭南建筑之风骚。现在只要一进街口，就能看见一座建筑上刻着"斗门"两个大字，依稀可见的招牌间，可想当年的繁荣。

二、和风润物，英才辈出

清朝时期，斗门注重人才培养的风气，兴建书院学府，如澄澜书院、天衢书院以及和风书院。其中，和风书院是当时黄梁都（乡）以及中山县七区和八区的最高学府。

和风书院遗址位于斗门区斗门镇和风中学内，书院始建于清代咸丰八年（1858年），前身为凤冈乡学。凤冈乡学是原黄梁都斗门墟的一所学校。清代咸丰四年（1854年），广东天地会起义失败后，黄梁都义军首领等多被乡中团练捕获。因被捕获者多是本地乡民，便通过运动各姓宗族乡绅进行保释，采用罚款保释的方式解决此事。后用所罚款建学堂，选址在斗门墟旁的凤冈山，故取名"凤冈乡学"。清光绪十三年（1887年），时任四品官的黄槐森回乡期间，见乡间邻里常因纠纷而械斗，十分忧心，于是接受胞兄黄凤墀、侄子黄培元以及地方人士赵青池、梁焕南等人"乡学虽足振文风，而斋舍未增，无以广敬业乐群之益"的意见，决定以重文兴学、培育人才为目的，在凤冈乡学西侧新建校舍，对凤

"和风书院""凤冈乡学"匾额

冈乡学进行整顿和改革。黄槐森将学校改名为"和风书院"，由当时的香山县令张文翰为之策划建筑布局，并题匾额。后书院改名为和风中学，成为当时黄梁都（乡）以及中山县七区和八区的最高学府。1965年7月19日斗门县成立后将校名定为"斗门中学"，2004年11月28日恢复"和风中学"的校名。现和风书院仅存的"凤冈乡学""和风书院""侨泽士林"三块石匾额，镶嵌在和风中学的侨泽士林楼前的墀壁上。

和风细雨，润物无声。斗门历史上涌现了许多英雄人物及优秀人才，如抵抗外族入侵的忠孝义士——斗门赵氏先祖赵若梓等众弟兄；斗门区第一个党支部——中共小濠涌支部的书记邝任生；推动斗门妇女抗日爱国运动的妇女协会八区分会会长邝健玲；中国第一位跳伞训练教官容兆明及其胞弟容兆珍，容兆珍曾参与并指挥松山战役，后容兆珍夫人遵其遗愿投资建设斗门区博物馆；出版多部个人专著的中国作家协会会员邝金鼻等。建县后，斗门全面推进素质教育建设，学校软硬件建设水平有了飞跃式的提升，一幢幢校舍拔地而起，中高考学科竞赛捷报频传，结构齐全、分布合理的教育体系基本形成。

斗门英才辈出，尤为突出的要数体育人才。斗门区体校作为"国家高水平体育后备人才基地"，培养了"亚洲蛙王"曾启

从奥运会凯旋的体育健儿

亮、雅典奥运会乒乓球银牌得主李静等本土优秀体育健将。建县以来，斗门一直保持着强劲的发展势头，曾多次承办国际级、国家级、省市级的体育盛事，斗门的游泳、皮划艇、乒乓球、水球、田径、龙舟等体育项目多次在国际赛、国家赛中获得大奖。同时，斗门也为国家、省里输送了一批又一批体育精英。早在1996年，斗门就被评为"全国体育先进县"，至2017年斗门已连续21年获得"广东省体育工作突出贡献奖"，连续4个奥运周期被评为"国家高水平体育后备人才基地"。

三、非遗硕果，曲韵悠长

一方水土养一方人，斗门人民顺应着大自然的变迁建设自己的家园，也形成了极具特色的物质文化和精神遗产——水上方言和民俗风情成为传统岭南文化的独特分支。

为适应环境，水乡人在生产、生活中创造出了一些与岸上人不同的风俗习惯。在泥沙冲积而成的松软、低洼的土地上耕作，主要农具有耢（硬木铁口锄）、锹、荡板、水车、禾桶、犁耙。河涌盛产各种鱼、虾、鳝、田螺、蚬、螃蟹，人们会用小船艇、罾（一种用木棍或竹竿做支架的渔网）、网、捞算、鱼笼、虾笼、排钓、竹篓等工具来捕鱼虾。水乡人独具特色的生活用具是四周绣花边、中间绣吉祥图案的头巾，用银链做吊带的围裙，用竹和竹叶编织的渔民帽。凡此种种，打上了斗门独特的水乡烙印，成就斗门悠久的历史文化内涵。

在这片肥沃的土地上，还蕴藏着一大批丰富的非物质文化遗产。2007年，斗门区人民政府批准成立了"斗门区非物质文化遗产保护中心"，对全区的非物质文化遗产进行了深入的调查、挖掘、收集和整理。经过多年艰苦细致的工作，斗门区的非物质文化遗产得到了很好的保护和利用，并取得了可喜的成绩。截至2020年底，斗门区非物质文化遗产共计获评国家级2项、省级6项、市级19项、区级35项。其中，"斗门水上婚嫁""装泥鱼""斗门乾务飘色""斗门莲洲舞龙""斗门莲洲地色""斗门锣鼓柜""白蕉客家竹板山歌""醒狮"等项目多次参加珠海市和斗门区的民间艺术大巡游，部分被选为文化交流项目前往香港、澳门、佛山等周边城市展演，获得了各界群众的广泛好评。

斗门区非物质文化遗产一览表

类别	项目名称
国家级非物质文化遗产（2项）	斗门水上婚嫁习俗、装泥鱼习俗
省级非物质文化遗产（6项）	斗门水上婚嫁、飘色、装泥鱼技艺、七月三十装路香、横山鸭扎包、斗门赵氏家族祭礼
市级非物质文化遗产（19项）	斗门水上婚嫁、斗门锣鼓柜、斗门乾务飘色、斗门莲洲地色、斗门莲洲舞龙、装泥鱼（花鱼）、白蕉客家竹板山歌、醒狮、佛家拳、客家咸茶、七月三十装路香、粤曲、横山鸭扎包、上横黄沙蚬、斗门赵氏皇族祭礼、大赤坎明火叉烧烧排骨、虎山金巢琵琶鸭、莲洲禾虫、斗门装风鳝
区级非物质文化遗产（35项）	斗门水上婚嫁、乾务飘色、斗门锣鼓柜、莲洲地色、莲洲舞龙、醒狮、沙田民歌、客家竹板山歌、客家咸茶、装泥鱼（花鱼）、佛家拳、正旦晚煮菜茶、艾饼、七月三十装路香、装风鳝、横山鸭脚包、粤曲、皇族祭礼仪式、虾米糍、锅边糍、上横黄沙蚬、大赤坎明火叉烧烧排骨、虎山金巢琵琶鸭、莲洲禾虫、虾堆、秘制重壳蟹、斗门鸡仔饼、莲溪豆沙月饼、乾务炒藤鳝、灯笼阿妹的传说、佳偶天成、李氏百草、莲洲赛农艇、斗门龙舟赛、黄氏药液针灸

非遗结硕果，曲艺韵悠长。斗门还有着源远流长的曲艺历史，斗门曲艺品种繁多，有南音、锣鼓柜、龙舟歌、渔歌、咸水歌等20多个不同形式的曲种。同时，斗门曲艺拥有良好的群众基础。据2011年统计，全区专业和业余曲艺演员3 000多人，曲艺爱好者超过8万人，每4个斗门人中就有1个曲艺爱好者，有百年历史的曲艺社团2个、60年以上的曲艺社团10个。斗门区政府为扶持曲艺项目，设立了文艺精品创作扶持资金，每年100万元。凭借曲艺活动深厚的历史底蕴、广泛的群众基础和蓬勃发展的态势，斗门于2011年11月23日正式被授予"中国曲艺之乡"称号，在全国32个曲艺之乡中占据一隅。

截至2018年，斗门区曲艺协会有曲艺社团54个、会员250人。为了更好地传承曲艺，区内不断开拓传播与传承的新途径。如：2018年内开展了多次"中国曲艺之乡"群众性戏剧曲艺活动，在节假日送戏下乡160场次。在斗门电台增设《黄杨粤韵》本土曲艺专栏节目，节目每周播2期，每期90分钟，内容包括斗门曲艺演唱、曲艺动态、趣谈、名家专访、名曲欣赏等，积极对外推广斗门曲艺。区文联开展曲艺进校园教育活动，南门小学、东风小学作为曲艺培训基地为曲艺之乡培育新人才。为更好地向文化遗产注入新鲜血液，2018年新增6位曲艺、竹板山歌、锣鼓柜等项目的区级非遗传承人。同时，为改善非遗传承队伍年龄结构，鼓励年轻人参加和传承，斗门区开展非遗进校园工作，培训体育老师练习佛家拳，带动学生开展传承培育活动；在五山中学、和风中学等学校建立非遗传承基地；打造井岸镇第一小学艺术培训示范点，将粤曲、国学、书法等传统优秀文化引入校园。

第三节　革命摇篮　红色热土

斗门人民富有光荣的革命传统，敢于推翻压在头上的三座大山，珠海第一个中共基层组织——小濠涌党支部就诞生在斗门。在革命年代，斗门热血的中共青年党员们带领人民浴血奋战，留下了宝贵的革命精神遗产。中华人民共和国成立后，斗门区总结革命历史，按省、市的要求评划革命老区，至2000年，斗门区已有镇级革命老区2个、革命老区村19条。在此过程中，斗门注重革命旧址遗址的评定和保护工作，建立一系列革命纪念场馆与爱国主义教育基地，并对革命英烈人物进行总结表彰。

一、濠涌火种，烽火燎原

斗门在历史上曾先后被取名为潮居乡、潮居都、黄梁都、黄梁镇、中山县第八区（简称“中山八区”）等，这里记载了中华民族对敌斗争的光辉历史，这里也点燃了万众一心团结抗日的星星之火，见证了斗门区的基层党组织发展壮大的全过程。

清朝宣统元年（1909年），南山乡旅美华侨、同盟会会员陈耀垣资助孙中山进行革命活动。大革命时期，今六乡镇的月坑、盖山、南澳、虾山、湴涌、铁山、小托的农民协会，组织农民自卫军，惩治土豪劣绅。抗日战争爆发前夕，当时年仅25岁的热血青年邝任生带着报国之心返回家乡小濠涌村。1936年11月，经中共南方临时工作委员会批准，以邝任生为党小组组长，邝叔明、邝振大为成员的中共小濠涌第一个党小组宣告成立，由此在斗门播下红色革命的火种。

火种点燃革命之火，随即烽火燎原。抗战期间，斗门地区党组织发展迅速，从无到有，从小到大，成为抗战时期珠三角地区对敌斗争的坚强堡垒。从1937年9月至1944年，先后有小濠涌、八甲、网山、南山、南门、马山、老糠堆（今禾丰里）、斗门墟、月坑、龙坛、乾务等11个乡村成立了党支部，大濠涌、东澳、小赤坎3个村成立了党小组，党员人数由成立第一个党小组时的3人发展到213人。党组织成立后，在中国共产党的领导下，群众性抗日救亡运动蓬勃兴起，先后有11个乡成立了抗日先锋队，共1 000多人；8个乡成立了妇女协会，共300多人；还有后援会、大刀会、锄奸队等群众性抗日组织；其发动面之广、人数之多，在当时中山县各区中首屈一指。1940年，月坑村陈中坚组建抗日游击队，而后打响了中山八区人民抗日的第一枪，队伍转战各地打击日军，不断扩充人民武装。在抗日战争与解放战争中，斗门人民齐心协力、奋勇斗敌，在敌后建立了多个革命根据地，积极投身于风流桥阻击战，马山乡战斗，大虎反"围剿"战斗，黄杨山反"围剿"战斗，夜袭小霖国民党军，黄杨山突围战等大小战役，为争取斗门的解放做出了重大贡献。

小濠涌播下了斗门革命的火种，革命的火种又点燃了斗门抗战的烽火。在抗战中，斗门老区涌现了大批精忠报国的英雄志士，不仅有敢为人先的革命领袖，还有出生入死的革命兄弟、革命兄妹、革命夫妻，甚至有一家七口都是党员的革命之家。优秀的革命英雄人物，建立并发展壮大了斗门区的党组织、进步团体与人民武装队伍，使斗门在此期间形成了多个抗日根据地和革命老区村，并迎来了斗门地区的解放与发展。

二、老区评划、建设

（一）老区评划

广东解放后，省、市政府重视革命老区村镇的评定、保护与发展，积极改善老区的经济落后状况与村民生活，充分保护红色文化遗产与挖掘传承革命精神。从1957年至1994年，广东先后几次在全省范围内评划革命老区村，斗门也相应进行了评划。至2018年，斗门区内共有2个镇、37个自然村被评为革命老区。

斗门革命老区名录一览表

所属镇别	所属村委会	老区村庄名称	老区类别	批准年月	批准机关
白蕉镇	月坑村	月坑村	抗日根据地	1959年4月	广东省政府
斗门镇	小濠涌村	小濠涌	解放战争游击根据地	1993年1月	珠海市政府
	大濠涌村	大濠涌	解放战争游击根据地	1993年1月	珠海市政府
	南门村	南门	解放战争游击根据地	1993年1月	珠海市政府
	斗门村	安峨、松山	解放战争游击根据地	1993年1月	珠海市政府
	八甲村	黄沙坑、汉坑、新赤、旧赤、排山、牛涩塘、狮子头、田边、田心、东兴、新村仔	解放战争游击根据地	1993年1月	珠海市政府
乾务镇	网山村	网山	抗日根据地	1989年12月	广东省民政厅
	马山村	马山	解放战争游击根据地	1993年1月	珠海市政府

（续上表）

所属镇别	所属村委会	老区村庄名称	老区类别	批准年月	批准机关
乾务镇	三里村	中禾、禾丰、太平	抗日根据地	1959年4月	广东省政府
	新村	新村	抗日根据地	1989年12月	广东省民政厅
	南山村	南山	抗日根据地	1989年12月	广东省民政厅
	乾东村	乾东	解放战争游击根据地	1993年1月	珠海市政府
	乾西村	乾西	解放战争游击根据地	1993年1月	珠海市政府
	乾北村	乾北	解放战争游击根据地	1993年1月	珠海市政府
	东澳村	东澳	解放战争游击根据地	1993年1月	珠海市政府
井岸镇	龙西村	龙坛、天地人、贵头、水口	抗日根据地	1959年4月	广东省政府
	西湾村	西坑、珠江、东元	解放战争游击根据地	1993年1月	珠海市政府
	北澳村	北澳	解放战争游击根据地	1993年1月	珠海市政府
	黄杨村	黄杨	解放战争游击根据地	1993年1月	珠海市政府
镇级老区	五山镇			1994年5月	广东省民政厅
	乾务镇			1994年5月	广东省民政厅

（二）老区建设

据2008年统计数据，珠海市老区有1.6万户、6万多人，其中斗门区14 559户、54 309人，约占全市老区总人口的84%。斗门老区主要分布在斗门区的农村，老区人口占全区总人口的24.6%；

耕地面积为56 753亩，占全区总耕地面积的18.9%。

斗门解放后至改革开放初期，老区人口众多、经济发展仍较为落后，为了扶持老区发展生产，尽快改变其落后面貌，斗门县在1979年成立了老区建设委员会。老区建设委员会制定具体可行的帮扶措施，支援老区整治低沙田、兴修水利，修建学校、医疗站、住房、道路、桥梁、水库、发电站和食用水工程等，同时帮助老区发展林业、畜牧业和其他产业。

20世纪90年代，斗门县老区工作按照广东省老区建设委员会的要求，以扶持老区发展社会生产力为中心，安排专项资金重点帮助生产建设项目，全县19个老区村庄的集体收入和人均收入有了较大的提高。1991年，斗门县发放生产资金41万元、农用化肥50吨，扶助五山镇网山电子厂，三里村石场，南山、新村合建的厂房，六乡镇月坑村厂房等集体企业。1992年，斗门县对7个老区村发放扶持经费99.32万元，用于兴办经济实体；新建了厂房3座，建筑面积为3 800平方米；办石场1个、沙场1个；新建水泥公路5.4千米；维修照明线路10.6千米。1993年，市、县各有关部门拨出资金314万元支援老区，其中市、县政府37万元，县交通局169万元，县水电局23万元，县卫生局22万元，县民政局3万元，县农委35万元，县林业局25万元。1994年，全年扶持30个老区村发展经济，市、县下拨扶持资金160万元开发种养业。1995年，投放老区资金172万元，扶助老区发展工业和三高农业，全县老区建有厂房面积132 680平方米。1996年，市、县下拨各老区经费310万元，扶持老区发展工业和社会福利设施。1997年，市、县发放扶持资金236.5万元，扶持16个老区镇、村发展企业及解决部分村庄群众生活用水、用电的困难。1998年，市民政局老区办投资老区建设资金22万元，县财政安排3万元，着重用于五山镇三里村、斗门镇大濠涌村、八甲村的水电配套工程经费。1999年，市民政局下拨老区扶持款13.5万元，县财政扶持5万元，用于为八甲、南门、斗门、三里村购买抗旱设施和维修工程。2000年，根据珠海市机构改革的要求，市老区工作并入市农业线管理，斗门县仍由县民政局管理。2001年撤县建区后，斗门区继续加大发展建设老区的力度，推进老区村脱贫工作。2013年，斗门区投入资金229万元，推进老区扶贫、农村低收入住房改造及欠发达村"扶贫双到"工作。

截至2018年，斗门老区的经济建设和社会发展都取得了翻天覆地的变化。斗门区地区生产总值达到388.39亿元，财政总收入突破130亿元，全年分别实现农业总产值79.29亿元、农业增加值44亿元。斗门老区还以生态宜居美丽乡村建设为抓手，打造现代化新农村，已分类型创建45个干净整洁村、55个美丽宜居村、13个特色精品村，打造斗门镇南门村、莲洲镇莲江村示范点；斗门镇入选"2018年中国最美村镇"，莲洲水产特色小镇入选广东省特色小镇培育库。

三、红色传承，精神永存

斗门区革命历史文化深厚。在广东解放后，斗门不仅着力推动革命老区村的经济与生产力的发展，而且还进一步挖掘其特有的党史教育资源和深厚的革命传统文化。

1957年起，斗门已开始评定革命根据地老区村。为纪念革命烈士，弘扬革命精神，斗门区保存了小濠涌党支部旧址、月坑村五圣宫、健民小学、南门崇基祠、意塘赵公祠、南逸陈公祠等近20个革命遗址，建立了中共小濠涌党史教育基地、斗门革命斗争纪念馆、安峨革命老区教育基地、斗门革命烈士纪念碑等革命文化教育纪念场所。为了加强基地联动，斗门区将红色旅游与生态旅游相结合，打造适合于党政机关、企事业单位、各大旅行社开展教育活动的特色红色旅游品牌线路。斗门区的三大党史教育基地——中共小濠涌支部旧址、月坑村五圣宫（中山八区抗日游击大队队部旧址）、斗门建县筹备组办公楼（毓秀洋楼），成为斗门发展红色旅游的重要载体，被纳入斗门红色旅游整体规划，与斗门乡村系列特色生态旅游整合。

2012年，斗门区委党史研究室通过走访革命老区、召开抗战老战士和老干部座谈会、查阅各个时期的历史资料等，编撰了《中国共产党斗门历史（1919—1978）》。全书时间跨度长达60年，阐述了斗门的重大历史事件，突出了斗门的时代特色和地方特色。此外，斗门区组织编纂人员与省、市同行业单位互动交流，推进县志、镇志、村志、部门行业志的编修工作，协助市史志办编写并于2014年出版了《广东省革命遗址通览（珠海卷）》。

2018年，斗门区加强和完善了红色革命遗址的研究与整理，充实和维护建设好宣传内容和设施，提升宣传教育水平。珠海市委组织部和党史研究室将中共小濠涌支部旧址评为珠海市第一批中共党史党性教育基地，并划拨经费20万元，用于邝任生雕塑重建和日常管理。同年，以斗门区委党史研究室撰写的报告文学《一位烈士后代的无愧人生》为脚本的电视教育专题片《廉政纵横——红色传人讲家风故事》在小濠涌村开拍。

第二章

星火燎原

广东是中国近现代革命的策源地，斗门革命老区作为广东革命老区的一部分，有着悠久、光荣的革命传统。大革命失败后，中国革命何去何从？许许多多的共产党员和革命者都在思考、探索这一问题。斗门老区的进步青年在受到马克思主义进步思想的熏陶之后，努力探寻救国救民的革命真理，奋不顾身地投入到革命运动中，为斗门革命的开展奠定了基础。

风雨如晦　探寻真理

在军阀混战、官僚土豪压迫、土匪劫掠的时代，斗门人民生活困苦，渴望着社会变革。俄国十月革命胜利之后，马克思主义开始在中国传播。斗门地区的革命青年在受到新思想的熏陶之后，开始通过各种途径在斗门地区传播马克思主义，由此斗门地区共产主义的革命烈火开始燃烧。

一、马列主义，唤醒斗门青年

从1912年到1924年的10多年间，斗门地区深陷封建军阀和地方武装的混战以及土匪流寇打劫烧杀的苦难之中，人民挣扎在水深火热之中，渴望新兴政治力量出现，以帮助大家摆脱苦难。此时，全中国也处在生死存亡的紧要关头，全国各地都在探寻救国之路。1917年，俄国十月革命取得胜利，为正在寻求救国真理的中国人民指明了方向。新文化运动由此有了新的内容，进入了宣传十月革命、马克思主义的新阶段。1919年5月4日，反帝反封建的五四爱国运动席卷了全国，进一步促进了马克思主义理论在中国的广泛传播。马克思主义在中国的传播，为中国共产党的诞生做了思想准备。

伴随着五四运动的广泛影响，新思想在斗门地区也悄然传播。1919年至1923年，受五四运动、新文化运动的影响，斗门地区的新思想传播朝气蓬勃。当时，斗门老区先后建立了40多所小学，有乾务乡的存仁、培英、光汉、培德、建国、察艺、成名、绎思、会民、东澳、文明、时代小学，白蕉乡的颍川、东和、明德、竞进小学，六乡的月坑小学，斗门乡的新乡、思源、健民、逸民、八甲、安峨、田心存小学，坭湾乡的育英、龙坛、贵头小学，五山乡的活然、前进、三里、新村、少先、珠江、维新小学等。这些学校除了开展文化科学知识教育之外，还在教学中增加了反帝反封建、反剥削反压迫的内容，同时还组织师生走上街头，宣传新文化、新思想，揭露、声讨北洋军阀政府卖国求荣的罪行。

邝任生

　　1925年秋，广东新学生社中山支社成立，随后中山县学生联合会成立，200多名进步学生参加了第一次学生代表大会。大会制订了统一领导学生运动、反对反动教育、拥护工农协会、参加工农运动等行动纲领，选举了刘广生（后为中共中山县委委员）、郑文豪、何玉伦等学生会领导。当时在中山读书的斗门学子将广东新学生社中山支社和中山县学生联合会联合创办的《仁言报》《学生喉舌》《中山学生》等刊物带回斗门，在青年学生中广泛宣传反帝反封建的思想。除此以外，省港大罢工爆发后，中山县组织的"学生救亡团"宣传、救国募捐等活动在斗门的各校中产生较大影响。

　　1928年秋，斗门一批青年学生到广州知行中学、培正中学等学校读书。在求学期间，大部分学生深受革命文学、新兴社会科学及广州青年学生的影响，逐步接受革命思想，开始向往共产主义理想、追求救国救民的革命真理。邝任生是在斗门地区传播马列主义思想的代表人物。1911年出生于斗门小濠涌的邝任生，

17岁便离开家乡到广州知行中学、培正中学读书。为了寻求革命真理，他课余时间到德政中路拾桂坊六号永丰书室邝耀云老乡的寓所里，与在穗读书的老乡同学聚会，学习马列著作，阅读进步书刊，讨论国家的前途。他在广州文明路北新书店阅读期间结识了中共广西凭祥市支部书记陈杰。此后，陈杰介绍广西上金县苏维埃政府副主席谢英（两人均在大革命时期与中共组织失去了联系）给邝任生认识。受陈杰、谢英的影响，邝任生逐步走上革命道路，陈杰、谢英也因此成为他的革命启蒙导师。

1930年冬，邝任生完成培正中学的学业，回斗门八甲乡排山小学任教。同年，他在小濠涌松竹梅文具店组织读书会，对青年进行马列主义启蒙教育。马列主义思想开始在斗门地区广泛传播。1932年春，邝任生利用在斗门八甲乡排山小学任教的便利兴办夜校，向农民宣传反帝反封建的革命道理。1932年3月，在排山村教学的邝任生，介绍陈杰、谢英到中山八区。他通过黄济刚的关系，安排陈杰在网山小学任教，另外安排谢英在八甲乡新赤水坑小学任教。三人以教学做掩护，秘密开展革命活动。陈杰在中山八区一面教学，一面深入农村，与农民谈心交朋友，组织进步青年开展革命活动。1932年11月7日，进步青年们借庆祝十月革命胜利15周年之机，分别在网山、黄沙坑等地召开群众大会，宣传十月革命的道路，普及马列主义真理。陈杰在网山小学门前的石柱上，贴上了"徒挂共和名，仰望江山惟有泪；空谈民主语，环顾党国太无能"的对联，召集学生开大会，向学生及围观的农民做演讲，公开讲自己信仰共产主义，揭露国民党的腐败无能。邝任生在八甲乡排山小学召开的纪念会上，动员农民开展减租减息，组织农会骨干李枫（李成乐）、李成才以及进步青年周钜、罗邦、周才等夜间到斗门墟张贴"打倒土豪劣绅""打倒贪官污吏""打倒帝国主义""反对内战"的革命标语。一南一北的纪念会，遥相呼应。陈杰和邝任生毫不隐讳的活动，惊动了国民党统治者。马山乡乡长张有志即向区长梁文通报告，梁文通下令捉拿陈杰和邝任生。警察分局的人直奔网山小学搜捕，陈杰由黄鼎立带到蛛环的天成围躲避，后乘小艇经虎跳门水道逃离网山，辗转到了香港。邝任生被中山八区的进步青年掩护离开了斗门，于1933年春转移到广东航海学校读书。

邝任生还依靠知识青年开展革命活动，指导进步青年李枫、赵约文、黄济刚等人阅读进步书刊和有关革命文件，并带领他们深入南门、沥岐、上洲、下洲、小赤坎、王保村等小学，组织教师学习进步思想；组织儿童宣传队以唱儿歌、呼口号等形式宣传革命真理。他把从海陆丰彭湃那里带来的书刊借给农民朋友阅读，动员黄鼎立去东江党校学习，并常在街头向农民演讲，揭露国民党的黑暗统治。

1934年夏，曾因创办《天王星》地下进步刊物而遭到国民党反动派追捕，逃往香港的小濠涌热血青年邝明（又名邝达芳），悄然回乡与邝仲海创办健民小学。1934年冬，邝任生从广东航海学校毕业分配到永福舰见习，后因病离舰回到小濠涌。回到小濠涌后，邝任生任健民小学校长，并将健民小学作为团结进步青年进行抗日救国活动的阵地和秘密据点，进而通过办新文学社、读书研究会来宣传抗日救国。他还在健民小学增设战时教育课程，向学生传播进步思想；编写进步歌曲，在师生和群众中传唱，激发抗战情绪。

邝明

邝叔明

与此同时，邝任生、邝叔明还与斗门墟进步教师梁柱川等，联合兴办私立弘毅学校，借以开展工人运动，并派邝仲海等进步青年到该校任教，宣传进步思想和革命道理。1936年夏，"斗门墟工友会"成立了，向广大群众宣传抗日爱国主张，提倡销售国货，抵制日货，号召工人反对资方无理解雇工人，维护工人利益。该工友会逐步扩大到近100人，并设点出售进步书籍、刊物，广泛宣传抗日救国思想，宣传共产党抗日救亡的方针和主张，唤起了民众的觉悟。邝任生还奔走在马山、网山、南山、八甲等地，动员教师和中山八区的文化人士参加宣传反帝反封建的活动。他在小濠涌新兴小学与邝叔明、邝振大、邝仲海、陈特（陈昂生）、黄展平等人成立读书会，共同学习马列著作。

二、创办刊物，传播先进思想

五四运动以来，斗门区进步青年创办了许多先进刊物，为传播革命道理和马列主义思想提供了载体平台，并进一步影响了斗门人民群众的思想发展。斗门八甲乡进步青年吴伯坚、吴春豪、吴国光、吴兢新等受五四运动进步思想影响，联合创办了进步青年刊物《新声》月刊，在当地产生了广泛的影响。之后，斗门其他乡村的进步青年也纷纷仿效出版进步刊物。如南门的赵梦虞创办《斗门新报》，小濠涌的邝潮杰创办《华侨》月刊，南山村的陈守志创办《南峰月刊》，沥岐的青年创办《岐山》月刊，八区委主办的《黄杨山报》等。当时斗门地区文化落后，烟赌、打劫、封建迷信活动猖獗，土豪劣绅张牙舞爪，各月刊能勇担时代使命，运用笔枪墨炮抨击旧封建恶势力，对当地影响巨大。当时斗门没有印刷店，他们只得携带稿件去江门、石岐、澳门等地印刷店排印。月刊除在本地区散发外，还寄给海外侨胞，为他们沟通了家乡消息，深受他们的欢迎和喜爱，进而得到了他们的捐款支持。

1931年9月18日，日本帝国主义侵占中国东北，中国共产党号召全国人民奋起抗日，广大工农群众和知识分子纷纷响应党的号召，反对日本帝国主义的侵略行径，揭露国民党反动派的"不抵抗"政策。斗门地区和全国其他地区一样，民众在共产党的领导下，逐步掀起抗日运动。1932年10月，邝明参与到由中山大学农学院学生、《公平日报》副刊《南音》编辑饶彰风（曾用名蒲特）创办的地下刊物《天王星》的出版工作中。《天王星》由饶彰风、杜埃任主编，以反对统治阶级对人民大众的迫害为宗旨，高举无产阶级文学的革命旗帜，团结教育青年学生，揭露蒋介石反共卖国的反动面目，宣传抗日爱国的观点。1933年初，《天王星》第三期出版后，就遭到国民党反动派查封。邝明被追捕而逃往香港。由于特务跟踪到香港，邝明只好回到乡下小濠涌。1934年，邝明在小濠涌与邝仲海创办了健民小学，作为团结中山八区进步青年进行抗日救亡的活动据点。邝明以个人名义跟巴黎的《救国时报》取得联系，把一些进步书刊和国际社会革命活动的信息引进来，在中山八区推介。

1936年秋，邝任生在健民小学成立小濠涌青年社后，吸收本村进步青年和南门、南山、网山等村的同窗挚友参加，并创办了《青年月刊》。邝任生一方面协助陈守志办好《南峰月刊》，另一方面通过《青年月刊》，揭露国民党的黑暗统治，抨击国民党反动政府独裁专制统治，反对封建思想，宣传五四以来的新思想、新文化，宣传抗日和共产党的主张。

1937年1月，邝任生把《青年月刊》改为《八区青年》月刊，开设《乡村新闻》《时事论文》《青年生活》等栏目，自己担任主编，陈特、黄展平、梁其颖、赵约文、林进涛、林光泽等为编委，使该月刊正式成为中共党员主编的刊物。为了筹集出版经费，第一期由邝任生、梁其颖、陈昂生、黄展平、赵约文每人出资3.5元，后来由众人捐款和热心人士集资出版。当时，邝任生为《时事论文》栏目撰写文章，题目分别为《太原失陷后的山西抗战前途》《大上海沦陷后的新形势》《九国会议失败以后》《德意日反共协定的真意义》。此外，李焕良撰写了《抗战中纪念孙中山先生》，黄明熙撰写了《保卫八区的当前急务》，邝叔明撰写了《后方军队的责任》，梁孝刚撰写了《怎样开展八区的救亡工作》，林进涛撰写了《八区青年怎样教育八区民众》，麟辉撰写了《小濠涌工作团如何救亡》，黄荫棠撰写了《一月来的网山工作团》。1937年，由于时局紧急，日本侵略者大举南下，原承接印刷的工厂停业，经多方奔走，直至11月底才在江门完成《八区青年》第九期（最后一期）的印刷。尽管《八区青年》只出版了九期，但它已点燃了抗日的星火，照亮了斗门地区民众团结一致抗日救国的前路。邝明还将该杂志寄给海外侨胞，宣传国内抗日救亡工作，鼓舞海外侨胞的爱国热情，相互动员，捐款捐物支持抗战。

三、建社立组，储备革命力量

（一）成立小濠涌青年社

邝任生回乡任健民小学校长后，于1936年在小濠涌健民小学秘密成立了小濠涌青年社，组织邝叔明、邝振大、邝仲海、邝发维、邝耀云、邝健玲等同乡青年学习革命理论，交流救国的认识。他们不仅反对小濠涌乡的封建势力，而且发动民众废止乡公所制定的封建乡规。1937年，小濠涌青年社扩展到全区，发展为八区青年社。全区赴外读书、倾向进步的林科、黄展平、黄有文、陈特、李成才、李枫、赵约文、罗建才、黄壁东、梁超等人自发组织起来，秘密阅读《资本论》《政治经济学批判》等马列著作和其他进步书报，讨论救国道理，广泛传播马列主义和共产主义思想。

当时，中山八区的国民党当局不准农民的稻谷外卖，压价收购，再高价远销牟利。《八区青年》则刊登文章揭露。区政府派公安分局局长肖宝球逮捕了邝任生，八区青年社全体社员组织营救，并成功救出邝任生。区政府企图剥削农民和镇压青年的行动终告失败。此次斗争后，八区青年社的骨干更加团结，积极在自己的家乡组织青年学习。

（二）成立"共产主义同情小组"

1921年3月，陈独秀在广州联络谭平山、陈公博等人，成立了广州的共产党早期组织，它是中国共产党成立前国内的6个共产党早期组织之一。中共一大后，成立了中共广东支部，1922年成立中共广东区委。随着共产党力量在中山的逐步加强，1925年底中共中山支部成立，1926年冬中共中山县委在全县群众革命运动高涨中宣告成立，黎炎孟当选为县委委员。中山县党组织建立后，立即成为中山群众革命运动的领导核心。1927年2月，中共广东区委直辖5个地方委员会，全省绝大多数县都建立了党的基层组织，拥有党员8 000多人。

1933年，邝任生转移到广东航海学校读书期间，仍然积极参加革命活动。他安排陈昂生在网山接续陈杰的活动，令李成才、李成乐兄弟坚守八甲阵地，布置邝仲海、郑发维在新兴小学的活动，自己则利用假期回乡指导革命活动。同年，邝任生与邝叔明及在广东省第一职业学校学习的郑宏璋、单容沛等人，在广州河南凤凰岗陈家园的灰坟场秘密开会，成立"共产主义同情小组"，邝任生被推选为负责人。他报告苏区形势，决定发动群众，破坏敌人后方，散发传单，扩大影响。他亲自撰写标语，交给其他同学抄写，揭露蒋介石、陈济棠的反动统治，号召工农起来斗争。

四、创建支部，点燃星星之火

在土地革命战争时期，斗门老区诞生了中国共产党组织。党组织的诞生为斗门革命点燃了火种。经过革命的洗礼和考验，斗门老区的党组织不断发展壮大，成为斗门革命的领导力量。在斗门老区，曾经涌现出一些优秀的党支部。斗门老区党组织的建立和发展，对于推动全区人民开展土地革命和抗日救国，起着极其重要的历史作用。

1934年，邝任生回到小濠涌。在斗争中，邝任生逐渐认识到中山八区须有党组织指导的重要性。1936年，陈杰在香港找到党组织并恢复党组织关系后，回到小濠涌介绍邝任生重新加入中国共产党[1]。同年冬，邝任生介绍邝叔明、邝振大加入中国共产

党，由中共南方临时工作委员会领导。从此，斗门的工农群众和抗日救国运动有了党的领导。1936年11月，经中共南方临时工作委员会批准，以邝任生为党小组组长，邝叔明、邝振

中共小濠涌支部旧址

---

① 邝任生在1930年曾加入中国共产党，后与党组织失去联系，直到1936年重新入党。

大为成员的中山八区第一个党小组——小濠涌党小组宣告成立。

小濠涌党小组的党员活跃在斗门地区，为发展党员、壮大党的组织而奔忙。在邝任生的积极带动下，党小组如雨后春笋，不断涌现。1937年2月至8月，邝任生先后介绍邝健玲、邝仲海、邝卓生、黎华龙加入中国共产党，小濠涌第二个党小组因此成立。至此，小濠涌党员发展到7人。9月20日，斗门地区乃至珠海市的第一个党支部——中共小濠涌支部宣布成立，由邝任生担任支部书记。

随后，邝任生又在斗门地区各乡村物色、培养入党对象。至1938年，邝任生又先后发展网山村的黄展平、黄萼荣、黄有文，南山村的陈特，南门村的罗建才，乾务村的梁超、梁荫元，马山村的林科，龙坛村的容煜、容振等一批进步青年入党，党员遍布斗门地区。邝任生成为斗门地区党组织的主要创建人，为斗门革命做出了杰出贡献。

1938年6月，由于形势变化，根据中共广东省委的指示，中山八区的党组织从原属中共南方工作委员会领导改由中山县委领导。同年10月，中共斗门区委（即中共中山县八区委员会）正式成立，邝任生担任区委书记，邝叔明任组织委员，邝振大任宣传委员。区委驻地设在小濠涌。在中国共产党的领导下，斗门人民反对国民党的横征暴敛，拿起武器抗击日本侵略者，自此中山八区的抗日救亡运动如火如荼地开展起来。至1944年8月，全区共建立11个党支部和3个党小组，党员人数发展到213人。斗门地区党组织的建立和发展，对于推动全区人民开展抗日救亡运动，起着极其重要的历史作用。

11个党支部：

中共小濠涌支部，1937年9月建立，支部书记先后为邝任生、邝叔明、邝振大、邝兴旺。小濠涌党支部是斗门乃至珠海市成立的第一个党支部，支部委员深入全区各乡村物色、培养入党对象，吸收进步青年入党，小濠涌因此被称为斗门地区的"小延安"、斗门革命斗争的策源地。

中共斗门墟支部，1938年9月建立，党员3人。支部书记为黄萼荣。

中共八甲乡支部，1938年11月建立，党员31人。支部书记先后为陈洪护、梁超、吴业、邝建吾、邝辉。

中共网山乡支部，1938年12月建立，党员22人。支部书记先后为黄展平、黄乐天、赵荣、邓永年、黄洪、黄鼎立、黄有文。

中共南山乡支部，1939年3月建立，党员30多人。支部书记先后为陈特、陈汉培、梁超、陈金。

中共南门乡支部，1939年5月建立，党员23人。支部书记先后为罗建才、赵荣、赵岳雄、罗仲能。

中共马山乡支部，1939年7月建立，党员26人。支部书记先后为林科、林伟明、林伯辉。

中共乾务支部，1940年10月建立，党员15人。支部书记为梁其靖。

中共月坑支部，1941年7月建立，党员19人。支部书记先后为黄贯夫、黄展平、赵荣、黄达成、余沼平。

中共老糠堆支部，1942年2月建立，党员3人。支部书记为梁超。

中共龙坛支部，1940年2月建立，党员6人。支部书记先后为梁超、赵荣。

3个党小组：

大濠涌村党小组，1939年7月成立，党员5人。

东澳村党小组，1941年2月成立，党员6人。

小赤坎村党小组，1944年8月成立，党员3人。

除上述党组织之外，还于1937年8月在斗门墟成立了一个特别支部，林忠为书记，梁永为组织委员，梁炳为宣传委员（梁永、梁炳是郑贞、林南离开斗门时留信介绍给林忠相识的，后共同开展工友联谊会的工作），由关春韶直接领导。林南、郑贞和林忠当时已与党组织失去联系，于是到斗门墟一边打工一边寻找党组织。林南是新会人，1935年到斗门墟南昌盛打工。郑贞原姓麦，广西人。林忠是林南的同乡，1936年夏潜到林南处进行隐蔽。后来，林忠经郑贞介绍到兆章当了一名裁剪师傅，初时名金钟，后来名林金钟，最后名林忠。那时，斗门墟是私货集散地，教会利用教会船有免检特权，与奸商勾结走私。为了掩人耳目，他们指示工人晚上给他们搬货，却不给工人支付工资。按照惯例，江门、石岐等墟镇都有行业花利（下水钱）。林南、郑贞和林忠三人以争取花利为号召，将工人团结起来，成立了工友联谊会，并派出代表向经理提出诉求，为工人们争取了权益。

1936年12月，张学良、杨虎城为了停止内战、共同抗日，实行"兵谏"，扣留了蒋介石，这就是西安事变。中国共产党从民族大义出发，为了团结国民党共同抗日，促成西安事变和平解决，十年内战的局面由此结束。西安事变的消息轰动了全斗门墟。当时，斗门只有水路交通，交通十分不便。邮局的报纸经常延误，报纸订户对此十分不满，在邮局门前大吵大闹。工友联谊会研究了当前形势，从实际需求出发，决定开办书报社，并在门前张贴广告，承诺《江门日报》当晚可到，省、港各报隔天可到。消息传开，群众纷纷订阅。工友联谊会开办书报社，不仅满足了群众关心时事的需求，每月还可收入三四百元，所得经费能资助两批人去延安学习。

1937年2月，林忠认识了邝任生，并加入了小濠涌青年社，阅读进步书籍和报纸，学习共产主义理论。同时，他还贯彻邝任生的指示，改进书报社，公开销售一般书报（包括反动书报），并以此做掩护，推销进步读物、革命书籍和传播共产主义理论。林忠积极到江门、香港等地推销进步书报，布置运输线路。1940年7月初，书报从澳门运往斗门途径三塘口时，被日军发现其中有《新华日报》、新华社电讯稿。日军当即将运送人员李牛（即黄步方）、黄家俭（大濠涌人）和到澳门买课本的罗建才（南门人）拘押到马骝洲，并残忍杀害于银坑石排。这个事件后，书报社业务被迫结束。

　　1937年5月，林忠与党组织终于取得联系。8月，斗门墟特别支部成立。该支部成立后，即以八区青年社成员为建党对象，开办党课学习班。1937年七七事变后，中华民族全面抗战开始，斗门驻军独九旅举办壮丁训练班，取名社会青年军事训练班。经邝任生同意，工友联谊会带40名思想过硬的会员去受训，为将来抗日武装斗争做准备。1941年6月，斗门失陷，工友联谊会暴露，暂时退出斗门，等待中共斗门区委指示。

群众觉醒　农运兴起

　　土地革命，是中国新民主主义革命的主要内容，是中国共产党领导中国工农红军和中国人民为反对国民党蒋介石集团的反动统治，废除封建土地制度，建立工农民主政权而进行的革命战争。在中国共产党总结斗争经验，将革命的重心从城市转入广阔的农村之后，斗门共产党组织也将革命重点转向农民运动。斗门地区的广大农民在共产党的组织之下成立了农民武装队伍，发动了多起武装起义，有力地打击了国民党的反动气焰。

一、成立农协，组建农民武装

　　1924年1月20日至30日，在孙中山的主持下，中国国民党第一次全国代表大会在广州举行，确定了"联俄、联共、扶助农工"三大政策，第一次国共合作正式建立。同年5月，国民党中央执行委员会通过组织农民运动委员会案，共产党人彭湃任农民部秘书。6月30日，国民党中央执行委员会第三十九次会议通过农民运动的实施方案，根据彭湃的建议，决定开办农民运动讲习所，训练各地农民运动骨干。大会将开办农民运动讲习所列为"农民运动第一步实施方案"，用以"培养农民运动人才，使之担负各地方实际的农民运动工作"。农民运动讲习所名义上是国民党中央农民部主办的，实际上是由中国共产党领导的。中国共产党党员彭湃担任广州农民运动讲习所第一、五届主任，毛泽东则任第六届所长。从1924年7月至1926年9月，广州农民运动讲习所共举办了六届，前后培训了754名农民运动的骨干，其学员"皆取材于纯粹农民子弟，习为养成冲锋陷阵之战斗员"。学员毕业后奔赴全国各地从事农民运动，成为农运的骨干力量。中山县先后派出30多名青年农民前往广州农民运动讲习所参加第二、三、四届训练。

中山县的学员回到当地，积极从事农民运动的组织领导工作。他们深入农村进行宣传，发动群众，建立农民协会，组织农民自卫军，领导农民开展革命斗争，极大地促进了农民运动的发展。1924年7月，孙中山亲自审核公布了《农民协会章程》。7月24日，廖仲恺以省长名义印发该章程至各县，责令各县根据章程组织农民协会及农团军，实行自治，从而大大加速了各县农民运动的开展。

1924年8月，廖仲恺和谭平山亲临国民党中山县党部，参加中山县九区黄圃农民代表大会。廖仲恺在会上讲《农民解放的方法》，指出农民受的痛苦很多，要解除这些痛苦，还要农民自己组织起来"自救"，号召农民组织一个真正的农民协会。1925年9月10日，广州农民运动讲习所第四届学员黎炎孟离开广州农讲所，以国民党中央农民部农运特派员的身份，被派到中山县，与同期被派来的中共党员、农运特派员李华昭等同志，共同领导中山农民运动和党的组织工作。黎炎孟根据中山县农民运动的实际，写出了长达25 000多字的《关于中山县农民问题的报告》系列文章（见附录三），对指导全省的农民运动有着重要的意义。

1924年冬，广州农民运动讲习所第二届学员梁瑞生（又名梁九胜），以国民党中央农民部农民运动特派员身份，到斗门月坑等村向农民宣传革命道理。他通过办夜校、农民剧社等形式，发动农民组织起来，为成立农民协会做准备。1924年12月，中山县第一个农民协会在四区麻子乡（今属南朗）成立，并建立了自己的武装——农民自卫军。

虾山乡农民协会会长赖冬如，目睹七乡（现在六乡及大沙一带）百姓备受摧残，屡遭屈辱之惨状，十分同

中山县农民协会成立旧址

情，对附近恶霸、土匪的所作所为十分反感。于是，他挺身而出，仗义执言，到各乡宣传，得到了七乡人民的拥护。他把七乡人民发动起来，组织自卫队，与敌人进行斗争。黎炎孟在《关于中山县农民问题的报告》中对赖冬如赞赏有加："七乡主权全由赖冬如个人为主，各乡有农事必要寻他商酌，得允许后方敢为事。"

1925年4月，中山县第一届农民代表大会在石岐仁厚里召开，出席会议的代表有100多人。会议庄严宣布成立中山县农民协会，并制定了农会章程，通过了行动纲领、今后的任务和建立农民自卫军的决议。会议号召农民团结起来，反对苛捐杂税，推翻黑暗统治。同月，中共党员黎炎孟等人在斗门月坑以教学为名，秘密成立了斗门地区第一个农民协会。斗门月坑村首先成立农民协会，选举产生执行委员会委员6人，会长为陈世典，副会长为梁贡镜。5月，涩涌、小托、虾山、盖山、铁山、南澳6个村也相继成立了农民协会并开展了活动。月坑村还建立了有60多人的农民自卫军，陈锦彪任自卫军中队长。接着，盖山、南澳、虾山、涩涌、铁山、小托6个村也仿效月坑村的做法，先后成立农民自卫军，队员共发展到538人，有枪械340多支，成为中山八区

最早的农民武装。农民自卫军在中国共产党的领导下，积极同土豪劣绅、地方反动势力做斗争，并捣毁了一批烟馆、赌场，从而维护和保障了农民的利益。

1925年5月1日，在中国共产党的领导下，广东省第一次农民代表大会在广州隆重召开，成立了广东省农民协会，通过了《广东省农民协会宣言》等，选举产生了广东省农民协会执行委员会，制定了广东省农民协会新章程，统一了农会的名称和旗帜。广东省农民协会设干事局（后改为常委）作为常设机构，下设秘书、宣传、组织、经济、军事5个部，以阮啸仙、彭湃、罗绮园、周其鉴、蔡如平5人为常务委员。当年，阮啸仙、彭湃、周其鉴等经常在广东省农民协会办公，指导各地开展农民运动。同年第三至第五届广州农民运动讲习所均设于此。毛泽东、周恩来、陈延年等经常到这里从事革命活动。

第一次国共合作和革命统一战线建立后，广东的工农群众运动迅速发展。全省各地纷纷建立了工会、农会和其他革命群众组织，成立了工团军、工人纠察队和农民自卫军等工农武装，还创办了各种农民运动干部学校，培养了大批农民运动干部。至1926年冬，广东省农会会员达80多万人，农民自卫军达数万人。可以说，这个时期广东的农民运动堪称全国农民运动的先导，是全国农民运动的一面旗帜。作为广东农民运动的组成部分，斗门地区反帝反封建的政治运动，不仅启迪了斗门地区广大农民群众的政治思想觉悟，

广东省农民协会旧址

也增强了他们谋求自身解放的决心和信心，在农民群众中产生了深刻的影响，这为斗门地区的土地革命战争打下了坚实的群众基础。

二、反对苛捐，初步取得农运胜利

在1912年至1924年的10多年间，斗门地区的生产力相当落后，农村的中产家庭自耕自食，勉强糊口；贫雇农租田耕种，常闹春荒、秋荒，一遇天灾人祸便无隔宿之粮，严冬时节更是饥寒交迫。那时斗门的土地以宗族祖偿占有最多。据土地改革前各阶层占有土地情况统计，公偿占耕地面积的60%，地主、富农占30%，其他仅占10%。公偿出租土地大多数由地主、富农把持，广大农民挣扎在水深火热之中。因此，斗门同全国各地一样，很早就孕育着革命的风暴。斗门地广人稀，西、北、南都是山区，国民党反动政府统治力量相对薄弱，这也为斗门地区党组织的建立和开展革命运动奠定了良好的基础。

月坑村农民协会使用过的会徽

1925年11月，原黄梁都（中山八区）护沙分局派出所征收员李崇基，强迫农民上缴之前经大元帅府财政部命令不准附加征收的联团费、民团费、警费。农民于是联合起来反对缴费，已缴的农民也要求讨回。护沙分局马上调派军队前去镇压。泹涌、月坑等7个乡

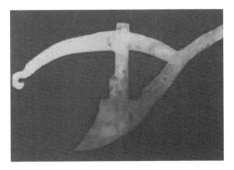

月坑村农民协会使用过的会旗

的农民协会联合起来坚决抵抗，并召开农民代表大会，及时把反征收的情况通过快邮代发电（文件见附录三）发至全省各县。国民党广东省政府马上派员进行干预，迫使黄梁都护沙分局不再向农民征收联团费、民团费、警费，农民协会反苛捐斗争取得完全胜利。之后，斗门农民运动在中山县农民协会特派员黎炎孟的领导和帮助下，打土豪、恶霸，开展反剥削、反压迫斗争。各乡的土豪、恶霸受到震慑，不敢胡作非为，欺凌农民。农民运动在斗门取得的胜利，也有力地配合了广东大革命运动。

三、武装起义，拉开革命序幕

1927年，在北伐战争取得基本胜利之时，国内政治形势却突然转变，以蒋介石为代表的国民党右派为篡夺革命领导权，加紧同帝国主义和买办资产阶级勾结，并先后制造了一系列反革命事件。国共两党合作的革命统一战线宣告破裂。1927年4月15日，国民党右派在广州进行"四一五"大屠杀，在广东各地则实施全面"清党"，白色恐怖笼罩在广东各地。在这种形势下，民族资产阶级附和了蒋介石集团，许多小资产阶级也退出了革命，只有工人阶级、农民阶级和贫苦的城市小资产阶级继续坚持着革命。在国民党新军阀的统治下，农民的处境更加悲惨，广大农村一片凄凉。七乡人民也生活在水深火热之中，附近的一些恶霸、土匪等依仗反动势力，经常窜到这里来捣乱。他们在七乡开烟馆、设赌场，放枪恐吓村民。每逢禾熟时节，他们便来抢粮，致使不少农户家破人亡，社会秩序空前混乱。

广东早在大革命时期就已经打下了坚实的工农革命基础。中共广东组织对国民党右派背叛革命的行径有所察觉，故而在其发动"四一五"反革命政变的当天便毫不犹豫地领导广大工农群众举行武装起义。中共中山县委根据上级指示，决定组织各区农民自卫军，于1927年4月23日集中在卖蔗埔举行武装起义。月坑村农会派出30多名精干农民自卫军队员，由陈锦彪率领参加起义。不料武装起义计划被泄露，国民党当局及驻军第三十九团大批军警、民团包围了起义军，起义失败。农民自卫军中队长廖桂生等10人不幸牺牲。月坑村农民自卫军撤回本区，继续坚持活动。1927年6月15日，中共广东特委发出通告，号召各地党组织"必须坚决地鼓动农民起来进行有计划的暴动"。中共广东特委还颁布了《广东各县破坏工作纲领》，提出了"没收军阀、贪官污吏、买办、土豪劣绅、大地主租谷""夺取反动军警、土豪劣绅、地主武装"等10项行动纲领。

八七会议后，广东党组织在领导秋收起义的过程中，逐步认识到建立农村革命根据地的重要性。1927年8月，中共广东省委根据八七会议精神做出的《中共广东省委关于暴动后各县市工作大纲（决议案）》规定，"一、没收反革命土地。二、没收土豪乡绅土地。三、没收大中地主土地。四、没收一切公产的祠族庙宇土地。没收之土地，由县政府分配与佃农与无地农民及革命退伍兵士"。中共广东省委在历次下发的文件中，再三重申中央关于土地革命的指示，规定各地要严格掌握有关政策，不属于大中地主的土地不能没收，地主乡绅的一般财产也不得没收。随后，中共广东省委根据形势的变化和全省的实际状况，提出土地革命应根本打倒地主制度，扫除土地革命的障碍，普遍发动农村中的贫苦农民热烈参加斗争。在中共广东省委的领导下，1928年初，许多地方相继建立了苏维埃政权，开展了土地革命，党的组织和工农武装的力量得到迅速壮大，革命斗争取得很大胜利，初步形成了广东各地区工农武装割据的局面。随着农村革命根据地的建立和发展，各根据地的土地革命便轰轰烈烈地开展起来。

1928年冬，国民党中山县县长兼县民团总队长梁鸿洸派军队

"围剿"月坑等7个乡农民协会，搜捕农民自卫军队员，妄图摧毁农会组织。由于有广大群众的掩护，农会会员和农民自卫军队员全部安全隐蔽。为保存革命力量，月坑等7个乡农民协会和农民自卫军暂停活动。广东党组织在大革命失败后的几个月内，在全省范围内领导了数十次武装起义。作为广东讨蒋武装起义的组成部分，中山县的武装起义虽然遭到了失败，但这是共产党领导的农民武装反抗国民党反动统治的开端，揭开了当地土地革命战争的序幕。

　　1930年冬，邝任生完成培正中学的学业，回到斗门八甲乡排山小学任教。他积极兴办农民夜校，宣传反封建、反剥削的道理；发动李希宏、杨维良、陈洪护组织农会，动员了14个乡300多人参加农会进行抗租。1932年，田心村、新村仔、东怀里、东兴里的农民租耕南门乡地主的稻田，两造收割时，地主便派狗腿子入村催租逼债、敲诈勒索，农民终日忧心忡忡。邝任生便发动农民李希宏、杨维良、陈洪护组织农会，并以他们为骨干，成立了有50多个农民参加的中山八区第二个农会。农民协会组织由原来的7个乡发展到14个乡，有300多个农民参加农会。在第二个农民协会成立当天，邝任生亲自到会发表演讲，并在当时区府所在地斗门墟张贴"共产党万岁""打倒国民党""锄奸扶弱、公道待人"等标语，鼓舞农民组织起来同地主进行斗争。由于农民组织起来抗租，参加农会的农民一年都不用交租，从此地主不敢再随意欺压农民。

第三章

保家抗日

　　1937年7月7日，日军发动卢沟桥事变，中日战争全面爆发。1937年7月，日军先遣舰队开始在唐家至九洲洋海面巡察，8月侵占荷包岛。珠海斗门老区地处中国海疆，最先受到日军的侵犯。1938年1月，日军侵占中山县第七区的三灶岛，随后在岛上修建飞机场，驻扎大批海陆空军，作为侵占中国华南的重要基地。中山八区也遭到从三灶岛飞来的日机轰炸，日军先后向各乡投掷炸弹，炸伤数以百计的群众，炸毁了大量民房。从此，拉开了斗门旷日持久的抗日战争序幕，斗门老区人民在日军占领期间进行了顽强的抵抗。

抗日团体　救亡图存

　　九一八事变后，抗日救亡运动在全国兴起。中国共产党及其领导的工农红军和广大的工人、农民是抗日救亡运动的重要力量。日军在沦陷区的野蛮掠夺与破坏激起珠海斗门地区人民的强烈反抗。斗门老区人民在党的组织和指导下，先后建立和发展了中山八区民众抗敌后援会、广东青年抗日先锋队中山县八区区队、八甲农民协会、中山县民众抗日自卫团第二十八大队、妇女协会等抗日救亡团体，极大地支持了珠海乃至全国的抗日战争。

一、国共合作，成立抗敌组织

　　1937年七七事变之后，中共中央发布《中国共产党为日军进攻卢沟桥通电》，号召"全中国同胞、政府与军队，团结起来，筑成民族统一战线的坚固长城，抵抗日寇的侵略"。1937年9月，在中国共产党的努力下，以国共为主导的抗日民族统一战线正式建立。

　　1937年8月，中共中山县委在石岐成立。党员梁奇达被派往珠海建立五区工作委员会，并在小濠涌、南屏等20多个村建立、恢复和发展党组织，有党员300余人。各级党组织高举团结抗日的旗帜，领导人民开展救亡图存的抗日活动，组建八区抗日游击大队。国民党中山县党部成立中山民众抗敌后援会后不久，国民党中山县第八区党部跟着成立中山八区民众抗敌后援会（后改称

"御侮救亡会"），国民党中山县第八区党部书记黄经钦兼任委员会副主任，邝任生担任副主任，陈特、黄展平、梁其颖、赵约文为委员，后援会的工作实际由邝任生等人主持，办公地点就设在斗门墟"黄家馆"楼上。这是斗门地区较早建立的民众抗日救亡团体。

中山八区各乡也相应设立抗日救亡工作团，团长基本由八区青年社成员担任，他们分别是：小濠涌乡团长邝仲海，八甲乡团长李枫，南门乡团长赵文洲（先）、罗建才（后），斗门墟团长赵德和，南山乡团长陈特（兼），网山乡团长黄展平（兼），大濠涌乡团长黄大基，马山乡团长林科，乾务乡团长梁伟林。全区工作团有成员800多人，每个团设有大刀队、宣传队、救护队。

从1937年10月开始，分工逐渐明确。小濠涌村后援会负责做上层人物工作，通过植槐堂（当时小濠涌村公堂）出资、乡绅集资等途径组建了大刀会。邝经生、邝修伍担任大刀会队长，青壮年约200人参加，并聘请村里武术大师邝霍光、邝买友等人担任教练。大刀会每天早晚训练，后来许多优秀的大刀会队员参加了抗日先锋队、锄奸队。大刀会是小濠涌最早成立的一个群众性抗日组织。工作团的宣传队则踊跃组织演讲和宣传，演出《放下你的鞭子》《血洒卢沟桥》等剧目，宣读《东北人民的惨状》《中国人民一定能够胜利》等6篇演讲词，发动群众筹款募捐。1938年7月，国民党独九旅在斗门墟和风中学门前广场举行了万人检阅大会。中共党员邝任生在会上发表了抗日动员演说，激起了人民的抗日情绪，把抗日救国运动推向了一个新的高潮。

二、青年担当，加入区抗先队

继中山八区民众抗敌后援会成立后，在1939年1月中共中山县八区委员会（简称"八区委"）根据上级指示精神，发动群众

邝振大

组建了广东青年抗日先锋队（简称"抗先队"）中山县八区区队。斗门老区的热血青年勇于担当，积极参加抗先队。梁其颖为区队长，陈特为副区队长，林科、罗建才、梁其靖为区队委员，队部设在小濠涌健民小学内。同时，11个乡成立了抗先队组织，队长均由中共党员或进步青年担任，他们分别是小濠涌乡队邝振大、南门乡队赵荣（赵柳华）、南山乡队陈特（陈昂生）、八甲乡队赵平怀、马山乡队林科、大濠涌乡队黄壁东、网山乡队黄友文、月坑乡队陈中坚、龙坛乡队容振、乾务乡队梁寿沛、东澳乡队周介眉。各乡队均设"一校两队"（夜校、宣传队、武装队），有组织地进行抗日活动。广东青年抗日先锋队中山县八区区队和11个乡的乡队，队员达千人。根据中共广东省委指示并经中山县委同意，在八甲乡的抗先队队员中选出六七十人，成立中山县民众抗日自卫团第二十八大队（简称"二十八大队"），使八区人民有了自己的抗日救亡武装。

抗先队队部设在健民小学，邝振大任小濠涌乡队队长。他工作热情，不顾身体虚弱积极做好抗先队各项工作，大家都亲切地称呼他为"大哥"。1939年2月至5月，八区委在南门新围村崇基祠举办第一期游击队训练班，邝振大任教员，带领学员深入学习毛泽东著作《论持久战》，学习军事知识，并和学员们一起参加游击训练，苦练各项军事技术。斗门墟设立抗先独立中队，队长为梁柱川，全区抗先队队员达1 000多人。抗先队采用全省统一的队歌、队旗和队徽。抗先队队歌是人民音乐家冼星海为家乡抗先队创作的。

在八区委的直接领导下，抗先队积极开展抗日工作。1939年7月下旬，日军入侵中山横门，国民党县政府派守备部队第三旅

抗先队队歌

到横门与日军作战。八区委派抗先队龙坛乡队队长容振带领部分抗先队武装人员参加战斗，配合国民党抗日武装击退了日军的侵略。与此同时，八区抗先队副区队长陈特带领梁其靖、陈秀球等10多名男女抗先队队员在县抗先队曾谷的率领下，带着慰问品前往横门慰问抗日将士。同年10月，抗先队队员梁鼎捷（梁捷）参加澳门四界救灾会回乡服务团第三纵队，在东江大沙墟作战中牺牲。八区抗先队在乾务忠义祠为为国捐躯的梁捷烈士召开追悼会，各乡抗先队都派员参加。会议激起全区青年和群众的义愤，各乡纷纷开展募捐劳军活动，进一步掀起了全区人民抗日救亡运动高潮。1940年9月，国民党中山县党部秘书李镜流、中山守备队政训室主任冯镐出面组织八区战时工作委员会，八区委有计划地选派抗先队队员参加。在选举执行委员时，八区委均推选了原来的抗先队负责人，使八区战时工作委员会的领导权掌握在区委手中。

三、成立农协，建立自卫武装

在抗日战争时期，八甲乡进行了长期艰苦卓绝的抗日斗争。早在1932年，邝任生就在八甲乡黄沙坑村开展革命活动。他以办夜校做掩护，号召农民组织起来，反对地主阶级的压榨。同年

夏，八甲乡的田心、东兴、新村仔农民首先组织起来成立农会。1934年，八甲乡成立农民协会。1936年至1937年，邝任生和邝振大经常到八甲乡宣传马克思主义思想，动员农民团结起来，反对国民党的横征暴敛。在进步革命思想的影响下，八甲乡青年群众纷纷参加各种抗日救亡活动，贴标语、演讲、演话剧，抗日救亡活动很快在八甲乡全面铺开。

1938年，邝任生主持成立了中共八甲乡支部。1939年初，八甲农会配合党支部动员一批青年男女成立抗先队，开展抗日救亡运动，队长为赵平怀，副队长为邝建吾。抗日战争时期，八区委为了响应上级党组织关于开展独立自主游击战争的指示，决定以八甲为试点，指派李成才任八甲乡乡长，掌握乡村政权，开展革命活动。1939年4月，八甲乡党支部动员各自然村的农民武装，组建了中山县民众抗日自卫团第二十八大队，成为当时中共中山县委直接领导掌握的3个乡村自卫武装之一。八甲乡乡长李成才任大队长，下辖3个中队，驻防在八甲、斗门、龙西一带，监视已经入侵三灶岛的日军行动，保护这一地区的农民安全。1940年至1943年，八区委的一个点设在八甲乡黄沙坑村时，区委领导人郑少康、曾谷、唐健、郑迪伟等经常在黄沙坑隐蔽活动。八甲农民协会派一些会员做好后勤工作和监视敌特活动，保护领导人的安全。1943年5月，地方党组织与武装部队分开。地方党组织负责人曾谷在八甲田心、黄沙坑负责

黄沙坑革命历史纪念屋

单线联系各区的党员。抗日战争时期，八甲乡积极发动群众参军参战，先后选送了马健、莫绮玲、周强、陈达、莫有九等37人参加游击队。其中莫绮玲还把家中使用的2把自卫枪和一些金器献给部队。在抗日战争中，莫有九、周维友、何宜友、何源、何志5名烈士不幸牺牲。

八甲乡党支部自建立到斗门解放，一直都是中山八区一个团结战斗的支部，在任何艰苦恶劣环境下都一直坚持同日、伪、顽军做殊死斗争，从未妥协。在抗战期间，八甲乡党支部也因为和群众血肉相连，在当地群众基础牢固，因而没有遭到任何破坏。

四、妇女解放，绽放抗日之花

斗门地区抗日救亡组织可谓遍地开花，组织形式也多种多样。斗门妇女在女共产党员邝健玲的带领下成立了抗日民主妇女协会，积极宣传抗日，参与救护，发动华侨捐款。1938年2月，由八区委领导的中山战时妇女协会（简称"妇协会"）八区分会成立，分会长由邝健玲担任，副分会长为莫绮玲、邝瑞玲，执行委员有陈秀球、梁俊帼、林若冰、黄佩瑜、黄如宝、蒋佩贞、梁群（梁焕婵）、陈庆仲、赵素玲。随后，8个乡相继成立了乡妇协会，区妇协会执行委员分别兼任各乡妇协会会长或副会长，全区妇协会共有300多人，邝健玲等7人还被选派赴延安、中共东南特委党校学习。妇协会成立后，妇女运动在各乡党支部的领导下蓬勃开展，协助其他抗日救亡组织开展了形式多样的抗日活动，成为斗门地区强有力的抗日力量。

斗门妇女在走出家门参加救国救民的抗日活动中，遭到了封建势力的阻挠。妇协会分会长邝健玲为了革命剪了短发、到处奔走，当地百姓对她议论纷纷。陈秀球是家中独女，她的母亲有着根深蒂固的封建思想，反对她参加妇协会，并为她选择了结婚对象，强迫她尽快结婚。后来在党组织的帮助下，陈秀球成为当时第一个起来抗婚的妇女，最后退了婚约，取得了抗婚胜利。接着黄佩瑜也取得抗婚胜利。随后，各乡的妇女骨干纷纷剪掉发髻，拒绝父母包办婚姻。东澳村几天内就有140多人剪掉了发髻。八区妇女掀起了反封建的高潮。

斗门地区的革命妇女在冲破了封建束缚之后，积极地投身到革命活动中。各乡妇协会协同抗先队，在邝健玲和莫绮玲等妇协会领导人的带领下，组织宣传队，积极宣传抗日救亡及妇女解放的道理，以墙报、海报、漫画、街头戏剧等形式动员妇女参加抗日活动。此外，在各村重点培养一两个妇女骨干，使她们成为各村妇运的带头人，以便开展工作。

她们还成立救护队，积极抢救伤员。1938年2月，日军开始在三灶岛上修建飞机场，建立海军基地。此后，乾务、斗门墟、南门、大濠涌、南山、荔山、马山等乡村陆续遭日机轰炸。在日机扫射轰炸中，救护队在梁俊帼、梁群等妇女骨干的带领下，冒死抢救伤员。

她们还罢读亲日课本，支持武装队伍抗日。1942年初，马山乡党组织安排党小组组长林凤、党员林珠顺到马山乡小学高年级就读。她们利用在学校读书的机会，团结进步学生林慕茵、陈春玲、林泳嫦（林嫦）、林衮嫦。在党支部的支持下，她们发动学生拒绝学习学校的亲日课本。而校长林启恩以下令解散高年级相威胁，该班教师严基（从外地调到该校任教以做掩护的中共候补党员）以辞职抗议校方。经过斗争，校方最终被迫取消亲日内容的课本。

1938年10月，中国抗日战争进入相持阶段，抗日活动愈发艰难。1940年春，中山县本部地区沦陷，八区委根据中山县委的指示精神和八区斗争的实际需要，指示妇协会将之前的公开活动向分散、隐蔽的活动转变。各乡以女仔屋（姑娘聚集的房屋）为基地，以姊妹会、识字班、生产组、互相帮耕等形式继续教育、发动妇女参加抗日

曾为斗门解放事业做出贡献的抗战女战士合影

救亡活动。1940年，莫绮玲、郑迪伟在发展武装的月坑村发动了一场针对妇女的深入教育运动。她们通过识字班教育妇女，积极支持地方武装力量建设，以此提高妇女的觉悟，促使她们支持丈夫、儿子参加当地组建的游击队伍。这些妇女也力所能及地支持游击队的抗日活动，有的为部队割柴草、送粮食、磨谷、打鱼、摸虾、送衣服，有的为部队筹粮筹款、献枪献金。莫绮玲、陈妙齐带头拿出家里用来自卫的长短枪共4支，以支持游击队建设。南山乡的陈秀球捐出金镯1双、戒指2枚（总价值200银圆），陈惠贞等人也把金戒指捐献给部队。月坑村的妇女为给游击队提供给养，不惜向地主何多利租耕26亩稻田，再把所收稻谷全部交给游击队。1944年6月，第一次黄杨山战斗后，八区游击队奉指示转移到新会崖南。当林兴华部队撤出时，留下的弹药、衣物被林衮嫦、林月莲收走。后来她俩伪装成挑谷外卖的小贩，冒险通过日军关卡的检查，安全地把弹药送到网山，把衣物送到南山，再由网山党组织和南山的陈惠贞转移到了部队。

1942年4月至5月间，八区委机关设在黄沙坑。郑迪伟驻机关工作，并发展了该村妇女积极分子黄春加入中国共产党。从此，黄春团结全村妇女群众，教育儿童，协助共产党做好机关工作，使该村逐渐成为共产党活动的基地。同时，党的交通联系、

宣传刊物的刻写及油印等，都在黄春的家里进行。在八区游击队转移之后，月坑仍留下姚有好等人，坚持联络妇女、保持与部队的联系。黄沙坑则继续由黄春做联络工作，以及部队机关的保密工作。

此外，斗门还组建了全区统一的少先队，协助抗先队、妇协会进行抗日宣传，监视汉奸等的活动。在日本帝国主义发动侵华战争期间，中华民族处于生死存亡的紧急关头，珠海斗门墟人民在党组织的号召和领导下，广泛地开展抗日救亡运动，为打击日本侵略者、争取民族解放，进行了不屈不挠的斗争，在中华民族抗日战争史上书写了不朽的一页。

建立据点　打持久战

1938年10月武汉失守后，中国抗日战争进入相持阶段。在这一阶段，敌后游击战争成为主要的抗日作战方式。日军将主要兵力用于打击敌后战场的人民军队，以保持和巩固其占领地。在全民抗战过程中，斗门老区人民在敌后也建立了抗日游击根据地，为夺取抗战的最后胜利做出了辉耀史册的贡献。

一、群众响应，参加游击大队

1940年6月，中共广东省委召开扩大会议，进一步贯彻中共六届六中全会的路线方针，确定当前广东党组织的工作重点应放在敌后和前线，要在那里放手发动群众，开展独立自主的敌后游击战争，建立敌后抗日根据地。会议决定，在珠江三角洲敌后建立中共南（海）番（禺）中（山）顺（德）中心县委（简称"中心县委"），统一领导南番中顺地区党的组织和抗日武装。同年9月，中心县委对各级党组织做了调整，中山县八区委员会则归中心县委直接领导。

郑少康

1941年1月，中心县委委员陈翔南和中山县委书记关山来中山八区检查工作时，宣布了中心县委的决定，即将中山八区（包括新会的梅阁）划为直属区，由唐健担任区委书记，郑少康担任组织委员兼管武装，曾谷任宣传委员，郑迪伟任妇女委员，八区委与抗日游击队由中心县委领导。当时，区委领导全力以赴抓武装建设。唐健以月坑为中心，抓部队思想、组织建设；郑少康以南山为中心，抓好地方上的武装统战工作；曾谷以草葫为中心，抓好乾务乡的武装据点；郑迪伟以月坑为中心，发动妇女支援部队工作。1941年4月，八区委根据中心县委"为了进一步加强对八区人民抗日战争的领导，建立一支独立自主的、在人民群众中更有威望的、由中国共产党领导的地方人民军队"的决定，把八区陈中坚抗日游击队改称"中山八区抗日游击大队"（对外挂"挺进第三纵队第七支队第二大队"的番号），下辖1个中队、2个小队。大队长由陈中坚担任，党代表兼副大队长为郑少康，大队副官为黄乐天、梁其靖（1942年调入管财粮），秘书为黄贯夫，中队长为梁威。

1941年7月，八区委宣传委员曾谷在草葫村以经商的形式进行隐蔽活动，根据东澳党小组的建议，决定在草葫村组建东澳乡人民抗日义勇游击独立小队。独立小队由曾谷直接领导，小队长由练金担任，副小队长由周扩源担任，政训员由梁超担任。同年

陈中坚

10月，国民党联防中队黄球仔部从新堂涌沿着联生围涌、鸡嘴涌一带抢掠沙面农民财产到达草葫村时，遭到独立小队的英勇抗击。黄部被阻后返回原地，独立小队初战告捷。在这次战斗中，周伍光荣牺牲。随后，多名队员加入了八区抗日游击大队。

八区抗日游击大队成立后，老区人民群众积极响应，游击部队不断发展，

人员不断增多。当时，附近的伪军、土匪武装对游击大队虎视眈眈，部队的给养困难，活动受限。在这艰苦的日子里，部队贯彻毛泽东的建军路线，把党支部建立在连队上，加强思想政治工作。虽然是睡山头、吃稀饭（有时是瓜菜粥），甚至部分战士由于营养不良患夜盲症、生疥癞病，但全体官兵意志坚定，坚持白天训练，晚上登山隐蔽。为了解决部队的给养，革命老区群众为部队积极捐粮，陈中坚等领导干部还带领全体战士在马墩平岗耕种了统战对象陈世典的百多亩荒地，自给自足，解决了粮食不足的困难，传承和发扬了自力更生、艰苦奋斗的革命优良传统。

二、坚持抗战，开辟革命据点

（一）建立月坑抗日游击根据地

1938年1月，日本侵略军侵占中山县第七区的三灶岛，随后在岛上修建飞机场，驻扎大量海陆空军，作为侵占中国华南的重要基地。中山八区也遭到从三灶岛飞来的日机轰炸，日本飞机向村庄投掷了170多枚炸弹，造成约200名村民死亡、数百人受伤，数百座房屋被炸毁。日军的暴行，坚定了老区人民组织武装抗击侵略者的决心。

1939年4月9日至12日，八区委书记邝叔明参加了中共中山县委在四区江尾头村召开的第二次武装工作会议，听取中共东南特委委员、宣传部部长杨康华传达中共中央和广东省委关于"独立自主开展游击战争问题"的指示，以及壮大中山人民抗日武装力量的研究计划。会议决定建立党领导的三种形式的武装力量：一是由党委直接领导的主力武装；二是由党控制

日机出动轰炸斗门

的派员打入国民党驻军地方团队内的抗日武装;三是由党掌握的乡村自卫武装。会议还着重指出,这三种武装要根据实际,稳步发展,以第一种武装带动第二、三种武装,开展独立自主的游击战争。

会后,邝叔明回到八区传达了会议精神。八区委研究后认为,八区历来是兵匪一家,宗族派系林立,各派政治势力之间为保护各自的利益,钩心斗角,分地区割据,各自建立武装力量,借以扩大地盘、巩固势力。这些矛盾的存在,客观上为中国共产党武装力量的建立提供了有利条件。其次,八区具有开展武装斗争的基础,有各级党组织及月坑、老糠堆、龙坛、八甲黄沙坑等政治可靠的乡村,有黄杨山、鹤兜山等连绵不断的山峰,是开展游击战争比较理想的地区。会议决定:一是以八甲乡做试点,组建一支60多人的武装队伍,沿用"中山县民众抗日自卫团第二十八大队"称号。这是当时国民党的民众武装番号,是公开的、合法的。大队长由党安插在八甲乡当乡长的中共党员李成才担任,副大队长由邝叔明兼任,政训员为莫逢湾(原是中山县民众抗日自卫团第二大队政训员)。二是月坑村在大革命时期就有农会、农军,群众基础好,又是与各游击区联络通信的交通要地。它背靠大山,便于部队隐蔽活动,在适当时候可以组建一支由八区委直接领导的人民武装。

二十八大队驻防在新堂、贵头、八甲等地,监视已入侵三灶岛的日军动向,开展抗日活动。国民党中山县党部对中共组织领导的二十八大队并不放心,成立以梁渭祥为队长的八区国民自卫队和八区抗日集结队,监视二十八大队的活动。1939年6月至7月间,二十八大队得悉梁渭祥在斗门墟大量收购鸭毛并运往澳门牟取暴利,即派武装人员把几大板车鸭毛扣留在八甲狮子头村。梁渭祥以邀请二十八大队到斗门墟谈判为名,拘留了李成才等人。

八区党组织立即发动八甲农民及自卫队队员手持枪支、锄头、扁担，把梁渭祥部驻地重重包围起来，迫使其释放了李成才等人。但梁渭祥却向国民党中山县党部告密，准备派中山县警察局局长吴飞来缉拿李成才等人。中共中山县委获悉后立即通知八区委，在当时环境恶劣的情况下，区委研究决定让李成才、李成乐到澳门暂避；二十八大队队员连人带枪返回八甲各自然村，停止活动。

1939年7月，八区委总结了之前武装斗争的经验与教训，检查了中山县委布置的建立三种武装计划的执行情况，认为由党控制的派员打入国民党驻军地方团队内的抗日武装和由党控制的乡村自卫武装已初步建立起来，也取得了一些成效。但是，由于区委领导的二十八大队被国民党区公所解散，党领导的武装暂时受到了挫折。因此，必须建立一支由党绝对领导的政治素质较高、战斗力强的队伍，才能立于不败之地。

在当时的形势下，首先必须选择一个较为可靠的据点。从地理位置上看，月坑背靠竹嵩山峰，便于队伍的隐蔽和与敌周旋；而且周围有曾在大革命时期组织农会的浬涌、盖山、虾山、南澳、铁山等村庄，群众基础较牢固。月坑村早在1925年就有农运基础，地方实力派、开明绅士陈世典曾任农民协会会长，还建立起一支60多人的农民自卫军。陈世典还占有地处偏僻、傍山面海、回旋余地大的马墩平岗的大片土地，可用于隐蔽和军事训练。加上当时还有陈中坚等一批抗先队队员掌握了乡村自卫武装，而且月坑村从村中上层人物到普通群众都积极支持抗日，选择月坑作为武装队伍活动的据点是较理想的。经过区委研究决定，由月坑村的陈中坚做乡长陈世典的统战工作，从当地公偿及邻村民团借来10多支步枪，于1939年9月28日组成"十人武装小组"，对外挂"民生公司潘幼龄特务中队第二小队"的番号；队长为梁威（梁洪昌），副队长为陈川，武装小组驻守在新会粉洲合盛围。3个月后，"民生公司"解散，武装小组撤回月坑，并动员了10多名青年入伍，成立"守更队"，外挂"陈更生联防中队"的番号。不久，中共中山县委先后调抗先队队委黄百灵及黄贯夫到八区，加强对游击武装组建工作的领导。

陈中坚领导的"十人武装小组"（壁画图）

1940年1月，由于国民党反动派掀起第一次反共高潮，抗先队停止公开活动，轰轰烈烈的抗日救亡运动转入隐蔽的地下活动。八区委从各乡调派一部分中共党员和抗先队队员到武装小组，队伍很快发展到40多人。同年2月，八区陈中坚抗日游击队成立（内部称奕德大队，由南番中顺游击指挥部领导），队长为陈中坚，党代表为郑少康。为了提高队伍的政治素质和军事素质，抗日游击队以护沙为名，驻守在新会马墩平岗，进行军事训练，有效地培训武装骨干。经过一年多的努力工作，由八区委直接领导的人民武装和月坑抗日根据地已建立起来，并迅速发展壮大。

为了扩大八区抗日游击队的活动范围，八区委决定采取多种形式，扩大武装活动据点。1940年7月，抗日游击队利用乾务乡的宗族关系，用"打进去"的办法建立武装据点。当时，国民党挺进第三纵队第八支队队长梁渭祥盘踞在乾务乡，驻兵沙面，勒收联防费，不但盘剥乡民，连一些中小地主也不放过，还独家贩运粮食往澳门牟利。于是，乡民从各自利益出发，联合起来成立农商会，同梁渭祥分庭抗礼，拒交联防费，抵制压价抢购粮食。八区委指派乾务乡党小组组长梁其靖加入农商

赵明

会，利用乾务统治集团内部的矛盾，以干事身份组建一支沙面自卫队，小队长由中共党员梁嚣祥担任。八区委先后派出中共党员赵岳雄、黄乐天、黄鼎立、赵明等到该自卫队任职。自卫队驻守在乾务沙面大涌广茂围，其给养和装备均由农商会供给，经常开展抗日游击活动。

八区委除了抓好武装据点的建设外，还要求各乡党组织做好统战工作，掌握各村自卫武装，壮大游击队力量。如网山乡党支部派中共党员黄鼎立担任该乡的更夫队队长，掌握了公偿步枪、手枪各6支。马山乡党支部派中共党员林伯辉以投标形式当上了该乡护沙协查队队长，掌握公偿步枪11支、手枪1支。东澳村党小组派原抗先队队员周芳担任自卫队队长，通过各种渠道筹集了步枪15支、手枪2支。小濠涌党支部通过统战关系，掌握公偿步枪30多支、手枪4支。在当时来说，这种形式对八区开展武装斗争、争取外围力量起着重要作用。

（二）建立南山抗日根据地

革命先辈邝任生、郑少康、肖志刚、陈特、陈振光等在南山陈氏宗祠通过办学、讲学，以教师身份做掩护，发展党员，向群众宣传革命真理，发动群众投身革命，不断壮大党的力量和武装队伍，在抗日战争中做出了巨大贡献。

从1938年起，陈特、郑少康、陈培光筹办南山小学，与老师

南山陈氏宗祠

一起在教学中向学生传播先进的革命思想，并暗中做培养和发展党员的工作。陈龙钦、陈振光、陈振伦编写《八区人民报》，出版各种刊物，开展革命活动，发动群众投身革命。

1938年，为了培养革命骨干，邝任生考察、选送人才到上级机关去深造，南山的徐瑞（陈培芳）、陈志清（陈寄生）、陈振伦等被派到延安学习。他们学完后，有的留在北方工作，有的带回了延安的革命精神，大大促进了斗门地区地下革命的开展。陈志清、陈振伦途中被敌人截回，返回本地参加革命工作。

徐瑞原名陈培芳，1938年赴革命圣地延安学习，同年加入中国共产党领导的八路军，是延安抗日军政大学第五期学员。徐瑞在延安打篮球时，贺龙常拍着他的肩膀喊他"小广东"。他于1940年加入中国共产党，历任东北抗日民主大同盟委员、延边民主大同盟主席、中共明月市委书记、中共龙井市委书记。1949年，他随中国人民解放军南下解放广州，历任中共三水县第一任县委书记兼县长、三水军分区政委、中共深圳宝安县委书记、广东省计委副主任、肇庆地委书记兼肇庆专署第一专员、高要县委书记、肇庆军分区政委，后调任广东省林业厅副厅长。"文革"后，他任海洋研究所所长直至离休。陈培芳之所以改名徐瑞，是他希望党接收东北后，东北慢慢（徐）好（瑞）起来。

南山禾丰里（老糠堆）因位置偏僻和山高林密，成了游击队隐蔽和培训的天然好地方，是有名的革命根据地。1939年，郑少康通过国民党挺进第三纵队第十三支队（实为共产党的秘密武装力量）队长陈培光的关系，在南山禾丰里成立突击队，挂"挺进第三纵队守备第五中队"番号，国民党负责供给枪支弹药，陈汉培任中队长，容振任小队长，陈福任班长。突击队由中共地下组织指挥，以禾丰里为据点，进行军事训练。

禾丰里旧门坊

中共地下组织在发展党员的同时，注意加强对党员的政治思想教育，举办了两期党员训练班（培训班）；通过上党课，党的战斗力得到增强。1939年3月，陈金到禾丰里发展一批党员，成立了农会，开展抗日救亡活动。1941年，南山村发展了一批妇女党员，成立妇女党支部。妇女党支部组织妇女开展反帝反封建活动，在抗日战争和解放战争中发挥了很大作用。陈妙齐把家中手枪献给党组织；陈惠贞献出金戒指；赵春桂献出上千斤稻谷；陈秀球献出金手镯和金戒指，还以出走来反对母亲把她许配给乾务一地主，迫使其母亲解除婚约，这一行动给封建包办婚姻以沉重打击，给女青年做出了好榜样。

南山学校成了革命的摇篮，是中共地下组织活动的一个重要据点。陈伟田原来是从外地招聘的教师，她本是一名普通的知识女性，在南山学校教书期间受到了革命思想的影响，毅然参加革命。八区委还在南山村的霭如书室、康大大宅领导和指挥了南山反奸锄奸斗争、马山抗日保家乡之战、抗击敌伪的大虎之战，救人民于水火之中。

（三）扩大敌后游击区

1941年12月到1943年底，是中国抗日战争战略相持阶段的后期。太平洋战争爆发后，美国对日宣战，世界反法西斯阵营正式形成。1943年11月，美英中三国政府首脑罗斯福、丘吉尔、蒋介石在埃及首都开罗开会，通过《开罗宣言》，要求战后日本归还占领中国的所有领土，包括东北各省、台湾及澎湖列岛。至1943年12月，日军在兵力严重不足的情况下被迫收缩战线，日本华北方面军停止向抗日根据地的进攻，敌后地区成为国民党和中国共产党的争夺重点，老区人民对中国共产党的支持为中国共产党开展抗战拓展了战略空间。

1943年1月，中共广东省临委、东江军政委员会召开会议，传达了中共中央南方局和周恩来对中共南方工作委员会、广东人民抗日游击总队的指示。指示指出，国民党顽固派对共产党是势在必打，志在消灭，不能对他们存在幻想，要依靠群众和干部的团结以及积极行动，针锋相对地同其展开斗争；艰苦奋斗，克服困难，粉碎敌人的"围剿"和封锁，以争取胜利。会议指出，会后的斗争将更加尖锐、复杂、艰苦、长期，我们的基本方针是埋头苦干，做长期打算，保存和积蓄力量，等待有利时机的到来。

李进阶

1943年2月至3月，中共广东省临委、东江军政委员会根据周恩来关于"游击区及秘密党的组织和人必须分开领导"的指示，决定将珠江敌后的部队与地方党组织分开。同时，中共广东省临委和东江军政委员会决定，在珠江敌后成立中共南番中顺临时工作委员会和南番中顺游击指挥部。中山八区委在1943年5月接到通知后，将八区地方党组织与武装部队分开，中山八区抗日游击大队划归南番中顺游击指挥部领导。此时，部队已发展到170多人，编制为2个中队5个小队，对外挂"广阳守备区指挥部整编第一大队"番号；大队长为陈中坚，政委为唐健，副政委兼政治处主任为李进阶（8月到任），政治处副主任为黄志；一中队队长为唐子英，指导员为赵荣，副中队长为林兴华，二中队队长为梁威，指导员为黄乐天，副中队长为陈炳。八区地方党组织划归中共南番中顺临时工作委员会领导，地方党组织负责人由曾谷担任。

实行部队与地方党组织分开后，中山八区抗日游击大队领导月坑、龙西、乾务、黄沙坑、老糠堆等乡村的党员、群众，其余乡村由地方党组织负责领导。这样，地方党组织继续积极发动青年参军，组织群众支援部队建设，并掌握了马山、网山等乡村公偿武装。八区的抗日武装集中力量搞好本部建设，开展统一战线工作，扩大游击区，使八区的抗日游击战争进入到一个新的阶段。

1944年初，根据南番中顺游击指挥部指示，中山八区抗日游击大队在马墩休整一个月后，由陈中坚、唐健、李进阶等率部开赴龙西、老糠堆、黄沙坑等地，以连绵的黄杨山、鹤兜山脉为依托，建立游击根据地和活动据点，便于部队隐蔽和适时出击敌伪军；同时，协助地方党组织惩治汉奸恶霸，搞好八区本部建设。

为了进一步提高部队的战斗力，1944年3月间，南番中顺游击指挥部军事督导员郭大同来八区老糠堆举办了为期10天的军事

黄杨山

骨干培训班。从五桂山调来的中共党员赵向明也在老糠堆（后转到黄沙坑）协助办了一期妇女培训班，该班由郑迪伟主持、林凤协助，培训班提高了妇女队员的作战能力和对通讯工作的认识。

独立自主　开展游击

　　1939年4月，根据中共中央"独立自主开展游击战争问题"指示，在中山八区党组织的领导下，斗门老区人民群众组建了自己的武装。在抗战期间，党领导的游击大队巩固了抗日据点，壮大了革命队伍，频频打击敌人，与日伪军进行了一系列的战斗。

一、枪响月坑，发动游击抗日

　　月坑村是白蕉镇唯一的革命老区村，早在1925年4月，月坑村就创办了斗门第一个农民协会。

　　1940年8月下旬，汉奸吴全在大排沙附近河面误劫了日军粮船，击毙4名护船的日军。事后，他担心日军报复，便向日军诬告是游击队所为。两天后，日军200多人分乘炮艇，在天未亮时就从涴涌东北卡登陆，先烧毁了涴涌涌口部分民房，进而攻打月坑，妄图消灭抗日游击队。部队得到情报后，由陈中坚率领游击队10人，在村前东闸和八卦山布防。游击队凭借八卦山山陡林密、地形复杂、易守难攻的优势，与相当于其人数20倍的日军周旋了近半小时。当时，日军由于摸不清游击队的实力，几次试图围攻游击队，都不敢贸然上山。后因兵力悬殊，游击队在掩护乡民转移后，立即撤至新会沙湾村。当天下午，日军得知游击队已撤离八卦山，于是进入八卦山下的月坑村奸淫抢掠，烧毁民房70多间，然后溜回三灶岛。

日军不甘心八卦山第一战的失败，为了占领六乡，决定以扶持和建立汪伪政权为跳板入侵斗门。第二天，他们派遣亲日汉奸谢介甯到月坑、盖山等村，召集族老乡绅，企图组织所谓的“维持会”。抗日游击队识破日军的阴谋，秘密派员回到月坑村，发动群众，组织学生过街穿巷高呼口号：“全村青年辈，请你快起来，反对老头子，勾结敌人来；强奸我民女，深仇如山海，大家齐动手，除奸同仇敌忾。”以此反对汉奸投敌卖国的可耻行径。谢介见势不妙，偷偷溜走，维持会告吹。

日军希望落空，恼羞成怒。1940年12月20日凌晨，日军纠合伪军共400多人，再次乘炮艇从湴涌东北卡登陆，经猪肚山、北松山向月坑扑来。八区游击队火速在八卦山布防，阻击日军，打一枪换一个地方。日军不知虚实，同样不敢冒进，双方又对峙了一段时间。于是，日军派一个分队从拱耳围夹击过来，游击队三面受敌。为保存实力，游击队在确认村民已转移上山后，及时撤出八卦山，分两路经南澳转移到马墩休整。日军见一无所获，两次重兵围攻，游击队却不损一兵一卒，深感颜面尽失，于是又进村放火烧毁民房100多间，抢掠了一批财物。下午日军溜回三灶岛，途经湴涌村深坑时，发现有村民在躲避，便架起机枪猛烈扫射，杀害村民30多人，制造了一起骇人听闻的“深坑惨案”。

此后，八区人民在中共组织的领导下不断抗击日本侵略者。1941年4月，八区陈中坚抗日游击队改称“中山八区抗日游击大队”，陈中坚任大队长，郑少康任党代表兼副大队长，大队部设在五圣宫内。抗战中，八区抗日游击队依托月坑村这个坚强稳固的革命根据地，同日本侵略者进行了艰苦卓绝的斗争，在从未打过仗、毫无实战经验的情况下，两次运用灵活的游击战术迎头截击日伪军，掩护群众转移；虽然双方并无伤亡记录，但在日伪军分别以20倍和40倍兵力企图置游击队于死地之时，能够“死里逃生"，让刚成立的抗日武装队伍完好无损，不能不算是一个奇迹。

二、日机坠毁，风流桥阻击战

1941年2月5日早上8时左右，侵华日军的海军座机"微风"号由广州飞往海南岛途中出现故障，改飞三灶岛日军机场进行检修，后遇大雾迷航，在黄杨山的白鸡山牛轭岭撞山坠毁；飞机上的4名机组人员和6名乘员全部丧生，其中的日本海军大将大角岑生是日本在中日战争中丧生的军衔最高的海军将领。2月6日，日军从三灶经六乡东北卡登陆，第三次入侵六乡。中山八区抗日游击大队在月坑村的北松山、塘基两地伏击日军，由于敌众我寡，弹药不足，阻击两小时后，大队长陈中坚率队撤往六乡西北卡，晚上8时许渡河退至大赤坎。途经大赤坎时，部队被国民党挺进第三纵队收编的黄祥（绰号"黑骨祥"）部诬以"通日"罪名，强行收缴该部16人的枪械。为了顾全大局，一致抗日，陈中坚、黄展平两部连夜撤退，准备到驻南山的国民党挺进第三纵队司令部理论。陈中坚部先到网山，与网山乡党支部书记黄展平研究，决定由陈中坚向在南山的八区委领导汇报情况，黄展平部则直接去挺进第三纵队司令部。翌日凌晨，陈中坚到南山向郑少康汇报情况后，郑少康组织自卫队、群众500多人，把挺进第三纵队司令部团团围住，要求立即还回被缴去的枪支，同时通过陈培光与黄祥说理斗争。挺进第三纵队司令袁带见势不妙，为掩饰其"真反共、假抗日"的面目，命黄祥

黄杨山牛轭岭

风流桥阻击战中留在斗门新墟村围墙上的弹孔

交还被缴枪械。

2月7日，日军到大赤坎收拾遗物和丧生人员残骸。2月8日，日军从大赤坎大迳沿松仔山（李屋人称竹仔岭）、石嘴山开往斗门墟。当时，在斗门墟至大赤坎的公路上已挖了很多"之"字形壕坑，国民自卫军第四中队（另有说是中山县守备队巢天霖部）在小沥岐布防，国民党挺进第三纵队第八支队特务中队陈伟文部在风流桥周边埋伏。因受日军飞机威胁，且炮火太猛烈，第四中队无法支撑，只得转移阵地。下午4时，后备队与守备队翁少先部奉命由斗门反攻，到达石嘴村前，与日军遭遇并发生激战。第四中队又奉命拨一小队由翁少先指挥，固守石嘴村旁公路，其余布防石嘴后山，相持至午夜1时被迫退守龙归寺。2月9日，部队奉命撤退，国民自卫军第三中队由南门涌口至梅阁负收容之责。第四中队即在斗门附近对面小高山与敌激战至上午9时许。撤退中，冯扬武（广东游击纵队二支队刘登大队长派往陈伟文部协调工作的共产党员）率部在风流桥附近掩护，部队由桔仔园退至大濠涌布防。是日，斗门墟沦陷。风流桥阻击战是抗日战争时期斗门地区抗日武装阻击日军的一次重大战役。

三、八区沦陷，攻打驻马山日军

1941年6月13日，日军入侵中山八区。日军将总部设在斗门墟天主教堂，兵力分驻在白蕉、乾务、南山新村、马山、大赤坎、南门涌口等地。八区沦陷后，广大民众在日军铁蹄下过着水深火热的生活。为了打击日军的嚣张气焰、鼓舞群众的抗日情绪，同年10月下旬，八区委利用国民党挺进第三纵队虚张声势，扬言攻打斗门日军之机，决定集中力量攻打驻马山日军。同时，东澳乡人民抗日义勇游击独立小队配合攻打驻乾务日军。

1941年10月23日凌晨1时，中山八区抗日游击大队副大队长郑少康率领南山、马山、网山农民自卫队和国民党赵扳香中队200多人，攻打驻守在马山创基祠和闸口碉楼的日军。日军龟缩在闸口的碉楼和创基祠负隅顽抗。马山党支部发动20多名农民挖出埋在地下的土炮，轰击碉楼，碉楼被炸出一个大窟窿。碉楼日军被制服后，游击队主力和群众立即转向围攻创基祠的日军。日军倚仗自己的精良武器，垂死挣扎，打出了多发掷弹筒炮弹。在战斗中，马山乡自卫队队员陈明祥牺牲、陈郁厚负伤，这激起了群众更大的仇恨，群众纷纷拿来铁锤、铁凿，在创基祠的东北墙凿开一个大洞，同时击毙一个日本兵。日军见状大乱，四散而逃。林悦厚等自卫队队员紧追到公路旁的猪头山，又击毙一个日本兵。一个日本兵空手沿网山村边逃跑，经龙山凹，直奔至大濠涌南坑一带番薯田。当时大濠涌农民黄贤忠在此耕种，见状跟踪这个日本兵。经过茅棚时，黄贤忠迅速入棚内拿起一把五齿铁耙继续跟踪。村民张北明看见了，立即抢过黄贤忠手中的铁耙，跟踪日本兵至小濠涌村佛仔庙地段。此时行人稀少，张北明举起铁耙，使尽全身气力朝日本兵的头上锄下去，却被日本兵转身双手接住，因而未能击中其头部，只伤到其肩部。当时因用力过猛耙柄折断，张北明手中所握的是耙柄，而日本兵手中所持的则是耙齿，日本兵持耙齿追张北明十多丈远才转身朝斗门墟逃去。

此次国民党所谓联合游击大队攻打驻八区的日军的战斗，由于国民党军队怕削弱自己的兵力，不战而退，致使驻斗门墟的日军总部大佐西田能纠集兵力，"扫荡"马山，屠杀无辜乡民20多人，纵火烧毁民房70多间，抢掠了耕牛及财物一批，还"扫荡"南山、新村，烧毁民房60多间。马山乡民为抗击日本侵略者做出了巨大牺牲，谱写了可歌可泣的篇章，提高了军民抗日的信心。此次战役，击毙日本兵2人，打伤1人。日军受到袭击后，不敢再在马山、新村等地驻防了。

粉碎"扫荡"　打击日伪

1940年3月20日，在日本扶持下汪精卫在南京组建傀儡政权，并担任该政权的"国民政府"代主席及行政院院长，取代了华北的王克敏和长江下游的梁鸿志的伪政府。1941年3月，汪伪政府成立"清乡"委员会，集结大批伪军伙同日军实行反共"清乡"，妄图消灭坚持敌后抗战的新四军和游击队。针对日伪军的"清乡运动"，八区游击队和人民群众在中国共产党的领导下，进行了不屈不挠的反抗斗争以及轰轰烈烈的锄奸运动。

一、鼓舞斗志，惩治汉奸恶霸

1941年2月，日军入侵斗门地区。斗门沦陷后，日、伪、顽军相互勾结，狼狈为奸，反革命气焰甚为嚣张。为了发展党组织，扩大游击区，全面打击那些横行乡里、罪恶累累、民愤极大、投靠日伪的汉奸走狗，游击大队派出锄奸小分队，严惩狠打，从而鼓舞群众坚持抗日的斗志。

1941年2月，曾是革命队伍一员的变质分子容坚石和流氓容兆和勾结伪军洗劫石门村，并密谋拘捕在贵头活动的中共党员林科。容振（容坚石的四弟）大义灭亲，带领锄奸队先后把容坚石、容兆和抓获，并押到东园的企壁墙处决。

1941年7月，升任国民党八区区分部书记的黄益新（大濠涌人），卖国求荣，串通日伪，企图破坏大濠涌、小濠涌、八甲、南门等乡党组织,还勒收田赋,征收各种捐税,搜刮民脂民膏。同年11月,锄奸队在小濠涌山坳将其抓获并处决。

1943年3月,锄奸队击毙南门乡乡长兼斗门墟汪伪维持会会长赵国平。此前赵国平投靠日军,与密探串通一气,刺探情报;经常向日军告密,妄图破坏中共南门地下组织;积极代日伪勒收田赋、军谷,从中盘剥,中饱私囊;对于交不起田赋、军谷的群众,经常封屋绑架。

1943年5月,锄奸队在当地党支部的配合下,抓获原国民党网夏乡乡长黄炳全(绰号"牛王全"),并将其押到大濠涌过龙石处决。在斗门沦陷后,黄炳全充当日伪斗门警察所副所长,刺探网山中共组织活动情报,勾结伪军勒收田赋,强征军谷,强抢塘馆涌渔民的20多艘渔船,逼死渔民30多人,罪恶累累。

依仗国民党八区区分部书记梁象豪势力的八甲乡副乡长潘文兴(潘绍),经常欺压乡民,煽动宗派纠纷,民愤极大。1944年1月13日晚上,锄奸队在当地党组织的配合下,抓获潘文兴并就地处决。1944年4月初,白蕉乡伪乡长、汉奸赖一鸣一行数人,以到龙坛村后山看风水、择墓地为名,刺探游击队军情。游击大队发觉赖一鸣的阴谋,派出武工组埋伏在霞村迳将其俘获,转押马山数天后,再押往崖门口水冲石处决。这一事件狠狠地打击了日伪的嚣张气焰。5月底,曾任龙西乡伪乡长的马永宽(绰号"马仔全"),勾结日军,勒收田赋,串通密探刺探游击队军情,被锄奸队押往雁鹅塘处决。由于八区抗日游击大队坚持抗战,保护人民群众利益,既打击了敌人的嚣张气焰,又激励了人民群众的抗战斗志,军民关系得到进一步巩固和发展。

二、主动出击，打破日伪"清乡"

（一）中共南山乡地下组织领导的反投降斗争

1941年四五月，南山乡乡长陈器象勾结白蕉乡汪伪海防军司令李根源，制订一个企图将南山的20个壮丁带枪交由汉奸、日军翻译陈凌组织一个伪军小队的投降计划。中山八区抗日游击大队副大队长郑少康（当时任八区组织委员，兼管武装）获悉此计划后，立即主持召开了南山乡南锋小学党员会议，动员共产党员开展一场"反献枪献壮丁、赶走白蕉伪海防军司令部派来潜伏南山乡当文书，准备沦陷后成立伪政权的组织者陈凌"的斗争。会议选派支部书记陈汉培、党员梁炘（梁微笑）以教师身份领导这场斗争。其他党员以灰色身份分头发动群众参加，要与乡长抢时间。支部会议结束后，陈汉培和梁炘马上率领一些学生和家长举着旗帜向校长陈培光请愿，沿途高呼"反对献丁、献枪，打倒汉奸，保卫家乡"口号。请愿队伍不断扩大，人民群众情绪高涨。校长陈培光支持反投降斗争，阻止乡长陈器象的投降行动。但是，陈器象恃势凌人，不肯服从，还宣布要在陈氏祠堂召集父老乡绅开会，并勒令陈汉培和梁炘参加议事，妄图惩罚二人。陈培光闻讯赶来，把二人救了出来。

郑少康认为反投降、保家乡是正义的，乡民一定会拥护，而且这场斗争有众多的抗日力量，取胜可能较大。他还认为，以陈器象为首的强房中有一股封建力量，阻力较大，这场议事来意不善，要从坏处打算，不能有半点幻想，决定即便付出一定代价也要取胜。一天晚上，陈器象以强行要陈汉培、梁炘参加议事为借口，组织一些不明真相的人在学校周围起哄。当见到陈汉培和梁炘来校时，人群中有几个不良分子截住陈汉培，边扯边拉边打，将陈汉培打至重伤。还有部分人尾随梁炘到教务处，喧哗吵闹，喊打喊捉。正当情况紧急时，共产党员陈子念当机立断，吹灭了挂在教务处的煤油灯，趁黑拖着梁炘冲出杂乱的人群，护送其离开学校。

郑少康为此事深入群众，反复宣传，使受蒙蔽的群众省悟过来，纷纷谴责陈器象无理伤人的暴行，迫使陈器象派乡委陈松光为代表向教师赔礼道歉，追查凶手，医治受伤者。此事激起群众的义愤，将反投降斗争推向高潮，使陈器象陷于孤立，威信扫地，投降计划破产。陈器象灰溜溜地逃到乾务，汉奸陈凌也逃回白蕉。反投降保家乡的斗争取得了胜利，为在南山开展武装斗争打下基础。南山的反奸行动，得到各乡抗先队的声援，反奸浪潮波及各乡，有力地推动反奸、锄奸活动的深入开展。

（二）大虎反"围攻"之战

大虎由珠江的主要出海口冲积而成，开荒者可占土地为己有。由于土地肥沃富饶，南山六村很多农民在这里耕作。大虎也是八区通往粤中游击区的咽喉之地，因此大虎成为各方势力必争之地。

1942年，八区委先在南山抽调郑冰云、陈秋云、陈冬桅、陈丽芳4名中共党员及乾务乡妇协会骨干梁焕婵到大虎小学，以教学做掩护，发动群众抗缴捐税，建立交通联络站。1942年9月，八区委派从西海军政干部训练班学习回来的中共党员陈振发（南山人）带领部分游击骨干先回南山，从南山乡的自卫队中补足兵源，编成一个小队，并以护沙为名驻在大虎婆庙，实为共产党控制通往粤中各游击区的交通要道。盘踞在乾务一带的国民党顽固派挺进第三纵队第八支队队长梁渭祥有所察觉，他一方面加强戒备，另一方面联合挺进第三纵队守备第一大队大队长巢添林、八区日伪区长兼联防主任林景山，伺机攻打大虎。

驻守在鳌鱼沙的国民党联防自卫中队黄球仔部，被八区游击队打败后，失去了勒索钱粮的地盘，向林景山要粮饷。林景山告诉他大虎三造没交粮，唆使他去大虎征粮饷。黄球仔听后，决定率队往大虎抢粮，但担心势单力薄，难以取胜，于是勾结土匪黄多本、黄垣、"三哥英"等共800多人，齐集沙美村。攻打前，黄球仔派兵把守来往沙美各个路口，扣留来往的20多人，以免走漏消息。

1942年11月3日，中山八区抗日游击大队副大队长郑少康带领警卫班班长陈子念、通讯员林勤等人，从台山运回刚购买的一批枪械，在大虎学校与来接送武器的小队长陈川等人会合，准备第二天一早运回月坑大队部。当晚深夜，沙美村传来阵阵狗吠声，有村民前来报信，说沙美来了很多黄球仔军队，要攻打大虎。郑少康估计购枪之事可能被发觉，便立即做出部署，分四路阻击：第一路，由陈子念率领何惠、容云、梁荫元等人据守长环村龟背顶山头；第二路，由陈川率3名队员据守观音山顶，如果龟背顶失守，就以此为阵地阻击敌人，掩护群众撤退；第三路，由陈振发率队布防在坑口和崩谭一带，抵御从二虎来增援之敌；第四路，由大虎陈宇茂（南山村人）民团组队据守北环村，配合第一路，组成交叉火力网，阻击敌军进犯。郑少康最后命令陈川小组，要死守观音山顶阵地，掩护群众转移。

11月4日凌晨4时许，黄球仔率队从水陆两路攻打大虎。敌军虽多次发起猛烈进攻，但由于游击队占据有利地形，互相配合，致使敌军推进缓慢。扼守前沿阵地长环村龟背顶山头的陈子念，用新买回来的勃朗宁机枪坚守上山通道，采用打一梭子弹换一个射击点的办法，击退了敌人正面和侧面的多次进攻，坚守阵地近2个小时。后因机枪射击时间长，枪管发热，他站起来修理机枪时不幸中弹牺牲。陈子念于1939年1月参加中山八区青年抗日先锋队，很快就加入中国共产党，成了游击队班长。他虽然牺牲了，但在他率领下的几名游击队队员以少战多，反复打退敌人几次进攻，毙伤数十个敌人，为战友全面反击敌人进攻争取了时间。激烈的枪战惊醒了大虎村的群众，郑少康要求陈秋云等共产党人分头组织、指引群众往山后撤离。

长环村龟背顶阵地失守后，敌军进入长环村大肆劫掠，并于天亮时调集了几百人攻打大虎制高点观音山。敌军凭着人多、武器精良，分成几股围攻。正面那股七八十人的伪军在机枪火力的掩护下，向半山一个陡坡冲锋。陈川拿起机枪，往冲上来的敌人那边连续打了几梭子弹。敌人突然遭到猛烈还击，死伤不少，吓得往回走。陈川带领几名队员连续击退了敌军几次冲锋。敌军除正面冲锋外，还从侧面袭击，形势非常严峻。陈川以熟练的机枪"点射"技能，将敌人一个一个击毙，并击中了黄球仔的副大队长，吓得敌军慌忙后退。不久，敌军从水路袭来，并占领二虎，攻入大虎村，放火烧房，全村顿时成火海。陈振发小队和陈宇茂民团虽奋力还击，但因力量悬殊，只好退却，掩护村民转移到牛臂山后。这时，游击队全部兵力集中到牛臂山，坚守这最后一个阵地。

快到中午时分，由于三面受敌，身处险境，游击队为了保存实力，决定尽快撤退。临近黄昏，郑少康找陈川讲明转移要做的工作，并布置陈振发找几位熟悉沿海路线的农民兄弟做向导，以及抓紧时间做好夜行军的各项工作。在紧急关头，郑少康不顾个人安危，连警卫人员也没带，只带小通讯员林勤深入虎穴，巧妙利用队内陈仙梅（南山村人）与黄多本、黄多尚的甥舅关系，避过敌人封锁线，到沙美村找黄多尚，假称是刚从台山经商路过大虎遇上战事，携带家眷被困在大虎，要求给予方便。黄多尚以前曾与八区部队有过交往，当即答应保证他们的安全，并派几个警卫把"家属"接到沙美村。郑少康在摸清情况后部署了撤退工作，趁深夜组织100多名群众和游击队队员，静悄悄地沿着海岸边向北前进。过了时丰围就是望不到边的海滩，这里密密层层的芦苇、水草高过人头，几个人手拉手，费了很大工夫才踏出几尺路。后来改走海边泥滩，也非常难走，一不小心就陷进淤泥里。部队从时丰围直上大涌墩后俘敌哨兵，再转入大岗埔，经过一整夜行军到达荔山村边时，被当地的地主武装煽动不明真相的民团堵住去路。后经郑少康说明情况，解除误解后，部队才顺利通过荔山村，将群众带回南山。之后，南山的游击队开追悼会，悼念被杀害的同志和无辜百姓。游击队还谱写了歌曲《大虎惨案悼》，歌曲悲壮低沉、催人泪下，流传至今。

（三）武装截取粮船

1942年初，国民党挺进第三纵队第八支队队长梁渭祥和乾务大地主梁概祥、梁其仪等合办的中兴公司从乾务偷运40万斤稻谷到澳门牟利。南山乡党支部探知中兴公司的偷运日期后，即向郑少康汇报。游击队即命黄贯夫率队从月坑奔赴乾务，与中共地下组织领导的、安插在乾务农商会的沙面自卫小队共商截粮之策，由黄贯夫部署行动计划。当时，7艘装满稻谷的木船停泊在大涌口附近海面，候命起航。一天上午，当机动拖船驶向大涌口拖粮船时，埋伏在岸上的游击队立即喝令靠岸接受检查，同时派出人员抢登各粮船，强令驾驶员按指定航线航行，借着黑夜避过了沿途卡哨和土匪的拦截，安全抵达目的地——台山都斛。此次武装截取粮船的斗争，狠狠地打击了亲日分子偷运粮食牟取暴利的行为，维护了群众利益。

（四）夜袭大托南村汪伪海防军

1942年春，中山八区抗日游击大队已建立了月坑、龙坛、乾务、黄沙坑、老糠堆、大虎等多个军事据点。由于日伪军在各地设卡哨，对游击队的联络通讯工作极为不利。为扫除月坑至乾务、龙坛的交通障碍，游击大队决定拔掉驻大托南村庙仔岗哨的李根源伪海防军廖锦全小队。一天深夜，游击大队派梁威、戴耀等带领10多名武装人员，出其不意地包围了庙仔，毙伤敌2人，缴获步枪1支。敌方见势不妙，夹着尾巴逃跑了。经过这次袭击，日伪军再也不敢在南村庙仔设哨，游击队通讯工作得以顺利进行。

（五）两次突袭驻龙西乡伪军

龙西乡是抗日游击队活动据点，1942年黄庭（绰号"矮仔庭"）率一个排的伪军驻扎在该乡西坑村庙仔洪圣庙，开设烟馆赌场，勒收各种捐税，盘剥乡民，干尽坏事，并企图搜集游击队情报。

1943年1月的一天，游击大队副中队长林兴华带领一个小队，从月坑夜奔龙西乡附近的龙坛村，次日凌晨1时许到达洪圣庙。由于行动时过早暴露了目标，被伪军哨兵发觉枪声吓跑了伪军。黄庭部逃到霞村，驻在祠堂内，加派岗哨，继续为非作歹，乡民怨声载道。同年4月间，游击大队决定再次袭击黄庭伪军。大队长陈中坚率一个小队，晚上从月坑出发，半夜到达霞村。游击大队经过实地侦察，分析了敌情，决定兵分两路，互相配合。小分队由陈福带领，专门对付伪军哨兵与摸清伪军兵营的内情；

霞村静逸容公祠

其余人员由陈中坚带领，分两侧向伪军兵营摸进，围捕黄庭。小分队首先摸进祠堂，正要向伪军哨兵下手时，不料踢倒放置在路边的障碍物，发出响声，伪军哨兵急忙开枪。陈福等人一个箭步冲上前，生俘了伪军哨兵。其余伪军听到枪声，仓皇从后门逃脱。此战，游击大队缴获部分枪支弹药，在天亮前返回月坑。伪军黄庭部两次被袭后，再也不敢到龙西乡驻防。

（六）智歼驻西坑伪联防队

西坑背靠黄杨山，东临白蕉河，地势险要，回旋余地大，是以黄杨山为依托的八区游击区的一个重要据点。1943年10月间，驻小赤坎乡日升楼的伪联防中队队长黄福祥派一个排的兵力，分驻西坑村榕树头庙仔和地坪屋仔两地。游击大队为了扫清龙西一带的敌伪势力，决定攻打西坑，加强对龙西据点的控制。战前，游击大队派员深入西坑实地侦察，探得大部分伪军驻在庙仔，少数人驻在屋仔赌博，力量分散。

1943年10月中旬的一天晚上，下着毛毛细雨。陈中坚、林兴华带领20余人，冒着冷雨从月坑出发，经西南卡、大赤坎虎头庙和大小黄杨，于次日凌晨2时许到达西坑村。部队总结了"二打"黄庭的经验教训，认为这场战斗不应强攻，宜于智取，应采取突然袭击将其一网打尽。游击大队决定分两路攻打，陈中坚率主力队伍攻打庙仔，林兴华带4人围攻屋仔。主力队伍悄悄包围了庙仔。手枪组接近伪军岗哨时被发觉，便立即抢占大门口，鸣枪警告，发出"缴枪不杀"命令。伪军从梦中惊醒，乱作一团，束手就擒。林兴华带小分队听到枪声一响，即冲进屋仔，伪军不知虚实，缴械投降。清除驻西坑伪军联防队的行动，为开辟以黄杨山为依托的游击区扫清了障碍。

（七）夜袭伪军吴全大队

中山八区的汉奸吴全，抗战初期曾打着抗日的旗号投靠国民党挺进第三纵队，编为第七支队第二大队。1941年6月13日八区沦陷后，吴全化名吴统波投靠日军，被编为伪海防自卫第二大队，吴全任大队长。吴全奉日军之命抽调人枪进攻台山县上川岛、下川岛，以取媚日军。1942年春，吴全化名吴国安，将其大队改编为八区联防队第一大队。吴全玩弄"一班人马，两个招牌"，进行两面派活动：其一面借着八区联防队第一大队番号伪装，两次赴石岐勾结日军茨木联络官，并到八区涝涌村诱逼挺进第三纵队第八支队陈植民部附敌；一面又挂着原来挺进第三纵队第七支队第二大队番号进行活动，以掩饰其汉奸身份和罪恶行为。

吴全投靠日军后，串通了一些土匪武装，在八区涝涌涌口设立顺利公司、德生公司等征收税款机构，强征军谷，并代伪政府强征沙田税费、沙田附加费、行政费、慈善费等名目繁多的捐税，大肆抽剥民众，同时霸耕合盛围，抢劫过往船只货物。1943年秋，吴全与伪军四十三师团长肖汉中、政训室主任汪寿山密谋后，带领日军200多人攻打驻南澳村的国民党地方部队潘幼龄部，袭击和赶走了驻盖山村的新会地方实力派赵其休部，焚毁民房30余间，并不断袭扰驻月坑八区抗日游击大队。这样一来，吴全大队不仅严重威胁八区人民抗日武装通往五桂山、中区和台山交通线的安全，而且严重妨碍八区与新会边境地区人民抗日武装斗争的发展。因此，南番中顺游击指挥部决定攻打吴全大队，拔掉这颗"钉子"。

1943年10月，南番中顺游击指挥部副指挥谢立全到月坑，召集八区抗日游击大队领导陈中坚、唐健、李进阶等开会，研究部署攻打汉奸吴全大队的计划。会议决定由中山八区抗日游击大队派人先做侦察准备，再从五桂山抽调两个中队的兵力与中山八区抗日游击大队一起作战。同年11月，正当中山八区抗日游击大队积极准备出击吴全大队时，新会地方实力派赵其休派其副大队长黄虹（中共党员）到月坑，邀请游击大队联合攻打伪军吴全大队。游击大队即向南番中顺游击指挥部请示，指挥部批复同意联合赵部攻打吴全，并指示在攻打之前，应将新会县委安插在吴全大队内的地下党员赵彬等人和独立小队迅速撤出。随后，赵其休派赵仕浓大队200多人到中山八区抗日游击大队驻地马墩，共同研究战斗部署，决定由陈中坚任总指挥，赵仕浓任副总指挥。

1943年11月中旬的一天下午，两个大队按原定计划开始行动。陈中坚派人到滘涌乡，通知与其有亲戚关系的滘涌乡乡长、乡队（挂吴全大队一个小队番号）队长何学到月坑，讲明要攻打吴全，请他支持配合。随后，大队副官杨明达带领周芳小队向竹头围挺进，凭何学的通行条潜入滘涌炮楼，俘伪军10余人，扫清滘涌外围据点；唐健、黄志带一个小队驻月坑炮楼，准备堵截吴全从斗门派来的援兵。接着，陈中坚、赵仕浓、李进阶组成的临时指挥部进入滘涌伪军前沿阵地；唐子英带领中山八区抗日游击大队主力中队冲进滘涌涌口；赵仕浓部由游击大队手枪组当向导，经八卦山绕道到达铁山。由于赵部缺乏作战经验，在铁山榕树头便架炮向吴全大队部做远距离射击，过早暴露了目标，遭到吴全大队的重机枪还击。中山八区抗日游击大队当即集中4挺轻机枪，压制吴部之火力，毙伤部分伪军，同时截住吴部从小托赶来的援兵。此时，临时指挥部见已近黎明，仍未攻入吴全大队部，吴全又从斗门墟带领部分伪军前来反扑，遂指挥部队撤退。赵部撤回新会，中山八区抗日游击大队撤回马墩村。此次夜袭吴全大队虽未成功，但在军事上给予吴全大队一定的打击，扩大了抗日游击大队的影响，在政治上为中山八区抗日游击大队与赵其休部发展统战关系打下良好的基础。

南番中顺游击指挥部听取联合攻打吴全大队战斗经过的汇报后，即派参谋长谢斌到马墩，与中山八区抗日游击大队领导人研究安排今后工作，决定将原在吴全大队内隐蔽活动的地下党员和独立小队，除留下赵彬参加中山八区抗日游击大队领导工作，调吴新、梅重清、李锋到指挥部分配工作外，其余人员送回新会。同时，还决定中山八区抗日游击大队今后的任务是着重开辟新的游击区，即由陈中坚、唐健、李进阶率领大队主力从马墩开赴龙坛、南山、老糠堆一带活动，以加强八区本部游击区的建设，并为到新会、台山一带开展抗日活动做准备；由赵彬带领10多名队员到新会三角沙开辟新据点，加强与赵其休部的联系，进驻三角沙的小分队对外挂赵仕浓部的一个中队番号，以护沙为名秘密开展活动。

三、保存力量，粉碎"围剿"封锁

1944年4月上旬，日军在珠江三角洲各地同时增兵，在中山八区增至400余人。从4月中旬起，日军便开始进行大规模的"清乡"。4月26日，为虎作伥的汉奸吴全到斗门墟谒见敌酋，29日又到乾务会见日军队长增井，勾引日军"清乡"，妄图消灭中山八区抗日游击大队。5月2日，吴全率其伪部200余人，带着轻重机枪9挺，在日军114人携机枪8挺、掷弹筒1具的配合下，于下午2时分三路围攻中山八区抗日游击大队驻地龙坛村。游击大队发觉后立即转移。日伪军扑了空，便大肆抢掠，将村内稻谷、衣物抢掠殆尽，还将1名保长抓走。民众损失约50万元（法币，下同）。接着，吴全命赖少华率部于5月3日追踪到南山搜索，向乡民勒索生猪2头及"伙食费"5万余元，强迫其交出抗日民众，并拘捕乡长，勒索100万元；5月4日又到马山乡勒索"伙食费"10万余元，并抓走3人，再索取万元；5月16日，又将月坑村抢劫一空，并抓走2人。

据此，中山八区抗日游击大队大队长陈中坚以"广阳守备区指挥部整编第一大队队长"的名义发出快邮代电，揭露汉奸吴全投日求荣、残害民众的罪恶，指出："汉奸吴全实为破坏抗战，危害乡邦，奴役民众，出卖政府之阴险蟊贼，实为日寇之得力帮凶。此贼不除，我中山抗战将士无得以全部胜利，乡土无由安宁，八区民众痛苦无由解除。中坚一息尚存，愿率所部官兵，誓除此贼，以清乡邦，以副各界父老同胞之愿望。"快邮代电最后呼吁"各位父老绅耆、各界同胞齐起反抗吴逆之残暴兽行""记者先生望主持正义，将吴逆之汉奸罪行加以无情之舆论制裁"。

中山八区抗日游击大队在日伪的"清乡""扫荡"中，处境非常困难。部队经常住山头、睡石洞，又适遇多雨季节，石洞变成水洞，环境十分恶劣。加上部队给养困难，不少战士患上夜盲症、疥癞、疟疾等病。但他们得到群众支持，始终保持人民子弟兵的优良传统，保持着旺盛的斗志。部队经常派出武工组深入各乡村发动群众，开展锄奸活动。伪军虽频频追击"扫荡"，由于有群众的支持和掩护，部队迂回于老糠堆、龙坛之间。日伪军到处扑空，疲于奔命。日伪军的"清乡""扫荡"不但达不到目的，反而激发了广大群众抗战必胜的信心。

四、黄杨战役，成功摆脱"扫荡"

1944年6月7日，陈中坚率部70余人从龙坛转移到西坑村。为配合日军"清乡""剿共"，汉奸吴全纠合挺进第三纵队第八支队梁渭祥部、伪军赖少华部与日军近千人，配备各种机枪30多挺，计划兵分四路从天地人、贵头、西坑迳、大黄杨连夜包围西坑驻地，妄图把中山八区抗日游击大队一网打尽。游击大队对敌军的"扫荡"早有戒备，在黄杨山上设岗放哨，并派人到外地了解情况。当天早上5时许，游击大队接到黄沙坑交通站送来的紧急情报，准备上山隐蔽，迎击敌军。正在这时，哨兵发现敌军即将摸进西坑，便开枪射击。战斗打响后，游击大队分两路突围。陈中坚率领20余人从村后撤出，冲上黄杨山占领制高点，凭着有利的地形，击退敌军几次冲锋。战斗持续至下午3时，陈中坚及小队长邝戈负伤，他们包扎好伤口后又继续指挥战斗。此时，游击大队三面受敌，苏东九、林浓壮烈牺牲，形势对游击大队极为不利。部队便边打边撤，牵制敌军，一直坚持到黄昏敌军撤退后才返回龙坛。另一路由戴耀率领40余人从村前向贵头山方向突围。部队在越过坑边时与敌军遭遇，双方发生激战。戴耀接过机枪，在陈勇、张忠等的配合下，向扑来的敌军猛烈射击，敌军连忙退却。部队乘机跨过深坑，登上贵头山。不久，敌军从东西两侧同时袭来，部队虽陷险境，但临危不惧，英勇善战，利用占据山头的有利地形，向两侧敌军轮番扫射。敌军不知虚实，不敢贸然上山。部队即跨过山坳，越西坑迳，登上黄杨山。此时，天下起蒙蒙细雨，大雾盖山。部队即利用天时地利，诱使尾随而至的赖少华、梁渭祥两支敌军互相攻击。游击大队乘机甩掉敌军，迅速转移，隐蔽在石洞里。黄昏时大雨滂沱，敌军洗劫了西坑，并搜捕到因负伤而未撤走的游击大队战士邝昔富、何斗耀，然后撤回斗门墟。

敌军离开西坑后，警卫员周欢、卫生员黄瑶仲搀扶着陈中坚缓缓下山。晚上8时，龙坛的党员及群众在黄杨山找到了部队。第二天上午，交通员林乔妹为伤员买药，经西坑迳茶亭时被敌军俘去。隐蔽在石洞的队伍于第二天下午下山，至傍晚时到达金台寺。第三天，游击大队副政委李进阶派人前来接应，队伍安全转移到老糠堆。黄杨山一战，共毙伤敌军30多人。随后，部队从老糠堆转移到新会交贝石，挂三江乡赵其休部队番号开展地下游击活动。八区人民武装部队在极为艰苦和复杂的斗争环境下，依靠人民，多次粉碎了敌人的"扫荡"和"围剿"，为打击日本侵略者和斗门地区的解放事业做出了重大贡献。

转战新会　挺进粤中

1944年1月至1945年8月，是解放区战场局部反攻和抗日战争胜利结束的时期。中区纵队挺进粤中是抗日战争时期广东中部的中共抗日游击部队一次战略大转移。为执行中共中央创建五岭根据地的战略方针，1944年10月20日，林锵云、罗范群、谢立全、谢斌、刘田夫等率中区纵队主力大队约500人，从中山县五桂山抗日根据地出发，沿途避开日军封锁和顽军阻击，经中山濠头涌口、海洲等地，在中共顺新边县工委和新鹤大队的配合下，于22日晚在新会荷塘塔岗渡过西江，于新会周郡码头登岸，挺进新会、高明、鹤山边境地区。同年12月，建立了以皂幕山、老香山为依托的新高鹤边境抗日游击区。

一、整编部队，转战新会崖南

（一）开辟崖南新据点

1944年3月至5月间，南番中顺游击指挥部政治部主任刘田夫在新会礼乐先后听取陈明江、李进阶、赵彬等人的工作汇报后，向他们传达了指挥部的指示：江（门）会（城）地区的日军正在准备物资，调动部队，有向西进犯的趋势，根据"敌进我进"的方针，游击队要拖着日军打，阻挠日军西进；要发动群众，武装群众，发展抗日武装；指挥部辖下部分部队准备适时挺进粤中，要求中山八区抗日游击大队要伺机向新会、台山、恩平等县发展，开辟古兜山、台南抗日游击区。另外，部署了若日军向西进犯，则国民党的党政机关及部队势必西撤，要做好统战工作，争取地方实力派留在敌后，共同抗击日伪军。刘田夫还指示赵彬要尽快去做好地方实力派赵其休的工作，争取其保家抗日。

黄杨山战斗后，陈中坚、郭大同、林兴华、戴耀分别带领队伍集中到老糠堆。1944年5月，政委唐健调往南番中顺游击指挥部工作。同年6月中旬，中山八区抗日游击大队根据刘田夫在新会礼乐传达的指挥部有关指示，一面通知隐蔽在赵仕浓部的中共党员黄虹、李如壁做好迎接部队渡河的准备工作；一面做好部队转移至崖南的准备。除赵明小队仍驻连湾、赵荣带领一个武工队留在八区坚持斗争外，主力部队由郭大同、林兴华带领，在一天夜里经马山到达雷蛛村，乘坐李如壁派来接应的木船转移到新会崖南交贝石。

中山八区抗日游击大队到达崖南交贝石后，李进阶从礼乐到交贝石与部队会合。6月下旬，中共珠江特委派熟悉新会情况的原中共中区特委组织部部长陈春霖到该大队协助，研究和部署今后的工作（郭大同调往新鹤）。首先，派陈川带部分队伍到三角沙獭山村与赵彬部会合，加强部队的战斗力。其次，赵彬接受刘田夫指示后，不久即赴新会天亭，做赵其休的工作。赵其休的部队驻防在新会基背、崖西、崖南一带，其主力是赵仕浓的护航二大队。经过赵彬的劝说和争取后，赵其休认识到离开家乡，就等于丧失了生存的地盘。而且赵其休与广阳守备区指挥部司令李江等人又有较深的利益矛盾，所以，赵其休不愿西撤，答应留在新会与人民抗日武装共同抗日。以前，中山八区抗日游击大队与赵其休部曾联合攻打汉奸吴全，关系较好，因此，赵其休同意中山八区抗日游击大队到崖南后挂其部番号，即驻三角沙部挂"护航二大队赵仕伦中队"番号（赵彬用此名），中队长为陈川，副中队长为赵强；驻交贝石部挂"护航二大队赵仕壮中队"番号（林兴华用此名），中队长为林兴华，副中队长为戴耀。同时打入赵其休部的中共党员黄虹（任副大队长）、李如壁（任副官）、钟华（任秘书）、陈枫等做好工作，争取到赵部一个中队的给养，从而顺利地解决部队的给养问题。

中山八区抗日游击大队在崖南活动，引起了顽军头目李江的注意，李江遂派国民党新会自卫大队高勤部和国民党新会警察大队赵不惊部在崖西布防，又派国民党广阳守备区指挥部第三指挥所特务大队李景象在台山都斛等地堵住去路，限制游击大队的活动范围。中山八区抗日游击大队为了建立古兜山游击区，全体官兵白天学政治、军事知识，晚上则组织小分队深入到各个小村庄宣传抗日，揭露国民党顽军不战而降的反动面目，发动群众起来抗日保家。当时，崖南下村驻有国民党的黄锡球大队一部。李进阶派林兴华、李如壁两人代表游击队到下村联系黄锡球，向他宣传抗日救国、保卫家乡的宗旨，希望他与游击队合作，共同抗日。但黄部无心抗日，平时只会勒索乡民，现在有游击队为群众撑腰，失去勒索地盘，不久便撤离下村。由于群众的支持、友军的帮助，中山八区抗日游击大队在崖南一带很快扎下根，为贯彻南番中顺游击指挥部"敌进我进"的方针和进入台山开展武装斗争创造了条件。

1944年7月间，原留在中山八区的赵荣带的武工队和赵明小队也先后转移到交贝石。部队在崖南整编，大队长为陈中坚，政治委员为李进阶，副大队长为林兴华，政治处主任为赵彬，副主任为赵荣，原驻新会三角沙的部队编为一个中队，驻防在新会崖南的交贝石、猫山、田边村等的部队编为一个中队。

（二）泥涌事件

中山八区抗日游击大队队长陈中坚在黄杨山战斗中负伤后，

随队转移到新会崖南交贝石，先到三角沙獭山村养伤，后通过赵其休的关系，转到新会三江，住在中共党员赵启家治伤。1944年7月底，陈中坚从三江返回交贝石。此时，台山县地方党组织派黄文康来到交贝石，与中山八区抗日游击大队接上了关系。由于台山泥涌地下党组织及外围力量较雄厚，又背靠古兜山，便于隐蔽，决定送陈中坚到台山泥涌村交通站梁友大家继续养伤（梁是交通站的支部书记），由警卫员周伍（月坑人）、周欢，卫生员黄瑶仲等护送前往。陈中坚化名梁平，扮成梁友大的兄弟，黄瑶仲扮成梁友大之妹，周伍、周欢扮作雇工。1944年8月底，由于梁友大替人修理枪械，有人便向莘村乡公所副乡长兼乡警队队长李殷年诬告梁友大私藏枪支及走私鸦片烟牟利。当月某天晚上约10时，李殷年率乡警队10多人，包围了梁友大的住宅。梁友大从后门逃脱。乡警继而包围陈中坚的住处，陈中坚率周伍、周欢突围，周伍举枪击倒一个乡警后，其余乡警慌忙跑开，陈中坚等人迅速转到后面树林隐蔽。黄瑶仲由于来不及转移，与梁如大、谭顺添（屋主）同时被捕，当晚被押往莘村乡公所。被绑在石柱上"示众"的黄瑶仲大骂敌人无耻。敌人以食物为引诱，黄瑶仲却把食物踢翻，以示抗议。

事情发生后，陈中坚仍坚持在泥涌组织营救工作，写便条派梁友大带去田边村找赵彬，要其想办法营救。凌晨时分，赵彬带着叶长、邓川、邝源等人，以广阳守备区护航二大队中队长身份回到莘村乡公所，先找到打入乡公所当文书的中共党员李法，由其带领去找李勤业（莘村乡乡长之子）、李殷年理论。因他们都知道赵彬是赵仕浓大队属下的中队长，加上莘村进步青年的支持，李殷年自知理亏，承认是误会，当晚就释放了黄瑶仲等人。随后，陈中坚等人返回崖南，驻扎在猫山。这一事件的发生，完全是李江假借他人之手，企图阻止游击队入台抗日。

（三）天亭、双水收复战

1944年6月下旬，日军入侵新会，国民党军队及其地方党政机关望风而逃。日军占领国民党新会县政府临时所在地天亭。8月下旬，日伪军实行西进计划。9月10日，驻扎在崖南的中山八区抗日游击大队在新会县委的配合下，以护航二大队名义进军收复天亭。黄昏时，游击大队乘胜进军双水。但国民党驻军黄球仔部不战而逃时，又通知国民党广阳守备区指挥部陈培部来接收双水。当中山八区抗日游击大队刚进入双水做好布防，陈培部就从新会天马乡水路向双水袭来。游击大队哨兵发觉后，在其先头部队登岸时，缴了4人的枪械。后陈培部以其人多势众，强行登陆。当时，游击大队为了避免冲突，根据陈春霖的意见，派地下党员、赵其休部秘书钟华和林兴华，以赵其休部代表的名义同陈培谈判，说明游击大队是抗日和收复失地，而不是与他们争地盘，表示可让出双水。谈判后双方达成协议，当晚游击大队撤出天亭，返回交贝石，后稍作休整，重新部署力量，做好入台城准备。

不久，游击大队接到刘田夫关于加强新鹤前线的抗日武装的指示信，要抽调大队一部分主力到新鹤协助工作。因此，游击大队决定由戴耀带容振、陈根等四五十人，配备勃朗宁、捷克式轻机枪各一挺及步枪一批，组成一个中队建制，由戴耀任中队长兼指导员，开进新鹤边境一带协助新鹤大队开展活动。他们周密侦察各地敌伪情况，积极做好迎接南番中顺游击指挥部部队挺进粤中的准备。他们先后两次袭击鹤山县的伪自卫队，俘敌20余人，缴获长短枪10余支。另外，赵其休回天亭组建广阳守备区指挥部新会指挥所，需要部分队伍在指挥所担任警卫工作，经与陈春霖研究，从中山八区抗日游击大队抽调5人，由杨明达带领到指挥所，其余人员从赵仕浓部抽调。

二、收复台城，开辟粤中据点

（一）收复台城

1944年7月，中共台山县特派员黄文康到交贝石与李进阶接上关系，几次共商中山八区抗日游击大队入台山抗日事宜。9月中旬，中山八区抗日游击大队首次进入台山县境时，途中遭到国民党广阳守备区指挥部第三指挥所李景象部的阻拦，为避免摩擦，部队主动撤回交贝石。后来，通过台山三区开明绅士陈觉生、赵建庵做工作，同意游击大队暂挂"台山第三区抗日联防大队"番号，由陈觉生、赵建庵出面到新会邀请部队到台山抗日。经请示，国民党广阳守备区指挥部同意中山八区抗日游击大队的一个中队和一个直属队共90余人，由李进阶、赵彬、林兴华率领，于9月下旬进入台山莘村，10月1日到达赵彬的家乡浮石。为了利于部队活动，对外宣布成立台山第三区抗日联防大队（简称"三区联防大队"）。当时陈中坚负伤未随队入台，又因赵彬是台山人，为了便于开展工作，经中区纵队司令部决定，部队对外暂由赵彬出面任大队长，林兴华协助指挥军事，原游击大队的各个领导职务不变。三区联防大队在台山的浮石、斗山、冲蒌一带宣传发动群众，动员了一批青年参军，队伍很快扩大到100多人。三区联防大队先在台山县斗山墟驻防，后把队伍拉到冲蒌墟进行练兵，积极做好攻打台城日伪军的准备。

台山县城驻有日伪军约800人，筑有坚固的防御工事，南门大桥上设置了铁丝网路障，易守难攻。1944年10月11日，三区联防大队联合友军赵其休统属的赵仕浓、钟炎如两个大队及其他国民党地方部队，一起攻打盘踞在台城的日伪军。拂晓前，担任攻打台城南门及夺取珠峰山任务的三区联防大队，在赵彬、林兴华的率领下，隐蔽进抵南门大桥南面的南昌村，做好攻击准备。天蒙蒙亮，国民党李法尧、李国权部在城东和城西两侧漫无目标地开枪射击，枪声惊醒了城内的日伪军，日伪军纷纷开枪还击。当三区联防大队经南昌村前开阔地向南门大桥行进时，遭到桥头两侧碉堡里敌人的机枪和步枪的猛烈射击，前进受阻。面对日伪军的坚固工事及猛烈火力，强攻显然难以奏效，赵彬等人立即指挥部队以少数兵力继续从正面向南门桥头佯攻，牵制日伪军；大部分兵力改用侧翼迂回战术，利用清晨薄雾做掩护，由南昌村东侧向南门河上游秘密渡河。副中队长赵强率领部分队伍，乘势冲击桥头碉堡，奋勇冲上北岸，将反扑的日伪军击溃。据守南门桥头的日伪军见势不妙，向城西逃跑。部队乘胜追歼日伪军，抢占台山县立师范学校内的珠峰山制高点，控制了台城东南城区，并将师范学校内的日本太阳旗扯了下来。台城东西两侧的友军亦迅速入城。城内日伪军慌忙向三埠方向溃退。台城民众热烈欢迎抗日部队，欢庆收复台城。国民党地方军队在战斗关键时刻畏缩不前，但入城后李德、李和、李景象等部乘机在城内大肆抢劫商户及居民财产，引起了当地群众的愤慨。

收复台城的第二天，三区联防大队与友军赵仕浓部一起乘胜追击，将逃至三埠之日伪军团团包围，联防大队在日伪军正面，友军赵仕浓部在日伪军侧面。而一向反共的国民党军广阳守备区指挥部司令李江命令其属下李德、李和两部跟在联防大队后面，企图借日伪军力量将联防大队消灭。随后，李江又耍弄阴谋诡计，以调防为名，将联防大队调往距日军驻地只有几百米的新昌尾勒涌乡上林村，并派特务李茂以"联络员"身份经常来监视部队活动；还把顽军黄锡球部、中山八区的梁渭祥部调到三埠，驻在联防大队的两侧。这时，李进阶来到三埠前线了解情况，觉得李江妄图消灭联防大队的阴谋昭然若揭，部队处在腹背受敌的不利形势下，经与赵彬、林兴华研究，决定立即向上级请示将部队撤离三埠前线，并与在交贝石的陈中坚商量对策。恰在此时，中区纵队司令部通知李进阶到鹤山云乡汇报工作。司令部听取汇报后，同意部队不动声色地撤回新会、台山交界的古兜山区，并派员分头通知在交贝石的陈中坚也到古兜山会合。

（二）猫山事件

1944年11月间，国民党广阳守备区指挥部司令李江除了在三埠前线集结部队包围中山八区抗日游击大队外，又密令赵其休缉拿陈中坚、黄虹两人。赵其休认为陈中坚部是抗日部队，故迟迟不执行，后获悉李江改派高勤执行，迫于无奈，才派黄梅初到交贝石，计划以约请陈中坚、黄虹见面为名，逮捕两人。陈中坚由于警惕性较高，没有赴约，连夜转移到猫山驻地，而黄虹思想麻痹大意，结果被捕。

赵荣

11月中旬，高勤率领200多人从天亭分水陆两路进击驻猫山的中山八区抗日游击大队。从陆路来的顽军冒用赵不惊部队的名义，接近猫山。由于几天来敌情紧张，游击队早已在驻地前沿制高点加派了岗哨，高勤部先头部队接近岗哨时，哨兵喝问是何部队，他们回答是赵不惊部队，借路经过交贝石。在此情况下，政治处副主任赵荣一时大意，从麻风院走下来，想弄清楚情况，但顽军蛮不讲理，对着赵荣拳打脚踢。同时，顽军又包围了驻交贝石涌口梁群光小队，在敌强我弱的情况下，梁群光等12人也被捕。在天亭，赵不惊部也逮捕了隐蔽在赵其休部内的中山八区抗日游击大队副官杨明达等人。

被捕人员被关押在天亭赵不惊部的营地，赵荣、梁群光等遭到顽军的严刑逼供，但仍大义凛然。梁群光小队全体队员在狱中受赵荣教育，守口如瓶，自始至终严守党的秘密，使顽军一无所获。后部队党委和新会党组织派赵梅友等人去做国民党上层人物工作，又派青山交通站邝仕云找中共党员李桂籍、李柏荣说服赵仕浓出面营救。经多方努力，赵荣等13人获释，先后返回部队，赵荣因刑伤回到浮石村疗伤。猫山事件后，陈中坚带邝戈小队撤出猫山，经田边村转移到台山坦泥涌村。休整几天后，部队转到古兜山的田厂村，与田厂村中共党员伍仁志接上关系；部队给养由田厂村解决。

（三）平迳突围与古兜山会师

1944年11月，中山八区游击大队接到交通员赵策送来的中区纵队司令部指示，撤回新会、台山交界的古兜山区；同时，决定通知隐蔽在赵仕浓部的中共党员李德光、李如壁两人归队，免遭意外。

部队到达平迳后，即派赵强带领一个加强排占领平迳两旁的炮楼，严密监视台新公路的一切情况；其余人员集中在村内，进行紧急动员，准备随时投入战斗。国民党反共顽军广阳守备区指挥部调台南指挥所李法尧部和特务大队李景象部紧跟游击大队之后，驻扎在平迳的两侧；又将高勤部调到平迳东面，企图从东西两侧夹攻；同时将同游击大队有密切关系的赵仕浓部调至远离平迳的大江墟，以置游击大队于孤立无援之境。

为了摆脱顽军的包围，保存革命力量，部队决定撤离平迳，转移到古兜山。夜幕降临，队伍开始行动，沿北峰山经四九墟、红岭向官窦前进。为防止国民党顽军的截击，游击大队将沿途通往台城的电话线切断。翌日黎明，部队顺利进入官窦附近的白木朗村，当国民党顽军发觉时，部队已休整一天并进入古兜山区田厂村，与已转移到该地的陈中坚部会合。

1944年12月，中山八区抗日游击大队进入台（山）开（平）

边境大隆洞，创建抗日游击根据地，并根据中区纵队司令部指示，游击大队改称"台山人民抗日游击队第四大队"，下设两个中队、一个突击队和一个后勤队。大队长为陈中坚，政委为李进阶，副大队长为林兴华，政治处主任为赵彬，副主任为赵荣。一中队队长为陈川，指导员为李安明；二中队队长由林兴华兼任，指导员为李德光，副中队长为赵强；突击队队长为周伍，副队长为邝戈；后勤队副官为李如壁、马健。同时，大队成立党委，党委书记由李进阶担任，党委委员有陈中坚、赵彬、林兴华、赵荣、梁文华。该大队与新鹤、高明人民抗日武装遥相呼应，深入开展粤中敌后抗日游击战。1945年1月，该大队改编为广东人民抗日解放军第四团。

4

第四章
胜利解放

　　1945年8月15日，日本帝国主义无条件投降，抗日战争取得了伟大胜利。在8月25日的《对目前时局的宣言》中，中共中央明确提出"在和平民主团结的基础上，实现全国的统一，建设独立自由与富强的新中国"的政治主张。1946年7月，中国共产党按照"双十协定"的要求，首先普遍裁军，并主动撤出长江以南地区，但是国民党蒋介石统治集团单方撕毁停战协定，实施"假谈判、真内战"的策略，挑起了全面内战。在中国共产党的正确领导下，斗门老区人民浴血奋战，解放了斗门全境。

第一节 内战爆发 隐蔽力量

国民党在完成内战准备之后，开始向革命根据地和解放区发起进攻。在斗门地区，中山县的国民党党部集结武装力量向五桂山根据地发起疯狂"围剿"。国民党八区区长张有明伙同梁渭祥、吴全、赖少华等反动势力及土匪武装，各霸一方，推行一系列内战政策。斗门地区革命斗争的开展举步维艰。在艰难的形势下，斗门地区人民根据党组织的安排分散隐蔽武装力量，充分调动巾帼之智，通过新建交通联络线加强多方联动。

一、恢复组织，积蓄革命力量

在白色恐怖笼罩下，中山八区党组织坚决执行党的"隐蔽精干，长期埋伏，积蓄力量，以待时机"的方针，采取各种措施排除万难，坚持开展革命斗争。

1945年9月，中共广东区党委中山特派员黄佳直接领导八区党组织，根据当时发展形势，明确八区党组织的主要任务是：（1）恢复和健全各乡党组织，联系和发展党员；（2）密切联系群众，广泛开展宣传教育工作，争取进步力量；（3）以分散隐蔽的斗争方式保存革命力量，麻痹敌人；（4）建立和发展灰色、合法的群众组织——更夫队，利于跟国民党反动派做斗争；（5）领导群众采取各种方法反对敌人的征兵、征粮、征税活动（以下简称"三征"）；（6）做好各乡上层人物的统战工作。

在人员安排上，由八区特派员肖志刚直接联系八甲、梅阁的党员，兼联系澳门、中山部分地区的党员；林伟明负责联系马山、南山、网山的党员；赵岳雄联系南门、大小濠涌、小赤坎的党员，明确分工，做好沟通联系工作。根据组织任务和革命斗争形势，八区党组织千方百计保存革命力量，把一部分党员安插到各乡小学任教，实行单线联系，个别发展党员，并将一批游击队队员送回乡下隐蔽起来，分散隐蔽武装力量。另外，党组织利用各种形式宣传解放战争的形势，为进一步发展八区的武装力量做好政治上、组织上的准备。

二、秘密联络，巾帼不让须眉

日本投降后，国民党暗中策划反共反人民的内战，八区妇运工作陷入低潮。到了解放战争时期，由于形势所需加之妇女革命意识的觉醒，中共八区地下组织积极发挥巾帼之力，把一批妇女骨干留在地方坚持工作。马山乡有林慕茵、林衮嫦、林珠顺、林月莲、黄琼欢，还有从部队回乡的林宝珠、黄瑶仲；陈丽芳转到黄沙坑办交通站，联系黄春、林长弟；莫聘娇调到月坑，联系姚有好、瘝有喜；巢瑶（梁兆娟）调到小濠涌小学；梁焕婵在乾务工作。其他留下来的同志，除继续以女仔屋、识字班等形式团结妇女进行形势和前途教育外，还有计划地培养妇女骨干，为发展女党员打下了基础。

解放战争时期，妇女骨干发挥了巨大作用，帮助建立八区交通联络站，为地方党组织与部队保持联系做出了贡献。1945年至1946年冬，斗门妇女陈丽芳以黄沙坑联络站为中心，开辟了4条交通线：第一条从五桂山至地方党组织，由陈桂才负责；第二条从八甲经月坑、马墩到五桂山，由李笑、何月爱负责；第三条由八甲经五桂山到粤中，由林长弟、莫聘娇、黄春、林衮嫦等负责；第四条是由八甲经乾务到澳门、中山的交通线，由黄佩瑜、梁焕婵负责。1948年5月，钟嫦从五桂山调到月坑村，以周春（何宽之妻）的菜园草寮为交通点，领导李笑、周春及马墩的一位女交通员开展与五桂山的通信工作。这一时期，普通群众也积极加入到党组织的秘密联络工作中。如1947年进入南山学校的张嫱，默默地拥护支持中共地下组织的活动，她利用工作之便做过一些送递书报、信函、口讯的工作。中共地下组织还在南山街开了一间南山永昌隆商店，由党员陈振明做售货员，负责传递信息等工作。在白色恐怖面前，他们仍不分日夜地认真工作，保证了党的交通线的畅通和安全，也加强了分布于各乡的革命知识分子之间的联系，增强了革命力量。

形势反转　武装斗争

在中国共产党的坚强领导下，国民党全面进攻解放区的阴谋失败，中国解放战争取得了阶段性胜利。在战略防御阶段，中国共产党领导下的革命队伍不断发展壮大，为中国共产党开展战略进攻提供了武装力量保障。在斗门地区，党组织通过建立武工队、北海队等武装力量发展壮大革命队伍。1947年7月，中共中央前敌委员会做出部署，解放战争由战略防御转入战略进攻。斗门地区人民根据中共中央的号召和部署，通过反"三征"斗争、打击地方反动武装等手段开展武装斗争。

一、招贤纳士，壮大革命队伍

在全国解放战争发生根本性转变的形势下，斗门地区的斗争也由战略防御转向了战略进攻。斗门地区的党组织积极开展革命工作，发展壮大革命队伍，一方面注重自身武装力量的发展，建立了武工队、北海队等武装力量；另一方面主动策反国民党军队，削弱敌军，壮大人民军队力量。

（一）建立武工队

为迎接战略进攻，1947年冬中山特派员曾谷把赵明调回八区负责武装组建工作，要求赵明组建一支灵活机动的武工队，武工队配备短枪轻武器。武工队的工作以政治斗争为主，辅以武装行动，锄杀奸霸；秘密联系各村骨干，集结队员，领导群众坚持斗争；继续带领群众开展反"三征"斗争，保护群众利益。赵明接到任务之后回到八区开展工作，先与在乾务乡隐蔽教学的马健共商策略，再由马健、容振、陈勇等分头到各乡动员，将分散隐蔽的原中山八区抗日游击大队队员10多人组建成八区武工队。同时五桂山派李成、黎权来八区协助工作。此时，武工队主要以黄沙坑、龙坛、禾丰里为据点开展活动。1948年5月，中共珠江三角洲地区工作委员会决定由地方党组织和武装党统一领导中山八区，加快发展武装力量。肖志刚负责全面工作，赵明分管武装，林伟明分管地方党组织。7月间，八区武工队已发展到三四十人。队长为马健，副队长为李成，邝辉管财粮，队伍分别驻防在龙坛（马健负责）、南山中禾（李成负责）、黄沙坑（邝辉负责）。此时，武工队以龙坛、中禾、黄沙坑为据点开展活动。9月，中山特派室又调郑文（黄生）来八区专管武装工作。

在各乡党支部的密切配合下，武工队中共党员以农会骨干的身份，掌握了月坑、八甲、南山、马山、网山、龙坛、大濠涌、小濠涌等乡村的公偿机枪7挺、步枪150多支、手枪50余支。这批武装，虽不由武工队直接调配，但它对开展反"三征"、镇压土匪恶霸起着重要的作用。

1948年11月间，八区党组织派中共党员梁其靖负责乾务梁北盛（当地人称其为"三板皇帝"）的统战工作。同时在三板组建一支护沙小队，由梁爵英担任小队长，中共党员黄洪从网山调到该队负责政治工作；中共党员梁久到梁其靖护沙中队驻防，兼任恒丰围护沙小队队长。同年12月，南门党组织派中共党员赵东组织一支拥有14名队员、9支步枪的农民武装冬防队。从此，八区大部分乡村自卫武装都为中共地下组织所掌握，这为八区惩治地主恶霸，开展反"三征"斗争做了更充分的准备。此外，八区武工队还曾经用中山特派室徐树华的名义，在全区张贴征收军粮的布告，广受群众欢迎，奠定了良好的群众基础。

（二）组建北海队

为夺取新民主主义革命在全国范围内决定性的胜利，1948年成立中共珠江三角洲地区工作委员会（简称"珠江地工委"），加强珠江三角洲各县党组织之间的联系，领导珠江三角洲各县的革命斗争。

为加强八区的武装力量，1949年3月珠江地工委对八区做出了工作指示，要求八区"为了迎接全国解放，一定要抓紧发展武装，建立自己的武装队伍，努力培养骨干，发展党团员，为全国解放做好准备"。1949年6月初，肖志刚调至珠江地工委组织部，八区工作由赵明负责。1949年7月，接珠江地工委书记黄佳的通知，八区武装队伍派人接收原新会县委领导的驻防马墩竹洲头的汤山武装小队17人。该小队共带来风龙机枪一挺和枪支弹药一批。武装小队被接收后，由中共党员梁久任队长，郑志敏任副队长，开赴龙坛改编。1949年7月下旬，隐蔽在乾务三板的梁爵英、黄洪武装小队共10多人也携带两挺机枪集结到龙坛。同时，珠江地工委从五桂山调来一批印尼归侨青年，港澳、广州学联等10多名青年也被派到龙坛。加上原来的武装力量，八区集结了七八十人的武装队伍，组建了中山县七区、八区游击队，代号为"北海队"。1949年秋，成立中共中山县七区、八区分委会，赵明任书记，委员由赵岳雄、林伟明、郑文、周挺、梁其颖担任。七区、八区分委会加速发展武装队伍。

北海队的军事负责人为郑文，政治负责人为周挺，北海队共分三个队：一是主力队，队长为陈根，副队长为黎权，副指导员为马弓，下辖广东、江苏、江西三个队；二是武工队，队长为马健，副队长为李成；三是文工队，队长为马弓（后由张其光代理）。北海队在革命战斗的过程中，积极组织各乡村成立农会和农民自卫武装，切实维护农民利益，获得了广泛的群众基础。在老区人民的大力支持下，北海队不断扩大游击活动范围，创立了多个游击区和活动据点，包括八区的八甲、大赤坎、白蕉、龙西、六乡、南山、南门、马山、网山、乾务、坭湾，七区的三灶鱼弄、大小林等地。当地人民群众不仅为武工队提供粮食、营房、枪支弹药、交通工具等物资，还及时提供敌人情报。北海队的组建，对分化瓦解敌人，打击地方反动派，带领八区人民开展武装斗争，迎接八区解放，起到了非常重要的作用。

斗门县（原中山八区）人民部队序列图

中山七区、八区游击队（代号北海队，1949年7月建立）

- 主力队
  - 广东队
  - 江苏队
  - 江西队
- 武工队（1947年冬建立）
- 文工队
- 泰山队（1949年8月起义）
  - 一中队
  - 二中队
  - 三中队

中山七区、八区游击队排长以上干部名单（排名不分先后）
（1947年冬—1949年10月）

赵　明	郑　文	周　挺	梁其颖	邝　辉	马　健
李　成	陈　根	梁爵英	郑志敏	黎　权	马　弓
张其光	周　宽	梁述尧	梁其靖	黄　洪	赵　东
李柏林	陈　七	梁东林	杜国照	梁　久	黄　森
李　国	黄子雅	黄福兴	汤　山	麦　苗	赖　光
马文普	伍文波	苏以苏	李　苏	林玉燕	

（三）策反国民党军队

国民党中新联防办事处主任兼中山县联防大队队长黄森（八区人），带领当时珠江三角洲一支兵力多、装备较好的队伍，驻守在坦洲金斗湾一带。黄森遇事沉着、外宽内紧，在澳门建有私邸。1949年7月间，黄森与国民党中山警察局局长吴康楠发生地盘之争，并在澳门谈判时把吴康楠击毙，于是广东省保安司令部参谋长吴康鉴（吴康楠之弟）发兵攻打黄森。自此，黄森就常住澳门私邸。经过东江纵队祁烽多方面的说服教育，黄森权衡了利害，同意起义，但提出"起义后不离开中山"的要求。

五桂山游击队指挥部得知情况后，把继续做好策反黄森部队起义的任务转交给八区武装部队，要求八区武装部队在不急、不逼、不诱的原则下完成这一艰巨任务。经过反复研究，八区领导人决定由陈培光去完成这项任务。陈培光接受八区党组织多年教育，虽与黄森有一定的交情，也知道任务的艰巨，仍乐意接受此任务。自此，陈培光每次从澳门回来，都与赵明共同研究下一步的策略。在一次谈话中，黄森向陈培光透露准备洗手不干或移居葡京，称自己与澳门总督有交情。趁此机会，陈培光向黄森阐明中国共产党"既往不咎"的政策。经过陈培光半年多的细致工作，黄森逐步觉醒，愿意率部起义。得知此情，赵明认为条件已经成熟，即派周挺以党代表身份到澳门，与中新边境武装委员会副主任黄健一起由澳门开明绅士陈满引领至黄森私邸，表明中国共产党一贯政策，强化黄森的认识，确定早日起义。

1949年8月24日，黄森部队近200人由副大队长李国、中队长黄子雅率领，携带火箭筒1个、六〇炮1门、十三咪机枪1挺、各类轻重机枪8挺及其他武器、弹药一批，开赴中山七区、八区游击队驻地龙坛村正式起义。同年9月上旬，黄森亲自带领随从三四十人从澳门来到东澳村龙母庙；游击队领导赵明、郑文、周挺接待了黄森，同时与黄森共商部队的整编事宜。最后决定让起义部队独立编队，代号"泰山队"，由中山七区、八区游击队统一指挥。下辖3个中队：第一中队长由李国兼任，政治指导员为黄洪，副中队长为赵东；第二中队长为黄子雅，政治指导员为梁其靖，副中队长为梁久；第三中队长为黄福兴，政治指导员为梁述尧，副中队长为周欢。黄森部队的起义，迅速壮大了八区武装力量，改变了敌强我弱的形势，为今后配合解放大军彻底消灭斗门地区的国民党武装奠定了基础。

二、抵制"三征"，打击反动势力

在解放战争的战略进攻阶段，斗门地区人民在党组织的领导下不断壮大革命武装，根据全国解放战争的革命形势主动出击，开展反"三征"、打击地方反动力量等武装斗争。

（一）反"三征"斗争胜利

国民党蒋介石集团为挽救残局，在国统区内大肆抓壮丁，加紧征兵、征粮、征税。在中山，国民党县政府规定凡年满18岁至45岁的男性公民，实行"三丁抽一、五丁抽二"；凡瞒报者，要处死刑。国民党县政府还向农民勒收田赋，每亩征收稻谷5斗，附加1斗5升（约20千克），并预征至民国六十年以后。各种捐税名目繁多，举不胜举。此时，贪官污吏、土豪劣绅们乘机敲诈勒索，强迫老百姓缴代金，他们按田亩征收各种苛捐杂税，如人头税、保护费、联防费、开耕费、春水费、禾票谷、更夫谷、军谷等。由于农田水利失修，天灾频繁，赋税稍有迟延上缴，国民党军队便抄家捉人。不少人因此家破人亡，流落异乡，甚至靠卖儿卖女来维持生活。如八区月坑村农民何有福，由于交不起田赋和壮丁费，被抓去打得遍体鳞伤，一家六口忍饥挨饿，到处流浪。

为了维护广大人民群众的利益，八区党组织秘密开展思想宣传，促使广大人民群众早日看清国民党的本质；同时领导人民群众开展声势浩大的反"三征"斗争，采取"一拖、二拒、三抗缴"的办法来对付"三征"。如马山乡联保办事处本来已收田赋谷几万斤，党组织通过做内部工作，使该办事处转变了思想。国民党当局几次催收，该办事处都用理由拖延，颗粒不缴。1948年秋，国民党地方军队梁渭祥部派陈汉辉带领一个中队进驻贵头村，到龙坛征收田赋谷。在八区武工队的领导下，龙坛农会组织群众武装实行抗缴。八区武工队命令保长容家南召开反"三征"大会，通过了"三不交""三不准"规定：不向国民党交一兵，不向反动政府交一粒粮，不向地主土匪武装交一文钱；不准任何人勾引"三征"官吏进村，不准任何人与"三征"官吏私通泄密，不准任何人安排"三征"官吏食宿。因此，国民党陈汉辉部队到龙坛一带征收田赋谷的计划全部落空。随着各乡反"三征"斗争的不断深入，全区有效阻止了敌人的横征暴敛。当时，国民党八区田粮主任因征不到田赋谷而被迫辞职。

（二）积极响应共产党征收军粮

为了配合解放军南下解放全中国，各级党组织和武装部队实行公开征收解放军军粮，每亩3.6市斤。八区武工队以中山特派室驻七区、八区代表徐树华的名义，张贴征收军粮布告，八甲、南门、龙坛等乡村带头上缴，广大人民积极响应。但是一些为国民党卖命的区、乡头目蓄意拒缴，因此，八区武工队有计划地重点打击反动派，开展了一场征收与打击拒缴军粮的激烈斗争。

1948年冬的一天下午，郑文带领一个武工队小组，突然冲进小濠涌乡乡长邝乃贞的洁吾堂药材铺。李成等人把守铺面，郑文带人直入铺内，邝乃贞见势不妙，急忙向后门逃跑。郑文手疾眼快，拔出手枪，堵住其去路。郑文揭露其抗缴军粮的罪行，责令其如数上缴。邝乃贞老奸巨猾，表面上赔礼道歉，答应上缴，还派亲信邝乃采送武工队至村口，暗地里却布置武装人员伏击武工队。心怀鬼胎的邝乃采至村口后想溜走，李成发现闸口坑边有埋伏，急中生智，马上拉住他，责令他撤走伏兵，并用枪押着他在前面开路。见阴谋败露，邝乃采为了保命，只好下令撤走伏兵，武工队安全离开小濠涌。后来，小濠涌如数上缴了军粮代金，这一消息立即在全区传开，对全区影响很大。

另外，抗战时期乾务地主恶霸、国民党地方反动头目梁渭祥投靠日伪，镇压人民，独霸一方。1949年初，中山特派室决定锄杀汉奸梁渭祥。经八区党组织研究，由武工队李成、容振等人对梁渭祥进行伏击。不料因报讯人骑单车途中摔跤延误了时间，梁渭祥侥幸走过了伏击点。此次伏击行动前，八区地方党组织曾派武工队队员黎权、陈勇、黄买3人身藏短枪，扮成路人，在乾务勒收过路费的路段（梁渭祥布设的收取点）诱惑敌方下山收费，出奇制胜地夺取敌方2支步枪，得手后向鹤兜山撤退。当梁渭祥派兵增援时，黎权等3人已登上高山隐蔽下来，晚上把战利品带回了黄沙坑。此次行动既武装了自己，又打击了梁渭祥勒索欺压路人的暴行。

凭借梁渭祥的势力，乾务乡多次拒缴军粮。1949年2月，武工队决定集中力量冲破这个顽点。中共党员梁其颖、梁其靖两人以乡委和农商会干事的身份，在乡委和农商会委员联席会议上宣传解放大军南下的大好形势，又指出如果继续拒缴军粮，中山特派室将派人追究，并予以惩处。与会人员怕承担后果，立即通知副乡长梁敦雄等人到龙坛向武工队缴纳2万斤军粮代金，仍未悉数缴纳。同年8月，北海队与泰山队（改编后的黄森部）由东澳进入乾务，主力中队驻乾务乡逸民祖祠堂，黄森部驻香泉寺；随即召集各乡乡长和地主当权派训话，促使土豪劣绅上缴所欠的军粮。

1949年春，陈根、陈勇等武工队队员到虎山村追缴军粮，刚到村口就被来势汹汹的地主武装拦住。武工队队员立即发出警告："今天不缴纳，以后要将谷物送到龙坛。"回到驻地，他们便以中山特派室徐树华的名义向虎山乡乡长黄超庆发出警告信，黄超庆害怕重蹈邝乃贞的覆辙，迅速派人把1万斤军粮代金送到游击队驻地老糠堆。

白蕉乡是当时征收军粮的死角，"三黄派"（即黄祥、黄球仔、黄福祥）、"客家派"（即赖南、赖光、赖少华）和"立恭家族派"（林鹏志、林德民、林华裕）等地方反动武装长期割据于此，他们争权夺利，开设烟馆赌场，武装走私贩毒，对广大农民敲诈勒索。为攻破这个蛇蝎一窝的顽点，八区党组织和武工队决定采取分化瓦解的措施，以势力最大的"立恭家族派"为突破口。林伟明受八区党组织委派，以马山的林姓理事会会长身份，于1949年4月带领林余、林绍汉等人到白蕉，向林鹏志、林德民、林华裕（白蕉乡乡长）等人发出忠告：人民解放军已经横渡长江南下，国民党当局已是四面楚歌，弃暗投明才是唯一的出路。于是，林德民拒绝了国民党"反共救国军"大队长之职，林德民、林华裕答应按期缴纳武工队军粮。林鹏志还借了1挺粤造轻机枪给武工队使用。在"立恭家族派"的影响下，一向气焰嚣张、与人民为敌的赖少华也乖乖地按规定缴纳军粮。

突破白蕉征收军粮的死角后，征收工作还发展到海上的来往船只。如乾务大地主梁概祥开设的"利群渡"、梁森信开设的"泰源渡"等，都是来往于乾务与江门的机船。当八区武工队发出征收通知后，他们都按期派出账房或管家携带款项到指定的南潮村后山武工队驻地上缴。

第三节

战略进攻　解放斗门

当全国解放战争迎来胜利的曙光，斗门地区的解放战争也逐渐走向胜利。斗门地区党组织领导的人民武装部队经过与当地敌军的几次小规模战斗之后，最终在中华人民共和国成立后不久解放了斗门。

一、夜袭小霖，震慑国民党军

1949年初，国民党中山县政府派邓岳部黄华中队驻守小霖乡，筑起坚固的炮楼，封锁来往船只，与北海队驻地东澳乡隔河相望。是年9月，中共珠江地工委委员、武装部部长谭桂明来八区与赵明研究，决定袭击驻守在小霖乡的国民党军队。由梁其靖派乾务农商会护沙队队员梁想带路，主力队队长陈根带领侦察人员到炮楼附近佯装捉鱼摸虾，探明路程及地形后，做出周密部署。

一天晚上，郑文、周挺带领北海队的主力作战队及泰山队的部分兵力，谭桂明随队指挥，从草葕涌连夜渡河，绕道虾尾山（小霖乡背后的山），控制了后山的制高点，同时派出小分队接近黄华中队驻地炮楼。战斗打响后，敌人关上铁门，依靠坚固的工事进行还击。经过一段时间的对峙，敌人深感孤立无援，遂停止还击。游击队在阵前试图劝降，狡猾的敌军虽几次答应投降，但总拖延时间不缴枪，北海队又一时无法攻入，相持一段时间后，郑文只好下令撤兵。当北海队撤回草葕涌时，国民党从三灶调来援兵及炮舰登陆小霖。由于找不到游击队的踪影，敌军便朝乾务沙面方向乱打乱射，然后全部溜回三灶。这次袭击行动虽未达到预期目的，但却震慑了固守在三灶的国民党中山县总部，当时澳门的《华侨日报》在头版头条报道了这场战斗。

二、黎明来临，解放部分失地

1949年10月1日，北海队和泰山队全体官兵300多人在龙坛村集中，在收音机前聆听中华人民共和国开国大典的实况报道，并举行了第一次五星红旗升旗仪式。10月14日，南下大军解放了广州。15日清晨，北海队郑文、周挺、梁其颖率领部队开进乾务乡，一举解放了乾务，群众欢呼解放。经陈培光策反，国民党驻斗门墟的吴均平的一个保警连开赴南山中禾村接受改编。八区国民党警察所所长吴辉知道败局已定，带领随从9人逃走，经过南门乡时，被南门党支部和自卫队抓获，缴获电台1部、步枪8支、手枪2支。

1949年10月16日，在各乡党支部的组织下，八区动员农会会员、自卫武装近千人，配合北海队、泰山队包围了斗门墟。当部队进入斗门墟后，国民党周英、车汉雄两个保警连向南门涌口逃跑。中共南门地下组织事前封锁了全部渡船，游击队占领了南门涌口山坡，形成了一个包围圈。经党组织动员说服，国民党副营长杨哲民弃暗投明，这两个保警连也阵前起义，返回斗门墟接受改编。作为斗门地区政治、经济、文化、教育中心的斗门墟获得解放。同日，七区、八区接管委员会成立，主任为赵明，副主任为郑文、周挺、梁其颖，林伟明、汤山负责政务，梁其靖、邝辉负责财粮，马健、李成负责公安，关超良、梁寿沛负责文教。与此同时，七区、八区接管委员会发出安民告示，安定民心。

三、敌军进犯，部队转移会师

1949年10月17日，在斗门墟解放的第二天，国民党广州卫戍区司令李及兰辖下的保二师、保五师由广州退却，乘炮艇从大赤坎登陆，向斗门墟进犯。北海队为保存力量，主动撤退到南山中禾村集中待命。19日，中共中山县委通知北海队、泰山队开赴五桂山集中。部队分两路转移，梁其颖率泰山队及周英、车汉雄起义部队，渡过白蕉河，驻扎在大托、东围两地候命；郑文、周挺率北海队开赴龙西，分别驻防在西坑、大黄杨、元山仔、猪仔环等村庄。郑文、周挺在元山仔指挥部；陈根带领广东、江苏两队驻猪仔环和西坑；武工队马健、李成驻大黄杨。

当北海队正欲转移时，接到交通站送来"敌已退出"的失实情报，因而产生了麻痹思想，部队比原计划多住了一个晚上。23日凌晨4时许，国民党李及兰残部包围了北海队。驻西坑、猪仔环的流动哨发现敌军即鸣枪报警。敌军分两路进攻，一路抢占黄杨山高地，一路向元山仔指挥部迫近，妄图消灭七区、八区游击队。枪声打响后，陈根立即率领部队登山，抢占了有利地形，架起机枪猛烈向敌军扫射，阻击敌军，掩护部队登山；同时命令部分队伍继续登山，抢占制高点，形成纵深的火力迎击敌军。此时敌军已迫近元山仔指挥部，周挺立即带部分队伍从后林左边撤出，郑文、杜国照带领部分队伍欲从后林右边突围，但被数倍于己方的敌军重重围困。在指挥员郑文的指挥下，队伍冲破了敌军的几道防线。紧急关头，已占领黄杨山制高点及在小黄杨山头阵地的陈根、马健、李成等几股力量即以密集的火力抗击敌军。在战斗中，优秀指挥员郑文、小队长兼机枪手杜国照、弹药兵余振标英勇牺牲。敌军仗着六〇炮、掷弹筒等精良武器，向游击队阵地发起多次冲锋，并三次从斗门派兵增援。但游击队凭着有利的地势和必胜的信心越战越勇。战斗一直持续到傍晚，敌军无法攻占游击队阵地，只好拖着伤员及尸体溜回斗门墟。

入夜，北海队转移到大托，与泰山队会合后转往新会马墩。

经过一天的休整，游击队由中山独立团派来的甘子源带领，开往中山五桂山集中待命。10月28日，北海队集中到中山长江大鳌溪乡，编入粤赣湘边纵队中山独立团第四营，营长由陈培光担任，政治教导员为周挺，副营长为甘子源。第四营下辖3个连，十连连长为陈根，指导员为马弓；十一连连长为郑志敏，指导员为梁东林，副连长为吴均平；十二连连长为周英，指导员为李柏林，副指导员为陈国雄。泰山队维持原来编制，10月30日，与兄弟部队一起解放了石岐，迎接南下大军。

四、扫除余敌，斗门全境解放

斗门墟解放后，北海队根据上级指示开赴五桂山，只留下马健率领武工队及农村中的党员在八区维持社会秩序。1949年11月2日，刘田夫、严尚民、何清、罗哲民、叶源率粤赣湘边纵队主力一团，从新会梅阁挺进八区；两广纵队从中山坦洲同时进入八区，与坚守八区的武工队会合。部队全力追歼李及兰残部，共俘敌489人，击沉敌舰1艘，击破2艘。余敌逃往大小横琴岛。3日，国民党保二师的一个连在梅阁被解放军打得溃不成军，余下五六十人渡海到马山乡兴隆围，又被马山乡党支部派出的农民自卫武装重重包围，残敌全部被俘。是役共缴获汤姆生、卡宾枪、冲锋枪各2支，手枪2支，步枪20余支及弹药一批。4日，斗门全境解放。

斗门解放后，七区、八区游击队联合粤赣湘边纵队一团的力量，乘胜追击逃窜至三灶、大小横琴岛的残敌，最后于11月10日帮助三灶实现解放。此后，七区、八区游击队和泰山大队奉党组织的命令调回石岐整编。泰山大队编为中山县自卫总队，七区、八区游击队编入中山独立团第四营。至此，七区、八区游击队成功完成了解放七区、八区全境的任务。

第五章

曲折前进

　　从1949年10月中华人民共和国成立到1976年10月"文化大革命"结束，斗门老区进行了社会主义建设的艰难探索。在这一阶段，斗门老区人民积极探索，艰苦创业，大力发展国民经济，加强人民政权和党的建设，使工业、农业、文化、教育、卫生等各项事业登上了一个新的台阶，奠定了社会主义现代化建设的坚实基础。但斗门老区在探索社会主义道路的过程中，也出现了一些失误和教训，使得社会主义建设遭受了挫折。

第一节 人民政权 书写新篇

　　1949年10月1日，毛泽东主席在北京天安门城楼庄严宣布："中华人民共和国中央人民政府成立了！"这是中国有史以来最伟大的事件，它标志着中国人民从此站起来了，揭开了中国人民发展的新篇章。中华人民共和国成立后，中山八区人民在人民政府的领导下，沿着社会主义发展道路奋力前行。为全面完成新民主主义革命遗留任务，八区遵循中央确定的方针，建立和巩固区乡人民政权，团结、领导群众团体，加强党的建设。1965年斗门建县后，各项事业更是取得了瞩目的成绩。

一、解放伊始，建立区乡政权

　　1949年9月，中国人民政治协商会议第一届全体会议通过的《中国人民政治协商会议共同纲领》（简称《共同纲领》）明确宣布："中华人民共和国的国家政权属于人民，人民行使国家政权的机关为各级人民代表大会和各级人民政府。"这是中国历史上从未有过的人民当家做主的新型政权。中华人民共和国的成立，开辟了中国历史发展的新纪元。1949年11月，斗门老区的人民政权建设迎来新的开端，中共中山县第八区委员会成立，斗门老区人民开始了真正当家做主。在当时八区百废待兴的局面下，区委会肩负着斗门地区人民民主政权建立、经济发展与社会建设的历史重任。

（一）清匪反霸，稳定社会秩序

中山县八区毗邻港澳，在国民党统治时期就是官僚、地主、土匪、恶霸集结的地方。斗门解放后，国民党残余势力乘着新生政权尚未健全，根基未稳，同当地恶霸、惯匪相互勾结，指使潜伏大陆的敌对分子大肆开展打劫货船、抢掠行商、包庇烟赌等破坏活动。其他一些地主、旧政府反动职员和反动军警人员也不甘心失败，伺机报复，妄图颠覆新生的人民政权。

1949年11月，中共中山县第八区委员会成立，驻地在乾务。1950年1月，中山县第八区人民政府建立，区政府驻地在乾务，下设民政、文教、财政、生产、粮食、公安等职能部门。为建立良好安定的社会秩序，保卫人民群众的生命财产安全，八区委和区政府坚决执行党的政策和策略，深入发动群众分化瓦解、各个击破。1949年11月初，粤赣湘边纵队一团进入乾务，成立中山八区军事管制委员会（简称"军管会"）。1950年，军管会进行清匪肃特工作，在三灶缴获1架国民党飞机，受到中央军委嘉奖。至年底，军管会共缴获机枪3挺、长枪173支、短枪71支、炮12门、手榴弹95颗、炮弹141枚、子弹23 805发、刀剑342把、炸药28千克以及收音机、望远镜、照相机等物品，逮捕反革命分子50多人。自1951年2月至5月，公安机关、军管会召开了3次宣判大会，判处反革命分子、杀人犯44人死刑。

随着清匪反霸工作的开展，1950年1月至1951年初，全区成立了12个乡人民政府。至1951年初，全区分成25个乡，辖153个村。随后，全区各人民团体相继建立。根据《共同纲领》中关于"在普选的地方各级代表大会召开以前，由地方各界人民代表会议逐步地代行人民代表大会的职权"的规定，1950年4月25日中山县召开第一届各界人民代表会议，主要讨论生产自救与社会互助、武装自卫与清匪反霸、征粮购债与支援前线、城乡互助与加强税收、改选乡村政权及开展整风运动等内容。1950年4月30日,中山县召开了第一次农民代表大会,做出了五项决议:减租减息条例、春耕生产、统一登记民枪、查"黑田黑谷"、成立区乡农会以巩固农村政权;8月,七区、八区在南门召开第一次农民代表大会,讨论贯彻中山县第一次农民代表大会决议。至1951年初,全区成立了农民协会24个(乾务乡除外),妇女联合会、青年团支部、民兵队部各25个。各群众团体在宣传鼓动、组织教育群众、废除旧保甲制度、摧毁旧乡政权以及巩固人民政权方面发挥了重要作用。

1952年6月,原中山县八区分为八区、九区两个区。八区委设在乾务乡,故称乾务区。九区委设在南门乡,故称南门区。1954年3月,经过普选,南门区选出了121名区人民代表。3月下旬,中山县第九区(南门区)第一届人民代表大会在斗门墟召开,大会通过了《拥护〈中华人民共和国宪法草案〉决议》和《中山县第九区政府工作报告的决议》,并选举了新一届人民政府成员。这期间,中山县第八区也召开了人民代表大会。第八区、第九区人民代表大会的召开,标志着斗门地区开启了人民参政议政、当家做主、行使民主权利的新篇章,老区人民开始真正当家做主。1954年9月11日,驻扎在乾务的解放军镇压国民党残余势力梁国清等制造的反革命事件。全区政治秩序进一步安定,人民财产得到保护。

(二)土地改革,巩固农村政权

中华人民共和国成立后,按照《中华人民共和国土地改革法》的规定,"废除地主阶级封建剥削的土地所有制,实行农民的土地所有制"。据此,从1951年到1953年,八区农民在党的领导下有计划、有秩序地完成了土地制度的改革。农民利益得到基本保障,农村基层政权得以巩固。八区的土地改革进程大致分为四个阶段：

第一阶段为开展镇压反革命。1951年5月，八区委和政府成立了土地改革委员会，组织了一支400多人的工作队。首先，八区委召开干部会议，明确必须坚决贯彻执行党的阶级路线，即依靠贫农、雇农，团结中农，中立富农，有步骤、有分别地消灭封建剥削制度，发展农业生产。1951年春，八区委以东澳为试点，鼓舞干部群众与贫农建立阶级感情，鼓励贫下中农当家做主，不断提高农民的觉悟。借鉴东澳经验，八甲、南门、斗门、濠涌相继使农会的权力真正为贫雇农所掌握。八区委针对坚持与人民为敌的反革命分子，实行镇压与宽大相结合的政策，共斗争地主恶霸流氓189人、263场，判死刑12人，判有期徒刑5人，缴获武器一批，为土地改革和经济恢复工作的顺利开展提供了保障。

第二阶段为孤立地主阶级。针对贫雇农强烈要求分田；中农害怕征田；小土地出租者害怕被划为地主而分了他们的田；富农对中立富农政策不明底细；地主狡猾奸诈，对干部群众进行收买、软化和造谣，隐瞒分散财物等现状，八区工作队通过大会小会、上门访贫问苦、串联造访等方法，实行有针对性的区别对待。八区工作队一方面广泛深入宣传土改政策，解决他们的思想问题；另一方面开展全民"报上当"的举措孤立地主阶级，帮助广大群众消除怀疑情绪、站稳立场、擦亮眼睛，以识破地主的阴谋诡计，认清地主阶级的反动本质。

第三阶段为没收地主阶级财产。1952年4月，八区按上级政策划分了贫雇农、中农、富农、地主的阶级成分。首先，以10户为单位，家家诉苦，自报田亩数、劳动力，自划成分，再由小组酝酿评议、划定成分，呈报贫农代表会审定后批准公布。其次，贫雇农团结中农和其他劳动群众，组成反封建的统一战线。最后，划分地主阶级，开展没收地主"五大财产"的斗争。全区没收地主、富农的土地170 995亩，耕牛273头，粮食7 131 445斤，房屋2 064间，农具21 398件，衣物59 601件，台、椅、床、柜等家私20 455件。

第四阶段为分配与巩固胜利果实。根据《广东省土地改革实施办法》规定，八区委、区政府召开区农民代表会议，制定土地及其他生产资料分配原则，即"满足贫雇农，填坑补缺，照顾需要，有利生产"。各乡农会按照先分土地，再分农具、耕牛、房屋，最后分余粮的分配程序进行分配。自此，贫雇农当了土地的主人，有房住、有饭吃、有衣穿，也有了尊严。

为了巩固土地改革成果，八区委举办了农村干部培训班，共培训干部200人；对清匪反霸、退租退押、土地改革三大运动中的主要骨干、优秀民兵、积极分子进行了培养、教育、审查，发展了党员260多人，加强了党的农村基层组织建设；吸收了部分符合团员条件的青年加入新民主主义青年团，建立支部25个，发展团员180人，加强了基层团组织的建设；组建了民兵队25个、891人，发展妇代会会员326人、积极分子1 939人；另外，区委还结合政权和人民民主专政的教育，调整以及补选了农会、民兵的领导成员，巩固健全了群众组织。

在党和政府的领导下，斗门地区人民民主专政政权更加巩固，工农联盟得到巩固。农民交售公余粮、农副产品和工业原材料，有力地支援了国家的工业化建设。同时一大批县、区、乡基层干部得到锻炼和培养，政权建设进一步加强。但土地改革运动也存在一些失误，由于"左"倾思想影响，个别地方在斗争方式的适当性和对华侨阶级成分的划定问题上出现了一定程度的偏差。

二、斗门建县，调整行政区划

1965年7月19日，经国务院批准，正式成立斗门县，县址设在井岸，隶属佛山地区。其行政区域包括原中山的斗门、乾务、白蕉公社和平沙农场（省属国营农场），以及原属新会县的上横、西安公社和大沙农场（县属国营农场），共15.6983万人，面积约为564平方千米。斗门建县初期，农村的机构依然是按照国务院1961年6月15日制定的《农村人民公社工作条例（修正草案）》设置的，分为公社、生产大队、生产队三级。1965年，斗门县的行政区域辖乾务、斗门、白蕉、上横、西安5个公社和平沙、大沙2个农场。1966年3月，斗门县调整行政区域，在保持原有5个公社的前提下增加了五山、六乡、坭湾3个公社，保留平沙农场和大沙农场，增设白藤农场（县属国营农场）。调整后，公社辖区的管理更为方便有序了。

1965年底至1966年初，组建了中共斗门县委会，由中共佛山地委领导。建县初期，由于没有召开全县党员代表大会（1970年11月召开第一次党代会），县委书记、副书记、常委由上级党委直接任命，县委委员、候补委员都是由原来在斗门地区工作以及建县时调入的原中山县委委员和候补委员担任。1966年11月，中共斗门县委会工作机构共12个：监委会、县委办、组织部、宣传部、党校、农村政治部、财贸政治部、工交政治部等工作部门和工会、团委、妇联、贫协等群众团体机构。

1967年3月，因"文化大革命"的冲击，全县各级党政机关瘫痪，由军队实行军事管制。1968年2月20日，中共中央、国务院、中央军委、中央文革小组根据中共广东省委的请示，做出了关于成立广东省革命委员会的批示。不久，斗门县军管会主持召开第一届工人代表、贫下中农代表、红卫兵代表大会，协商选举产生了由工、农、兵和国家干部代表组成的县革命委员会，并获广东省革命委员会筹备小组批准同意。随即，县级以下的基层革命委员会也相继诞生。当年，斗门县县级以下各行各业的基层革命委员会或革命领导小组达50多个。各级革命委员会取代了党委、政府的一切职能，集党政大权于一身。1968年6月，斗门县革委会对行政组织机构进行了大调整，分别设立"四大组"：政工组、办事组、生产组和保卫组，以执行党和政府行政机构的职能。政工组由党组直接领导管理，执行党委组织、宣传、统战、干部管理等全部职能；办事组执行党政办公室和政府行政及行业管理职能；生产组由革委会常务副主任直接领导，行使政府经济管理职能；保卫组行使公检法职能。

1968年10月31日，斗门县革委会发出关于机构设置问题的通知和关于常委扩大会议的情况报告，同意县革委会常委提出的以保留"四大组"、增加"八大站"代替旧的庞大的行政机构方案。1968年11月，经佛山专区革委会党的核心小组批准，在斗门县革委会内成立党的核心小组，行使县委领导职权。1970年11月24日至30日，中共斗门县第一次代表大会召开。这次大会是在中共中央《关于召开地方各级党代表大会的通知》下达后，在全县193个基层单位整党建党，恢复党组织生活，建立了新的党支部的基础上召开的。经过选举并于1970年12月10日经广东省革委会党的核心小组批准，斗门县成立中共斗门县第一届委员会。斗门县委会由23名委员和2名候补委员组成。县委会不设工作部门，党务工作由革委会政工组、办事组、保卫组、生产组承担，实行"一元化"领导。1972年撤销"四大组"，恢复县委办公室、组织部、政法委员会、党校、县革委、部委办局以及总工会、团县委、妇联、贫协等机构。

在以后的几年里，斗门县各级革委会由于受"左"倾思潮影响，在"一打三反"（打击反革命破坏活动、反对贪污盗窃、反对投机倒把、反对铺张浪费）和"两退一插"（退休、退职、带薪插队）运动中混淆了两类不同性质的矛盾，打击了一批好干部，造成了一批冤假错案，影响了斗门县的社会和经济发展。1979年，第五届全国人大第二次会议通过了关于修正《中华人民共和国宪法》若干规定的议案，地方各级革委会才改为各级人民政府，各地革委会被逐步撤销。

三、整党建党，发展群众团体

斗门县党组织在建县后和人民群众保持紧密联系，在发挥党组织的领导作用的同时，注重大力发展群众团体。

（一）基层党组织的发展

1949年至1965年斗门建县前，斗门地区党的基层组织先后经历了区委会、乡党委会和公社党委会三个发展阶段。1965年，全县党的基层组织共有281个，其中党委7个、党总支30个（农村的党总支22个）、党支部244个（农村的党支部6个）；党员3 487人，其中农村有2 300人。1966年，斗门县委对公社一级组织机构进行了调整，在原有的斗门公社、乾务公社、白蕉公社、上横公社、西安公社和省属国营平沙农场的基础上，又分出了坭湾公社、六乡公社、五山公社，合起来有8个公社党委和1个平沙农场党委；县属国营农场（大沙农场和白藤农场）建立党组。

在"文化大革命"的十年中，全县各基层单位逐步铺开了整党建党工作，主要是抓思想整顿，依靠群众，开门整党。1969年，全县193个基层单位通过整党建党，恢复了党组织生活，建立了新的党支部。8个公社、1个农场建立了新的基层党委会。1971年，党组织生活恢复正常，全县基层组织有439个，党员7 593人，其中农村党员4 302人。1972年，全县8个公社党委和99个大队党支部，都按党章规定进行了改选。基层党支部任期满一年以上有198个，已改选的有186个，占94%。8个公社党委改选中落选13人，占原党委总数的11.8%；已改选的186个党支部，落选支委134人，占原支委总数的12.4%。这次基层党组织通过改选，再一次对党员、干部进行路线教育，大大提高了党员执行党的政策的自觉性和党支部的战斗力。从1965年至1976年，全县党的基层组织不断发展和壮大，由281个发展到593个，党支部由244个发展到541个，党员由3 487人发展到9 678人。

（二）群众团体的发展

斗门地区的群众组织在建县前从属于中山、新会，建县后，才成立了斗门县总工会、共青团斗门县委员会、妇女联合会、贫下中农协会等群众团体。当时正值"文化大革命"，因此没有召开专门的会议选举各团体的领导成员，只由县革委直接委任一些同志负责管理。"文化大革命"中，这些团体陷入瘫痪，以后才一个一个恢复活动。中国共产党第十一次全国代表大会召开以后，各群众团体的活动日益正常，发挥其应有的作用。在斗门县委的领导下，各群众团体动员和组织工人、青年、妇女和贫下中农，努力学习政治、技术和文化，维护国家和集体的利益，为建设社会主义贡献自己的力量。

一是组建斗门县总工会。斗门县总工会是党领导的工人阶级自愿结成的群众组织，是由斗门县内以工资收入为生活资料之全部或主要来源的体力与脑力劳动者组成，是党联系群众的纽带。斗门建县后，将全县原属中山、新会两县的基层工会组织接转过来，当时的基层工会有54个，会员有3 000多人。1966年11月6日，组建总工会，并着手发展基层工会组织。"文化大革命"时期，各级工会组织陷入瘫痪。1968年2月21日，斗门县第一次工人代表大会在白蕉糖厂召开，以解决"文化大革命"中的派别矛盾，促进斗门县工人阶级革命大联合。1968年12月至1973年7月，斗门县总工会被斗门县工人代表大会（简称"工代会"）

所代替。1973年3月22日至25日，斗门县工会第二次代表大会在井岸城县委招待所召开。这次代表大会的召开，有助于斗门县工会组织的建立和活动的开展，促进了工人内部的团结。1973年8月起恢复县总工会，工厂、企业单位的基层组织也随之恢复活动。

二是设立斗门县妇女联合会（简称"妇联"）。斗门县妇女联合会是党领导的，以工农劳动妇女和革命知识妇女为主体，广泛团结各界妇女的群众组织。斗门解放前，就曾发动广大妇女组织妇协会，组织开展反封建、求解放的斗争。中华人民共和国成立后，妇女组织带领广大妇女参加经济建设和各项政治活动，成为两个文明建设的"半边天"。斗门建县初期，有公社妇联组织10个、大队妇代会95个。1966年6月，设县妇联，县委指派干部负责妇女联合会工作。"文化大革命"开始后，妇联的组织瘫痪。1968年斗门县革委会成立时，指派了妇女干部负责管理有关妇女工作。1973年6月，斗门县第一次妇女代表大会召开，选举成立了斗门县妇女联合会第一届委员会，委员共35名。从此，妇联的活动逐渐恢复。

斗门各级妇女组织为解除群众的后顾之忧，进一步解放妇女劳动力，积极与有关部门配合，大抓托幼工作，关心儿童成长。斗门建县初期，全县有幼儿园50家、托儿所65家。在当时，托幼组织发展不平衡，农村忽视抓托幼工作。自1973年县妇女联合会第一届委员会成立后，托幼事业得到了快速发展。1974年，斗门县有托儿所345家，入托4 262人，保育员有710人，幼儿园也恢复至建县前的水平。此外，斗门县极为重视提高妇女的觉悟和能力，建县以来多次培训妇女干部，组织妇女参加学习，改变妇女干部低学历的状况，提升了妇女的素质。1975年，全县公社（农场）级大队（村）的妇女干部162人，其中高中学历4人、初中15

人、高小29人、初小49人、文盲65人。斗门妇女通过学政治、学文化、学技术，不但提高了自身素质，还为斗门老区后来的物质文明和精神文明建设做出了重大贡献。

三是组成斗门县贫下中农协会（简称"贫协"）。斗门县贫下中农协会是党领导下的由贫下中农自愿组成的革命的群众性的阶级组织。1950年至1954年，协会发动农民群众开展清匪反霸、减租减息、退租退押和生产救荒；贯彻合理负担，完成征粮任务；搞好土改分配，稳定生产秩序，发展农业生产，实行勤劳致富，改善农民生活；监改"四类"分子，加强人民民主专政；发动农民群众参加互助组、合作社，坚持走集体化道路。1954年农业合作化运动开始后，贫协的活动停止。1964年6月，为贯彻《中华人民共和国贫下中农协会组织条例（草案）》的精神，各区、乡相继筹建贫协组织，发动农民群众开展农村社会主义教育运动，提高他们的政治觉悟，办好集体经济，努力发展集体生产，共同走社会主义道路。

1966年9月，斗门县各人民公社共109个大队相继筹建贫下中农协会，会员共6 685人。到1966年末，贫协基本停止活动。贫协瘫痪后，由县农代会代替贫协。1968年2月11日，第一次贫下中农代表大会召开，成立了常设机构农代会。1973年12月29日至30日，召开第二次贫下中农代表大会，恢复了县贫协组织。此后，斗门县开展了整顿、健全贫协组织的工作，在公社、大队分别召开贫下中农代表会，选举产生公社、大队贫协委员会，并在生产队恢复贫协小组。通过贫协组织的活动，充分发挥贫下中农在农村工作中的骨干作用。

四是建立共青团斗门县委员会。共青团是先进青年的群众组织，是中国共产党的助手。中华人民共和国成立后，斗门县各级团组织在各级党组织的领导下，带领广大团员、青年积极投身民主改革、抗美援朝、巩固红色政权的斗争。在社会主义建设时期，组织了青年突击队，开展学雷锋活动，成为党的中心工作的生力军。1949年8月，斗门地区团组织诞生，起初团员只有几十人，1950年发展至500多人。1952年，中山县第八区、第九区成立团委。1965年6月，斗门地区的斗门、乾务、白蕉、平沙农场、上横、西安、大沙农场，共有团委6个、团支部141个、团员7 200人。

　　1965年7月斗门建县后，青年工作及共青团组织进一步发展，旋即开展了整团建团活动。8月，斗门县委指派"四清"工作团政治处工作人员负责共青团工作。1966年7月设立团县委，开展整团建团工作，各公社分别召开团代会，选举产生了公社团委，到年底发展了2 400名新团员，是年全县团员达9 600人。1968年初，全县建立9个基层团委，是年有共青团员9 300人。1970年在白蕉公社红卫大队开展整团建团的试点，推广整团建团经验，团的组织活动逐渐恢复。经佛山专区革委会批准，1972年1月斗门县召开第一次共青团员代表大会。会后，全县普遍开展整团建团活动，此次整顿后建立了新的团委，健全了团支部，发展了新团员，一批下乡知识青年入了团。3月，全县推广2个基层点的整团建团经验，建立了10个团委、376个团支部，办理退团1 177人。全县各级团组织开展"吐故纳新"工作，办理退团49人，发展新团员3 086人，共有团员9 795人。经过整团后，团员及青年的思想觉悟得到提高。1972年3月，广东省革命委员会推广斗门整团建团工作经验。1976年，粉碎"四人帮"后，全县共有团支部531个、团员13 017人。团员和广大青年积极参加新长征突击手活动，在"四化"建设中打先锋、当闯将，涌现出一批成绩显著的新长征突击手（队）。

艰难创业　发展生产

斗门解放初期，八区经济停滞不前，物资供应奇缺，投机倒把盛行。人民政府通过救灾度荒、国有商业吞吐物资、开展"三反""五反"运动等举措，帮助八区经济得到较大恢复。随后，八区大力宣传和贯彻党在过渡时期的总路线、总任务，积极稳妥地对农业、手工业和资本主义工商业进行社会主义改造，完成了由新民主主义到社会主义的过渡，使八区的经济获得了进一步发展。

一、恢复经济，稳定市场秩序

斗门解放初期，经济凋敝，物资短缺，投机倒把盛行，人民群众生活极为艰难。为迅速扭转这种被动局面，根据当时实际情况，人民政府采取了一系列经济政策和措施，促进了经济秩序的有序恢复。

（一）救灾度荒，打击投机倒把

斗门作为中山县的一个辖区，土地肥沃，农产品丰富，但农田水利设施落后，围堤破烂不堪，农作物靠自然大排大灌，加之受地理位置影响，自然灾害多发，人民群众的生产生活受到了极大影响。1950年春夏间，中山县出现严重的灾荒，其中八区是重灾区。为解决八区8.3万人的生活困难，八区委、区政府一方面依靠上级下拨钱粮，解决群众基本生活困难的问题；另一方面开展退租退押、清理公偿运动，采取生产自救、社会救济，包括允许借贷自由、互通有无并实行以工代账等措施。同时，政府还鼓励农民大力组织副业生产。斗门、乾务一带的老区各乡村都成立生产队，开展副业生产。这些措施使广大群众成功地战胜灾荒，农村经济得以恢复。

斗门解放初期，投机倒把盛行。投机商趁机掀起物价大涨风，囤积居奇，低买高卖。物价飞涨，人民苦不堪言。为此，人民政府采取各种措施打击投机资本，逐步掌握市场领导权。1950年，八区先后成立了珠江粮食公司、中山县人民政府粮食仓库、乾务仓库、珠江粮食公司乾务收购站和斗门综合收购站。1951年，八区设立了斗门、乾务物资供应站，及时供应一些重要物资，平抑物价。1953年，中山县八区供销合作社成立。在收购粮食、供应市场、平抑粮价的同时，由供销部门统一经营农民的粮食和生产生活资料，从而保证军需和民用，稳定了市场秩序。

（二）建章立制，端正经营方针

土地改革运动完成，农民的生产积极性空前高涨，农业生产快速恢复，人民群众的购买力随之提高，客观上促进了资本主义工商业的恢复和发展。但是，少数唯利是图的资本家违背国家的法规和政策，通过"打进去""拉出去"的手法，在党政军内部，特别是财政经济机关内部进行放肆行贿、偷税漏税、盗骗国家财产、偷工减料、盗窃国家经济情报的"五毒"活动。在他们的拉拢腐蚀下，干部中的贪污、浪费、官僚主义现象逐步滋生，对党和国家的发展造成了极大危害。为此，中共中山县委贯彻落实中共中央文件精神，1951年成立"三反"运动领导机构，要求县机关贯彻"自上而下、首长带头、层层下水、人人参加、发现重点、开展斗争"的方针。

1952年，中共中山县委又成立"五反"运动指挥部，中山八区委、区政府也成立了相应的办公室开展"五反"运动。八区的工商业主要集中在斗门墟、乾务墟和白蕉旧街，全区共有小型粮食加工厂5家，手工业作坊、商店100多家，还有为数不少的行商、摊贩、货郎担。领导组织、鼓励群众积极行动起来，查"五毒"，揭发不法行为。在人民群众的积极参与下，工商业主纷纷修订计划、规章制度，端正了经营方针和作风，促进了经济的发展。1952年10月，"三反""五反"运动结束。

（三）贯彻过渡时期总路线，试办初级农业合作社

1953年6月，国民经济恢复时期的各项任务基本完成。中共中央向全党、全国人民提出了党在过渡时期总路线："在一个相当长的时期内，逐步实现国家的社会主义工业化，并逐步实现国家对农业、对手工业和对资本主义工商业的社会主义改造。"

中共八区、九区委员会认真贯彻党在过渡时期的总路线，组织干部群众学习宣传总路线，使总路线深入人心。从1954年开始，八区、九区的区委、区政府就抓农业的社会主义改造问题，组织办社专职干部下乡发动群众，推动生产联组向初级社过渡。八区委以大沙田区的灯笼沙为试点，成立了斗门地区第一个农业初级合作社。接着，第二初级社、红灯初级社、五一初级社先后成立。灯笼沙的初级农业合作社成为示范区，区委总结了他们的经验，逐步向全区推开。随后，八区、九区对手工业、私营工商业的社会主义改造也逐步铺开。与此同时，八区委根据中共中央和国务院的指示，于1953年冬制定了粮食统购统销政策，实施计划经济。八区、九区政府组织干部和群众开展查田定产、民主评议计征工作，为统购统销做铺垫。

二、合作办社，完成经济改造

1953年元旦，中共中央通过《人民日报》向全国人民宣布，中国开始实行第一个五年计划，这标志着社会主义经济建设的开始。在建立社会主义制度过程中，斗门地区根据党在过渡时期总路线和总任务要求，积极对农业、手工业、资本主义工商业等进行改造，在短时间内基本完成了"一化三改"任务，实现了由新民主主义制度向社会主义制度过渡的伟大社会变革。

（一）开展农业社会主义改造

20世纪50年代，中国是个农业大国，农业人口占总人口的90%以上。社会主义生产资料私有制的改造，首先从农业开始。1953年春，中共中央正式公布了《关于农业生产互助合作的决议》。12月16日，中共中央通过了《关于发展农业生产合作社的决议》，这个决议总结了党领导开展互助合作运动的经验。灯笼沙率先成立全区第一个互助组，至年底八区常年互助组发展到200多个，临时互助组600多个，农户达3 700多户。1954年春，中山县召开三级干部会议，公布组织互助组、合作社的计划；中共中山县委下达了关于整顿、提高、巩固、发展互助合作组织的一系列指示和文件。1954年3月，灯笼沙又率先成立了斗门地区首个初级农业合作社。随后，灯笼乡的红灯农业合作社、五一农业合作社等先后成立，从而掀起了如火如荼的建社高潮。1954年底，斗门地区除了办起大批合作社外，互助合作组织的覆盖面积也达57%，农村经济组织信用合作社也先后成立了25个。

为贯彻中共中央的决议，包括老区在内的斗门地区农业生产合作社开始由初级社向高级社发展。1956年6月，国家主席毛泽东批准公布了《高级农业生产合作社示范章程》，要求农村组织成立高级合作社。斗门地区党委和政府分别召开了以并社、整社、升社为主要内容的三级干部会议，决定在短期内把为数极少的单干户、互助组纳入初级社，再把初级社合并为高级社，全面实现农业合作社高级化的目标。早在1956年1月，灯笼乡就成为中山县首批15个社会主义性质的高级农业合化社之一。在高级社典型的引导和示范下，1956年底斗门地区依据中共中央会议精神开始实行整风整社工作。经过小社并大社的合并扩大后，斗门地区成立了120个高级农业合作社，98.8%的农民都参加了高级社，提前完成了以单一公有制和集体经营为目标的农业社会主义改造。

斗门地区的农业社会主义改造，从1953年成立互助组开始至1956年末结束，历时4年完成。斗门地区农民实现由互助组、联组、初级社直至高级社的发展过程，完成了"生产资料集体所有""按劳分配"的生产关系的改造，使农民走上了社会主义道路，调动了农民的生产积极性，为社会主义建设奠定了良好的物质基础。这对于手工业和资本主义工商业的社会主义改造，对于促进农业和整个国民经济的发展，都具有重要的历史和现实意义。

（二）开展手工业社会主义改造

斗门解放后，斗门地区的工业以一家一户手工业为主，产品仅限于一般的农业生产和日常生活用具；整个地区手工业78户，从业人员169人，业主122人，学徒81人。1952年"五反"运动结束后，党和政府对正当经营的手工业实行加工订货、统购统销，手工生产迅速恢复和发展。但是，斗门地区手工业存在许多缺陷和困难，如规模小、资金短缺、设备简陋、技术落后等。要改变这种状况，就必须变革生产关系，引导其走合作化道路。1954年，斗门地区对手工业进行了普查登记。1955年春，斗门地区办社人员对手工业者进行了深入细致的思想发动工作和组织工作，按照自愿互利原则和从低级到高级的过渡步骤，既尊重手工业者的意愿要求，又按条件和步骤发展，成功地进行了手工业的社会主义改造。1956年，斗门地区成立了手工业联社，从而基本上实现了全区手工业生产资料私有制的社会主义改造。

（三）开展资本主义工商业社会主义改造

1950年，斗门、乾务、白蕉共有固定商店130多家，从业人员有400多人，主要经营生产资料、生活用品和卫生用品。1950年，斗门区委、区政府根据中共中央指示和《共同纲领》规定，针对私营工商业经营弊端进行整治。1954年春，斗门地区政府成立了资本主义工商业改造领导小组；对批发商，贯彻"统筹兼顾，逐步代替"的方针，能转业的转业，不能转业的给予代理；对零售商，根据"转变性质，维持下来"的精神，以经销批购代销方式将其改变成国家资本主义零售店；对进出口商，组织他们联购联销，下乡收购代购，利用他们的关系和资金，扩大出口，争取外汇，引导他们走国家资本主义道路；对代理商，由国家成立交易所代替他们的业务；对工厂，在原来加工订货、代购包销的基础上，进一步协助他们全面加强计划管理和技术管理，根据需要组织联厂并厂。1955年，斗门地区120多家私营商业改造成公私合营商业，1956年初再被改造成国营企业。至此，斗门地区贯彻落实党的和平赎买政策，将资本主义工商业经由国家资本主义形式改造成全民所有制的国营经济，走完了从新民主主义到社会主义的必由之路，为社会生产力的发展开辟了广阔的前景。

三、调整政策，开展"三学运动"

针对"大跃进"、人民公社化运动及自然灾害给国民经济带来的严重困难，中共中央决心纠正错误、调整政策。1961年1月，中国共产党八届九中全会召开，决定对国民经济实行"调整、巩固、充实、提高"的八字方针。从1961年春起，斗门地区对贯彻落实八字方针进行全面部署，对经济体制、各部门、各企业内部关系进行调整。在贯彻党的八字方针中，尽管遇到了

"左"倾思想干扰，斗门地区坚持把主要精力放在调整国民经济、恢复发展生产上，坚持广泛深入地开展农业学大寨、工业学大庆、全国学人民解放军的运动。同时，在发展生产过程中认识到了造林绿化的伟大意义，开展了轰轰烈烈的黄杨山"万人造林大会战"。全县的林业、工农业生产和各项社会事业取得了一定成效，人民生活得到改善，国民经济实现好转。

（一）工农商调整

一是农业调整。斗门地区按照"有利生产、有利经营管理、有利组织生活、有利团结"的组织原则，首先进行社队规模调整，缩小人民公社、生产大队、生产队的规模，明确人民公社各级代表大会和社员大会制度及代表任期，明确三级管理委员会的职权；同时采取"三级所有，队为基础"的核算，生产队有了自主权，精简了机构，实行"三自一包"（自留地、自留市场、自负盈亏和包产到户），大大恢复了农民们的生产积极性，农业生产重新焕发了生机。

二是工业调整。根据1961年9月中共中央颁布的《关于当前工业问题的指示》和《国营工业企业工作条例（草案）》，1961年冬斗门区、社党委制定了本地区工业调整的计划措施，除保留少量与当地生活生产联系密切的粮油加工业外，对农具修配、造船、肥料等工业做了相应调整。斗门地区主要分三个阶段进行：调整原有工业布局，对部分企业

斗门县农机二厂

实施关、停、并、转、缩，发展制糖工业；加强管理，对保留下来的企业实施"五查"（查生产能力、查产品质量、查定额、查责任制、查材料损耗），建立岗位责任制，进一步落实按劳分配原则，激发工人生产积极性；开展增产节约运动，掀起生产新高潮。农机厂、农机站等农业机械部门应运而生，大力支援农业生产，也为农村培训出了大量的技术人才。

三是针对其他行业的调整。1962年9月27日，中共八届十中全会通过了《关于商业工作问题的决定》。斗门结合本地区内各公社及墟镇的实际情况，对财贸工作的多项政策进行了调整。决定坚持"统筹兼顾、全面安排"的原则，坚持为农业生产服务，保证完成以粮油为中心的农副产品收购任务，同时管好初级市场，允许大队、生产队在粮、油、猪及"三鸟"在完成国家任务后可到市场销售等，这使得斗门地区经济有了一定的好转。随着粮食增产，畜牧业的发展速度也加快了，居民和社员吃肉难的问题也得到一定的解决。同时，斗门地区还对科学、教育、文化政策进行了调整，使得党和知识分子的紧张关系得到缓和，工作秩序得到恢复，使科学、教育、文化等行业逐步发展。斗门地区的政策调整后成效显著，绝大多数基层的大队干部及生产队干部，能相对大胆地放开手脚工作，尤其是那些曾在整风整社等政治运动中熬过批斗的干部，也能够心平气和地投入到工作中。

（二）"三学运动"在斗门

一是农业学大寨运动。农业学大寨运动是20世纪60年代开展的一场重要运动。1964年，中国农业面临着一系列难题，3月底毛泽东在听取山西省委第一书记陶鲁笳汇报大寨人战天斗地改造山河的事迹后，终于找出了答案。毛泽东从"反修防修"的高度，发出指示：农业学大寨。1965年，斗门县六乡公社南澳大队开始农业学大寨群众运动，修筑一条高约2.7米、宽2米、长约

20世纪70年代初，斗门县开展移山填海农业学大寨群众运动

2 666米的防山洪大堤，加高培厚江海围堤8千米，疏通挖深了2条中心大河，新开排灌河12条，建电排站4座，基本解决了涝灾的危害，为全县树立了榜样。

1968—1970年，斗门县革委会发动群众战胜了旱、涝、风、虫、咸等严重自然灾害，农业生产获得了大丰收。

1974年，全国农田基本建设座谈会召开以后，斗门县大搞农田基本建设，努力改变生产条件。1975年，是斗门县农业学大寨的决战阶段。继全国农业学大寨会议后，斗门县委贯彻会议精神，组织700多名干部深入基层组织群众学习，并制定了具体的指标和措施。为了加快改变斗门农村的面貌，1976年中共斗门县委派常委到农村去蹲点，实现了四个大变革。一是水利大变革。全社冬春水利大会战动员了70%的劳动力，攻下了3项老大难水利工程；开新河、疏旧河长达29千米，维修加固山塘2个，筑水闸1座；加高培厚海堤15千米，整治围内水利21 000多亩，占总面积的60%。二是积肥改土大变革。通过积制肥料、种绿肥、深耕双犁晒白、叠泥垄等有效措施，全社当年70%的水稻面积实现亩亩有基肥。三是种子大变革。全社60%的水稻面积插植优良品种。四是生产季节大变革。全社办田、插秧都比过去提前了季节。这四大变革让全社出现了六个"超历史"：水稻亩产770斤，比此前历史最高的1974年增加80斤；甘蔗亩产3.76吨，比上年增加9.6%；黄豆、花生产量超此前历史最高产量；社办经济总收入比上年增加36.8%；社员人均年分配达127元，比上年增收33元；生猪和其他多种经营也有较大的发展。在大寨精神的鼓舞下，斗门县各行各业着力抓好支农重点项目，打好总体战，在农田基本建设上取得了显著的成效。直到中共十一届三中全会召开后，斗门县轰轰烈烈的农业学大寨群众运动才结束。

二是工业学大庆运动。工业学大庆运动是1964年中共中央对全国工业战线提出的号召。中央号召开展工业学大庆运动，主要是要求学习大庆自力更生、艰苦奋斗的精神，以推动全国工矿企业和社会主义建设向前发展。1970年前，斗门县的工业学大庆运动，是以厂矿企业学习为主，其中比较突出的有白蕉糖厂。1971年，斗门县新建了水泥、五金等厂，完成了农机一、二、三厂扩建工程，基本上完成了装备8个公社农机修配站的任务，炼铁生产初步成功，生产了烧碱、酒精、葡萄糖等新产品，并开采了非金属矿材。1972年4月22日至28日，斗门再次召开了全县工业学大庆会议，要求重点打好五个"歼灭战"的目标：一是在增加农机具生产的同时，把现有农业机械管好、修好；二是抓好维修农艇和新装农艇；三是大打挖泥船"歼灭战"；四是打好水泥厂的"歼灭战"；五是打好办电"歼灭战"。到1976年，全县24家企业利润达到20万元，比1975年增长30%。斗门县工业学大庆运动为县内地方工业的发展打下了基础，直到1978年全党工作重心转移，工业学大庆运动才暂告一段落。

三是全国学人民解放军运动。1970—1971年，斗门掀起农业学大寨、工业学大庆、全国学人民解放军的热潮。斗门县在开展学雷锋活动中邀请全军学习毛泽东主席著作先进典型、白藤部队黄祖示做报告，各机关部门在会后出现了大做好人好事的情形。城乡各单位、村组织军事训练和野营拉练，驻地部队也开展各种拥政爱民活动，深入公社、大队、生产队帮助春耕，边训练边支援农业生产，谱写了一曲曲拥政爱民、拥军爱兵的军民鱼水情的赞歌。

（三）黄杨山"万人造林大会战"

针对广东省提出10年内各地要做到木材自给的要求，以及斗门县境内木材缺乏的现状，1970年9月，斗门县召开县革委会成员会议。会议研究决定将1971年定为斗门县造林绿化年，计划造林绿化7万亩，培育各种树苗400多亩，力争在三五年内全县基本绿化，10年内木材基本自给。黄杨山为珠江门户第一峰，山地面积为48 000亩，宜林山地有45 000亩，已造林仅占黄杨山的三分之一。会议要求抢在春耕大忙之前，充分发动群众，高度集中劳动力，打一场绿化黄杨山的造林大会战。大会战分2个战役、8个战场进行。第一个战役是春节前在黄杨山开展植播松林大会战，完成种松造林5万亩；第二个战役在春节后进行，种植杉树、桉树、果树、竹子和搞好公路绿化、围堤的植树绿化。

1971年1月18日晚上，斗门县革委会召开全县广播大会，开展造林绿化的大宣传和大发动，动员广大群众学习相关林业政策，纠正"重短轻长"的思想，接受造林任务。1月20日清晨，绿化黄杨山大会战打响。天还未亮，斗门、白蕉、坭湾3个公社和县机关各单位共21 000人，在县革委会等的带领下，兵分四路，高举队旗，肩扛锄头、松种、干粮，浩浩荡荡奔向黄杨山。此后一连3天，全县出动造林大军58 552人次，突击完成植播松林47 460亩。其中斗门公社2天共出动13 357人次，造松林11 041亩。

1971年，斗门县著名的黄杨山"万人造林大会战"

县属机关、学校、工厂、企事业单位的干部、职工一起参加鹤兜山的大会战，共出动956人次，造林1 151亩，超过原计划造林730亩的57.7%。

黄杨山造林大会战结束后，县绿化造林指挥部又在全县范围内掀起第二个造林高潮，出动了12 000多人，完成造林10 320亩，完成种树40多万株。白蕉公社除发动群众参加大会战造林外，还组织临时专业队100多人在山头驻扎，4天完成880亩。黄杨山造林大会战，在斗门的林业史上是一次成效显著的造林，对斗门县林业的发展起到了很大的促进作用，奠定了斗门县林业发展的基础。但通过时间的检验，这次大会战也有不尽如人意的地方，在一定程度上造成了人力与物力的浪费。

四、发展糖业，"甜县"称号远扬

斗门种植甘蔗，历史悠久。斗门地区制糖始于20世纪30年代初，由于当时战乱频繁，加上蔗味带咸苦，难以销售，制糖作坊相继倒闭。1955年5月，兴建平沙农场，确定"以糖蔗为主"的经营方针。1956年平沙农场共种植甘蔗2 049亩，占斗门地区糖蔗总面积的56.7%。斗门的糖蔗亩产2.91～3.32吨，所产蔗均供中山、江门、南海等地糖厂，但蔗味带苦咸，常被拒收。为解决甘蔗出路，1962年广东省农垦厅将湛江农垦局所属徐闻县华丰糖厂的350吨/日成套制糖设备调给平沙农场，建成平沙糖厂。平沙糖厂1964年2月10日正式投产，生产白砂糖，这是斗门地区现代制糖工业的开始。

斗门极为重视糖蔗经济区的创建，先后建成平沙、乾务、上横、西安、斗门等蔗区。为解决大沙田区咸旱严重、粮食低产和农民生活贫困问题，1964年中共广东省委批准乾务公社稻田改种甘蔗1万亩，以增加农民收入。此经验推广后，是年斗门地区种

斗门建县初期糖蔗吊装码头

蔗5.6183万亩。同年6月，中山县人民政府委托轻工部广州设计院设计，于1965年2月建成日榨蔗500吨的白蕉糖厂。

1965年斗门建县后，斗门逐渐成为广东新兴的蔗糖生产基地，糖蔗生产逐步发展。1965年斗门县糖蔗种植面积达6.544万亩，占全县耕地面积的16.1%，全县日榨蔗能力达1 700吨。制糖业奠定了斗门县工业发展的基础，成为财政收入的支柱。到1971年，斗门县种植糖蔗8.0961万亩，亩产3.05吨。在此期间，斗门县根据糖蔗生产中存在的问题，因地制宜采用良种，推广先进技术，最终达到了提高糖蔗产量的目标。在糖蔗栽培方面，主要推广和改革了以下几项技术：一是推广良种；二是改革植期，大力推广秋植甘蔗；三是推广水旱轮作，改革栽培制度；四是改革排灌系统，推广机械开沟等。由于广大农民尝到了发展糖蔗的甜头，便扩大种植面积，糖蔗产量显著上升。1972年春，佛山专区革委会指示斗门县禾田改种糖蔗3万亩，当年全县的糖蔗面积达11.4695万亩。1975年平沙糖厂扩展至日榨蔗2 000吨，至此，全县日榨蔗能力达2 950吨，成为广东省重点产糖区之一。斗门地区的糖蔗生产带动了工农业经济的发展，提高了农民的收入，也为以后斗门县发展以糖蔗为主体的商品化农业和以糖化为中心的轻工业打下了基础。斗门也因此被誉为全国闻名的"甜县"。

兴修水利　基础建设

斗门昔日芦苇丛生的荒滩，曾被称为中山和新会的"西伯利亚"。中华人民共和国成立后，在党和人民政府的领导下，斗门人民遵照国家的治水方针政策，根据斗门的地理条件特点，先后开展了围垦造田、联围筑闸、移山堵海等大规模的水利建设，以发展生产。此外还兴修公路，大办交通建设，以方便人民群众的日常生活。自1965年国务院批准成立建制县后，斗门人民更加意气风发，斗志昂扬。尤其是在白藤湖的综合治理中，经历了"沧海变桑田，桑田变乐园"阶段，为以后创办闻名遐迩的白藤湖农民度假村打下了基础。

一、滩涂围垦，扩大耕地面积

斗门县位于珠江口西岸，河网密布，径流丰沛，输沙量大。这里河海相连，咸淡水相混，形成大面积泥沙堆积，促使口门海滩逐步淤高、延伸。从明清开始，经过不断围垦，斗门的陆地不断扩大，人口和村庄逐渐密集起来。1949年后，斗门县的围垦事业步入了一个新的发展阶段。斗门人民通过滩涂围垦，扩充了生存空间，也拓宽了斗门的陆地平原。从1949年至"文化大革命"期间，斗门的滩涂围垦按经济性质划分，主要分为集体投资和政府投资。

集体投资的是以公社、生产大队为单位，采用人海战术，或联合或单独进行的小规模围垦工程，老区人民也积极参与其中。从农业合作化至"文化大革命"期间，各镇完成的主要围垦工程有斗门镇南门村大围、北大围面积共900亩，沙仔围面积300亩，小濠涌村的北围、散壳围、乌召朗围面积共1 100亩，大濠涌村的大王角面积500亩。五山镇马山村在江湾冲围垦400亩，荔山村在大冲、时丰冲一带围垦230亩，虎山村共围垦400亩，新村、三里、南山村联合在大虎围垦200亩。六乡镇、白蕉镇和井岸镇的围垦工程集中在1964年至1971年之间，其中大小黄杨四清围在1964年完成，当时正值"四清"运动，故称四清围。在这一时期国家对滩涂的围垦政策是"谁开垦，谁受益"。由于客观条件的限制，当时完成的围垦工程滩面高程较高，堤线离岸较近；在青壮劳动力多的自然村围垦面积较多；围垦的规模较小，大多在200～300亩之间。

政府投资的是有规划、有目标地进行的规模较大的围垦工程。这一时期，由国家投资在斗门县境内完成的围垦工程主要有平沙农场和红旗农场两大围垦工程。平沙农场位于斗门县南端。1949年前，斗门地区的滨海地带仍是一片荒滩，杂草丛生，人烟稀少，是强盗出没之地。1955年5月由广东省投资建场，称国营平沙机械农场，后易名广东省国营平沙农场，其后又改为广东省国营平沙华侨农场，是广东省最大的华侨农场之一。1965年斗门建县前，平沙农场完成平沙垦区和南北水垦区，共计17 160亩。斗门建

磨刀门与原坭湾门2万亩鹤洲北垦区

县后，先后完成了东风围垦区、前锋围垦区，大大增加了土地资源。红旗农场位于井岸镇东南9千米处，原是中国人民解放军某部队的生产基地。1962年部队进驻白藤、小霖、三板，垦成八一大围和军建大围。1969年11月部队调离后由中共佛山地委接管，成立国营红旗农场，1973年归属广东省农垦局后易名为广东省国营红旗农场。1974年进行大林、红东围垦工程，共围垦4.2966万亩，其中可耕地为2.6666万亩，成为斗门县的糖蔗和水产养殖基地。

斗门县属的除平沙农场和红旗农场万亩以上的垦区外，有7宗少于万亩的工程共4.568万亩，其中面积较大的垦区主要分布在磨刀门海区和原坭湾门海区。1971年2月，斗门县开始整治白藤湖，至1975年共围垦湖内滩涂3万亩，其中可耕地2.3万亩，为以后开发白藤湖农民度假村奠定了基础。这些垦区现已成为斗门县的农业基地，改善了居民物质生活条件，并为此带来了可观的经济效益。

二、联围筑闸，建水电，利生产

斗门地处亚热带，温和多雨，地貌形若龟背，中部丘陵隆起，10条主干水道纵横交错，地形面积比例为二山三水五分田。斗门的水资源和滩涂资源十分丰富，具有潮排潮灌之利，但也有洪涝潮为害和旱咸为患。斗门四季饱受"冬春旱咸夏秋涝"之苦，正是"几回旱涝使人愁"。中华人民共和国成立之后，在中国共产党和人民政府的领导下，针对"洪潮涝咸旱"，斗门地区实施全面规划、分期治理，展开了一场以防治"洪潮涝"为中心兼治"咸旱"的斗争，建造了一批闻名遐迩的水利工程。

1950—1965年，斗门地区主要分四期治水。

（一）1950—1952年是斗门地区的防洪复堤期

为做到一般洪水不溃堤，恢复农业生产，斗门人民在修复巩固千疮百孔的堤围的基础上，兴修小型水闸水陂，使粮食亩产直接从1949年的59千克增至1953年的100千克。

（二）1953—1957年，水利建设以联围筑闸工程和兴建机排站为主，并开始蓄水工程建设

1953年冬，开始联围筑闸，斗门的老区乾务、赤坎、五山等地也先后建造了一批工程。三沙、上横、横山、白蕉、乾务等联围先后动工完成，其后横山扩展成赤坎联围。1953年12月动工的上横谦益水闸是斗门县最早动工的小水闸，随后耕管、福安、广丰等小型条石结构水闸相继动工。为了解决排涝，上横三沙机械排水站于1953年9月动工，成为斗门最早兴建的机排工程；到1955年，西安和上横先后修建了16座机排站。1954年秋，首建斗门区小濠涌南坑山塘。斗门地区贯彻"防洪为主，结合防旱"的治水方针，开展蓄水工程建设，筑塘库、建陂头、开河沟，在这期间共兴建了14宗小型山塘水库，其中小（一）型2宗。二期治水后，1958年的粮食亩产增至135千克。

（三）1958—1960年为水利建设大发展时期

斗门人民积极参加水利建设，兴建了白藤堵海工程、乾务水库；续建了白蕉、赤坎联围；修建小型山塘水库25座。这为斗门解除"洪潮涝咸旱"五害打下基础，斗门老区的生产生活条件也得到了很大改善。1958年8月，中山、珠海两县联合成立中珠白藤堵海防咸工程指挥部，共组织10 000名青壮年民工、3 894艘农船，全面拉开了一场规模宏大的白藤堵海防咸工程战役。白藤堵海后，堤内形成了一个30平方千米的串湖，因邻近白藤山，故称白藤湖。白藤堵海使得当地十几万亩农田大大获益，既减少了咸水和咸潮的危害，也减轻了暴潮和台风的威胁。但是，由于在

"大跃进"时期匆忙施工，缺乏必要的论证、勘测和规划，白藤堵海改变了自然生态环境，减弱了农田自流排灌能力，扩大了农田涝渍范围，对周边地区的农业生产产生了不利

1973年白藤湖围海造田工程指挥部人员研究部署治水工作

的影响。为彻底消除白藤堵海的遗留问题，斗门县通过水利专家和技术人员的研究论证，最后确定采纳"河湖分家，破堤建闸，湖内整治"的治理方案。为此斗门县专门成立了白藤湖治理工程指挥部。1971年2月，在指挥部的领导下，一场浩大的治湖工程开始动工。来自白蕉、六乡、坭湾、乾务的800多名民工齐集白藤湖，兵分三路投入治理白藤湖的战斗：一路破堤建闸——破东堤建大水闸；一路进行湖内整治，在湖内挖一条东西向，宽3米、长4.4千米的主排河（后命名为幸福河）；一路进行河湖分家整治，在原坭湾门与鸡啼门交汇处的白藤湖西部湖上，修建一条长5.8千米的外江大堤。1974年9月，担负着92.8平方千米灌溉任务、全长151米的大型浮运大闸——白藤大闸正式建成。成功治理白藤湖，是斗门县人民堵海卫家园的一大壮举。从此，白藤湖就有了"沧海变桑田"的历史巨变，也为日后"桑田变乐园"奠定基础。

（四）1961—1967年是电力排灌工程大发展时期

为了彻底解决大沙田地区涝渍问题，斗门地区大办电排工程，在上横、西安将机排改成电排；经过几年的努力，先后完成五期电排工程建设，共计建成150座7 789千瓦的电动排灌站。同时，这一时期为改变农业生产条件、解除旱咸威胁，1964年3月

1967年9月竣工的五山引淡防咸电灌站

开始动工当时全省规模最大的电力提水灌溉工程——五山引淡防咸电灌工程。工程起点（抽水总站）在南门冲口，途经小濠涌、大濠涌的石角围、乌召朗围、六合围，大体沿着虎跳门水道左岸向南延伸至大濠涌山嘴，穿越五山片的江濠、新埠头、沙龙、石门、李树等多条天然河涌，直至终点——平沙农场的沙美水闸。其设计受益面积达4.8万亩，其中五山3.7万亩，平沙1.1万亩。1967年9月，该工程基本竣工并投入使用。这项工程的建成，改变了这一地区过去苦咸苦旱的恶劣条件，使农产品产量持续上升，人民物质生活得到一定的改善。因此，五山引淡防咸电灌工程也被称为斗门县的"红旗渠"，是斗门人民自力更生、艰苦奋斗精神的具体写照，也是斗门水利史上一段令人难以忘怀的辉煌史。这一时期，除兴建新工程外，还疏挖白蕉联围界河，续建乾务水库，继续联围筑闸工程。

在"文化大革命"的曲折发展时期，斗门仍然坚持实施治水方针，兴建了大型浮运沉放的白藤水闸，完成白藤湖综合治理；修建乾务水库、乾务大涌中型水闸；进行乾务水库灌区配套建设及总干渠防渗工程；修建西安大泵站以及五山引淡防咸电灌站，全区开展围内排灌系统整治等，治水成效显著。

三、兴修公路，改变孤岛困境

中华人民共和国成立以前，斗门地区交通运输业落后。1930年，境内公路只有斗门至乾务、斗门至大赤坎2条级外公路，全长20余千米。水运有斗门至江门、斗门至石岐、乾务至澳门3条客运航线。斗门建县前，仅有的20余千米公路，均为沙土路，雨天不能通车。自行车是当时斗门区域陆上的主要交通工具。1952年，斗门、乾务有3个自行车运输站。1957年，修建麻斗公路，建造外沙、赤坎汽车渡口。1958年，斗门至石岐全线通车，是斗门首次与县城石岐通车，促进了工农业发展，方便了群众。

1965年斗门建县之初，开始对路面进行改建。路面的铺筑，由低级向中级、次高级和高级的方向发展。陆续开展交通建设，井岸至斗门、斗门至乾务等多条县道和斗门至新会线路等修建完成，老区的交通状况也随之改善。1966年，全县境内通车里程80.5千米，其中省道公路52.3千米，县道公路18.5千米，乡村公路9.7千米。1966年8月成立斗门县交通局，下辖地方公路站、交通管理总站、航道管理站，以稳定社会运输市场。1967年，斗门县汽车站成立，以井岸镇为总站，设有斗门、乾务2个分站，将县内零星短途公路运输连接成网。20世纪70年代，斗门县继续增加交通设施，部分路段开始采用机械工具来加强公路的修建和养护，改弯降坡，发展乡村公路，使车辆行驶平稳、安全。

斗门河流如网，四通八达，便于发展航运业。尤其是斗门县成立以来，航运业得到较快发展。1965年成立了白蕉港务站和水运联社，水上运输有所发展，部分船队开始使用机动船和水泥船，货运量达15万吨。1966年以后，先后新开井岸至广州、江门、石岐等定期轮渡。20世纪70年代，斗门县船舶数量逐年增加，并成立了县水运公司，扩大船舶维修厂，增加一批水泥船舶和机动船；同时开发疏浚支流航道100多条，其运输量每年以10%的幅度递增。

社会事业　方兴未艾

　　中华人民共和国成立以后，社会事业的发展也被提上日程。斗门县委、县政府始终关心群众教育、医疗、文化等基础设施的建设发展，致力于为群众谋求更多的权利。尤其是斗门建县后，教育的地位随着认识的加深日益提高；卫生医疗事业日趋进步，人民生命健康有了保障；文化事业繁荣发展，大大丰富了斗门人民的精神生活。这一时期，斗门地区的县城建设和精神文明建设呈现出持续发展的局面，斗门人民的生活条件和生活水平也得到了明显的提高。

一、办校扫盲，提高群众素质

　　从1950年开始，斗门地区的军管会派出军事代表接管了国民党遗留的农村学校。接收后通过一系列的整顿工作，斗门地区的小学入学人数增长了28.5%，但青壮年文盲仍占青壮年总数的70%。20世纪50年代，随着国家第一个五年计划的实施，中国教育事业得到了快速发展。1956年斗门老区开始集体（民办）办学，除了扩大斗门初级中学外，还增设了乾务初级中学。到1959年，斗门的教育事业初具规模，小学普及率达到了70.9%。与此同时，农民业余扫盲工作掀起热潮。当时中山、新会两县县委十分重视扫盲工作，召开全县誓师大会，推广先进单位经验，各地党委采取"能者为师，包教保学"的办法，动员教师、学生、机关干部、职工上门包教，出现了子教母、夫教妻、孙教爷的动人事例。斗门公社大赤坎的扫盲经验得到了中山县委的重视，并在全县推广。"大跃进"后，斗门地区根据实际情况调整了中学规模，部分中学教师下放到小学任教，精简了教师队伍，建立了正常的教学秩序，提高了教学质量。自此，学校的教学秩序一直稳定到1966年。

斗门县成立后，在1966年8月设立了斗门县文教局。1968年，在斗门中学开办了高中。从此，斗门地区有了高中教育，初中毕业生的升学由县内解决。"文化大革命"开始后，学校教育也发生了急剧变化，由贫下中农（工人）管理学校，兴办了小学附设初中班，小学教育和高中教育得到发展。到1976年，全县已有10所独立的高级中学，学生有3 288人，是建县初期高中学生人数的13倍。"文化大革命"时，斗门地区先后出现"停课闹革命""复课闹革命"，并掀起改校名的风潮，教育体制包括领导体制、学习年限、教学方法、课程设置、教学内容、考核制度等都做了大的变动。同时，不少教师被揪斗，人为地造成师资力量严重不足，导致教育质量严重下降，人才出现断层。

二、医防融合，保障人民健康

1949年前，斗门地区缺医少药，只有10余家中药店。农民看病极不方便，偏远地方的农民往往求医无门。1951年9月，斗门卫生所建立。1952年5月，斗门老区乾务卫生所建立，这为保障老区人民的健康提供了条件。是年，县、区、乡三级医疗卫生保健网络逐步建立。1955年，斗门地区在斗门、乾务、白蕉、月坑、南山等地发动和组织个体执业医务人员50多人建立10多个联合诊所。是年下半年，全县加强了党对卫生战线的领导，成立了各种医疗协会，培养了一批不脱产的保健员。1958年新组建的人

斗门县人民医院

民公社设有管理委员会，下设文教卫生部。

建县后，斗门着力建立医疗防治网，医疗卫生队伍日渐扩大，卫生面貌有了巨大变化，群众健康水平有了很大的提高。1965年全县有斗门、白蕉、乾务、上横、西安5所公社卫生院和大沙农场等53所队一级的卫生站，有医务人员294人，其中医生131人。当时，斗门地区医疗设备非常简陋，仅斗门、白蕉、上横、乾务4所卫生院能配合临床做一些常规检查。1965年下半年，斗门县卫生防疫站成立，开始全县的卫生防疫工作；10月，斗门县开始筹建县人民医院；11月，组建斗门县卫生局。同年，斗门县培训了第一批赤脚医生97人，全县有24个大队首先建立村卫生站。1966年，建立六乡、五山、坭湾卫生院，公社卫生院增至8所。1967年，斗门县人民医院建立，同时各大队也设立了合作医疗站共115所，医务人员增至774人，其中医生195人，另有赤脚医生344人。同年，开始兴办农村合作医疗。1968年，斗门县革委会从方便管理角度考虑，增设人民卫生服务站，包括人民医院、计划生育服务所、防疫所、保健所。1970年，成立斗门县除害灭病领导小组，由县革委会副主任及有关部门领导共10人组成，统管除害灭病、爱国卫生计划生育等工作。此外，斗门县十分注重医疗队伍的建设，从1966开始，每年选送一批卫生技术人员到省、地、县医疗单位和医学院进修，提高医疗队伍质量。

斗门建县后，农村医疗事业的发展也很快。毛泽东时期的"赤脚医生"曾被国际组织誉为"发展中国家群体解决卫生保障的唯一范例"。在当时根据国家卫生部关于认真抓好合作医疗管理和赤脚医生的教育培训工作的要求，中共斗门县委于1965年培训了第一批赤脚医生97人，当年全县有24个大队建立了村级卫生站。1967年后，解放军医疗队又帮助举办短期训练班。自此，卫生站和赤脚医生人数逐年增加，至1976年，全县108个大队全部建立了卫生站，赤脚医生发展到296人。此外，1967年农村合作医疗也兴办起来。1975年在队办的基础上，实行社队联办。从斗门县当时的情况来看，当年的赤脚医生还是普遍受群众欢迎的，虽然他们没有洁白的工作服，常常两脚泥巴、一身粗布衣裳，但却有最真、最纯、最热的为人民服务之心。朴素实用的治疗模式，也满足了当时农村大多数群众的初级医护需要。

三、文化宣传，丰富老区娱乐

中华人民共和国成立后，党和政府逐步建立各种文化阵地设施，组织群众开展各项文化娱乐活动，老区人民的娱乐生活逐渐丰富。1949年，八区委设立宣传委员，负责宣传和文化工作。1953年春，中山县文化馆正式成立，同时派文艺辅导干部到农村开展文化艺术的宣传辅导工作。随后，各乡各村都成立了文娱组。他们通过唱革命歌曲，演传统粤剧和健康向上的现代小品，不断丰富人们的文化娱乐生活。斗门、乾务等重点墟镇、革命老区先后建了剧场，各大乡村也普遍成立文娱组或业余剧团。当时，斗门地区已有业余粤剧团20多个，成员620人。他们除利用农闲时间排练演出，娱乐本乡群众外，还走出家门，到兄弟乡、兄弟县进行文艺交流。1954年，流动电影队首次在斗门放映电影，群众首次看到电影。1958年，斗门大公社组建电影队和广

粤剧进农村，看戏的斗门乡民们围坐在一起

播站。许多社队成立"社会主义文化室"，群众在文化室内可浏
览报章杂志、唱革命歌曲和学习毛主席著作。此外，1963年，斗
门墟建了露天剧场，广大农村地区的业余文化生活逐渐变得丰富
多彩。

1965年斗门建县后，着手建设文化阵地和文化设施，加强对
文化工作的管理和领导。斗门县有文化局、文化馆、剧团、电影
站、图书馆、新华书店和广播站；公社、镇和农场有文化站、广
播站；农村大队有文化室。这一时期，斗门县尤为重视党的宣传
工作。

一是村村建广播室，队队建文化室。1966年"文化大革命"
开始后，斗门县委根据中央和省市有关指示精神，决定用广播这
一宣传工具来宣传毛泽东思想和无产阶级思想，以占领城乡宣
传文化阵地。同年12月，斗门人民广播站成立。随后，斗门县的
广播事业迅速发展，广播队伍迅速增大，范围迅速扩大。尤其

是农村广播事业发展最为迅速，通常每天早、午、晚广播3次。到1976年，大多数村（生产队）都有广播站（室），全县拥有各种功率的大小喇叭10 000只，通播率达95%。这支广播队伍，为斗门的经济、社会发展做出过积极贡献。此外，这一时期斗门县自上而下开展了建立文化阵地的热潮。1968年，全县790多个生产队（自然村）都相继建立了文化室。到1974年底，全县8个公社均已建立了文化站。文化室除了作为组织学政治、教唱毛主席语录歌和其他革命歌曲的阵地之外，还作为农民夜校，开展扫盲活动，提高农民的文化水平。斗门公社南门村文化室是全县文化室的典型，村党支部非常重视文化室的建设。为了提高农民的文化知识，该文化室还开设农业科技知识讲座，专门邀请科技人员为农民授课，受到村民一致好评，被评为省、市、县的先进文化室。经过一段时间的宣传教育，南门村的风气有了明显的好转。

　　二是全面普及毛泽东思想文艺宣传队。"文化大革命"初期，文艺宣传队由于种种原因而停演。1968年，斗门县文艺宣传队重新成立，由县毛泽东思想宣传站直接领导，队员15人。由于当时各行各业都要突出政治，斗门县文艺宣传队也因此变成"斗门县毛泽东思想文艺宣传队"。当时演出的节目包括歌舞《颂九大》《敬祝毛主席万寿无疆》《太阳最红毛主席最亲》，小歌剧《阿婆进校》，小话剧《聋哑人会说话》和《民兵模范陈呀洪》。1969年6月，斗门县文艺宣传队和平沙农场文艺宣传队联合创作大型歌舞剧《斗门赞歌》，深受群众欢迎。宣传队除了演出外，还有一个政治任务，即凡是有毛主席的最

1969年国庆节，斗门县文艺宣传队演出大型歌舞剧《斗门赞歌》后合影

新指示发表，就要配合机关、工厂的游行队伍进行宣传学习。此后，斗门县文艺宣传队改为斗门县粤剧团，队伍扩至43人。

1968年，斗门县和全国各地一样，掀起人人学"毛著"，人人唱"忠"字歌、跳"忠"字舞的热潮。在这样的政治氛围下，农村和工厂的毛泽东思想业余文艺宣传队像雨后春笋，相继成立。斗门、乾务、上横、西安、竹银农场、大沙农场等地最早成立了毛泽东思想业余文艺宣传队。这期间，毛泽东思想业余文艺宣传队和农村业余文艺宣传队大多数利用业余时间排练节目、为村民演出，深受群众的欢迎。

第六章
改革浪潮

　　1976年10月，中共中央一举粉碎了"四人帮"，标志着"文化大革命"的结束。在全国围绕着真理标准进行大讨论之后，1978年12月18日至22日中国共产党第十一届中央委员会第三次全体会议在北京召开，由此拉开了中国改革开放的序幕。身处改革开放前沿的斗门老区较早沐浴了改革开放的春风，在改革的浪潮中发生了翻天覆地的变化。

第
一
节
撤县建区　古邑新貌

　　从1977年到1978年，斗门县和全国一样开展了揭发批判"四人帮"的罪行。斗门县遵照中央的指示，对冤假错案进行了排查和平反。在落实政策中，以县委名义为800多名受到迫害的干部群众平反昭雪、恢复名誉。中共十一届三中全会后，全党的中心工作从"以阶级斗争为纲"转移到经济建设上来。1979年1月3日，中共斗门县委召开全县电话会议，部署学习贯彻中共十一届三中全会精神。随后，斗门县以经济建设为中心开始了一系列的政治经济等体制改革，斗门的革命老区也随之发生了翻天覆地的变化。

一、整合规划，纳入经济特区

　　1983年7月，斗门县从原佛山地区划出，归珠海市管辖，从此斗门开启了新的发展里程。1984年4月，斗门县根据上级精神将公社改为区公所，生产大队改为乡。至此，斗门县持续了25年又7个月的人民公社建制正式解体。1986年10月，斗门县实行撤区公所建镇体制，区公所改为镇政府，乡改为村民委员会；全县分为井岸、白蕉、斗门、乾务、莲溪、上横、六乡、五山8个镇，有12个社区居委、120个行政村。2000年底，全县共有8个镇，白藤湖、城南2个办事处，大沙、白藤2个农场，121个行政村，27个社区居委会。2001年4月，国务院批准斗门撤县成立斗门区；12月斗门区正式挂牌成立，从此成为珠海面积最大的行政区。

2002年斗门区开展了并镇并村工作，共减少2个镇、21个行政村。根据广东省委、省政府《关于调整我省乡镇行政区划的通知》精神，2002年10月17日，斗门区委决定撤销六乡镇和五山镇，分别将其行政区域并入白蕉镇和乾务镇；同时将白藤湖办事处与城南办事处合并为白藤湖办事处，作为斗门区人民政府派出机构，负责原白藤湖办事处和原城南办事处辖区内的行政及社会事务；另外对大沙农场管理体制进行行政企分开改制，分别设立大沙社区居民委员会和大沙农场经济发展有限公司。2003年8月26日经广东省民政厅批准，原斗门区上横镇和莲溪镇合并为莲洲镇，总面积为88.6平方千米，下辖33个村委会和3个居委会。2005年7月，斗门区白藤街道办事处合并到井岸镇政府。至此，斗门区改为"五镇一街"，分别是井岸镇、白蕉镇、斗门镇、乾务镇、莲洲镇和白藤街道办事处，共有101个行政村、26个社区居民委员会。通过镇级行政区域合并，最大程度整合了行政、经济等资源，进一步带动了斗门区的经济发展和社会进步。2010年8月，珠海经济特区范围扩大至全市，斗门进入特区范围，斗门的历史翻开了全新的篇章，老区建设也迎来了新的机遇。

二、转变职能，提高服务水平

伴随着斗门撤县设区及纳入经济特区，斗门区的地位和发展空间显著提升，斗门人民对政府的治理能力也提出了新的要求。为适应新的发展要求，斗门进行了一系列的政府机构改革。

（一）大刀阔斧开展政府机构改革

1980年斗门县在第一届人民代表大会上选举成立了斗门县人民政府，结束了县革委会行使县政府职权的混乱情况。同年，撤销了乡镇级的革委会，恢复公社管理委员会。1984年机构改革时，撤社建区，实行区乡建制。1986年10月又再次撤区建镇，成立镇人民政府，各镇设立了办公室、生产办公室、统计办、民政办、司法办等机构，井岸镇还设立了水产办公室、街道办事处。到1990年底，县政府共有委、办、科、局43个，干部964人，另外全县在编镇政府干部有238人。1996年5月9日，斗门县委、县政府根据珠海市委、市政府的批复，颁布了《斗门县县级党政机构改革方案》。根据粤发〔1995〕6号文件关于二类县党政机构设置为30个左右的规定，并结合斗门县实际情况，斗门县委、县政府将工作机构由原来的54个减为32个，精简22个，精简率为40.7%。1996年8月19日，斗门县委、县政府根据珠海市委、市政府的批复，发出《斗门县镇级党政机关机构改革实施方案》，按照"转变职能、理顺关系、精兵简政、提高效率"的原则，镇级实行党委、政府统一管理，改变过去党委、政府两套班子对口分工、对口设置机构的状况。1997年3月25日，斗门县委、县政府批准《斗门县镇级党政机构改革实施方案》，对全县8个镇的党委、政府、人大、纪检、武装和人民团体机构进行改革，规定机构设置、规格、职数、行政编制等，行政机构和人员编制大幅精简，政府职能转变成效显著。财政管理逐步规范，严格实行收支两条线制度，成立了区、镇两级会计核算中心，全面铺开"村账镇管"。2005年，斗门区进一步精简机构为"五镇一街"，政府机构基本实现了稳定、高效。2012年，斗门区加快城乡管理体制改革，深入推进事业单位分类改革和简政强镇事权改革，全区事业单位分类改革和镇（街）级机构改革圆满完成，"区级统筹、镇（街）为主、村（居）参与"的城乡建设管理模式初步形成。

（二）大力发展电子政务

从1989年起，斗门县大力发展邮电通信事业，至1991年全县实现村村通电话。随着电子信息技术的发展，斗门区主动适应时代发展需求，建立了信息化政府履行行政审批职能的模式，运用信息、网络等现代信息技术进行管理，积极发展电子政务，逐步推行网上审批，推进了"一站式""并联式"审批，大幅提高了行政效率。2005年，"电子政务短信及电脑语音平台"投入使用，4月运行使用电子公文交换系统，6月取消纸质传输公文。同年，区政府门户网站被评为"2005年度珠海市优秀政务网站"。2006年12月11日，斗门区行政服务中心组建完成，斗门区行政审批制度改革进入了一个新阶段，取消了七成多的行政审批事项，同时加强了窗口服务和现场服务，极大地提高了政府服务水平和办事效率。

为实现从经济建设型政府职能模式向服务型政府职能模式的转变，充分发挥市场在资源配置中的基础性作用，斗门区政府积极推动形成"投资审批时的一条龙服务、企业建设过程中的全方位服务以及企业开工投产后的经常性服务"三大服务体系。2011年，斗门政府探索建立重点项目行政审批联席会议制度，进一步提高行政审批效率和质量；对涉及重点项目的87项行政审批事项进行全程跟踪服务，共缩短审批时间573个工作日。2012年，斗门区政府门户网站初步完成升级改造，50个单位成功应用办公自动化系统，行政效能获得新的提高。全区行政事业单位全面推行办公自动化（OA）系统，实行网上处理公文，实现无纸化、远程化、异地化办公。

三、人事改革，遴选精兵强将

（一）优化干部队伍结构

1978年之前，斗门区党政领导班子成员的年龄偏大、文化程度偏低。中共十一届三中全会之后，斗门县按照中共中央实现干部队伍革命化、年轻化、知识化、专业化的方针，在主动改革干部管理体制，废除职务终身制的同时，积极实行干部制度改革，吸收年富力强、文化程度较高的干部，优化了县党政领导班子的年龄和文化结构。1984—1987年，相继有331名优秀中青年干部被选拔到副科级以上行政机关、企事业单位的领导岗位。1991—2000年通过考试考核录取工人身份59人至副科级及以上岗位，从工人、农民、集体所有制单位职工中考试录用2 002名干部。1991—2000年，全县共接收大中专毕业生5 235人，为斗门干部队伍注入了新鲜的血液，提升了干部队伍的学历层次。2011年全区共引进外地企业人才328名，接受本地生源高校毕业生1 520人。为加强"三干"培养选拔，2012年斗门区委印发了《关于进一步加强培养选拔优秀年轻干部、女干部和党外干部工作的意见》，进一步明确了培养选拔优秀"三干"工作的主要目标，建立了特定后备干部信息库。2012年斗门区委印发了《关于加强镇（街）领导班子及村（社区）"两委"班子建设的意见》，对加强镇村班子建设发挥了积极作用；同时根据广东省委组织部《关于做好2012年选拔乡镇公务员工作的通知》，从优秀农民工、基层单位招录公务员8名。

（二）落实公务员制度

1993年8月19日，国务院颁布《国家公务员暂行条例》。随后，斗门县开始全面深化人事制度改革，规范公务员的招录、聘任、选拔、考核、辞退等工作。1994年，斗门县开始通过面向社会招考、择优录用的办法录用国家干部，录用人员大部分为本科毕业生。1996年，根据省人事厅、珠海市人事局文件批示精神，斗门县组织行政事业单位招干工作，择优录用国家干部。同年开展最后一批从以工代干人员中通过考试择优录用干部，并从此停止以工代干人员转干工作。1997年9月29日，斗门县委、县政府召开斗门县推行国家公务员制度动员大会，全面部署推行国家公务员制度工作。1998年，斗门县在个别职位上开始试行全市范围内公开选拔科级干部，并对新选拔的干部实行试用期制度，2000年实行领导干部任前公示制度。至2000年12月底，完成斗门县属40个行政机关和11个依照国家公务员制度管理的事业单位工作人员的国家公务员过渡资格甄别审查工作，对符合资格条件的人员办理过渡审批手续。2012年全区建立了公务员信息库，采集公务员基础信息845人，公务员管理更加科学化和规范化。

（三）锤炼党员干部队伍

改革开放以来，斗门区始终紧抓党员干部队伍建设。

一方面，积极开展干部培训教育工作，从1984年起逐步建立干部培训领导工作机构。1990年建立镇级党校8个，在干部中开展大中专学历培训，全县参加专修班、大专班学习干部310人，中专班112人，高中文化补习班395人。随着公务员制度的完善和培训体系的成熟，斗门区党员干部的继续教育和培训机制逐渐完善。2012年，通过珠海干部教育培训网平台培训干部845人。

另一方面，深入推进党风廉政建设，完善反腐制度体系。1984年11月，斗门县召开第三次党代会。按照中共中央和广东省委的部署，开展第二期整党和农村整党工作。1992年，斗门县委制定了《中共斗门县委抓党的建设工作责任制的实施意见》，10月下发了《中共斗门县委、斗门县人民政府领导班子成员勤政廉政若干规定》；1994年2月8日，斗门县委印发了《关于开展反腐败斗争，加强党风廉政建设的若干规定》；1995年8月17日，斗门县委办和县府办联合转发了《斗门县国有企业领导干部廉洁自律工作方案》。1999年根据中共中央国务院《关于实行党风廉政建设责任制的规定》，斗门县委要求县属副科以上党政机关、事业单位和镇（办事处）党委、政府都建立任务分解到位、责任明确到人的党风廉政建设责任制。2000年，在副科级以上党政机关建立责任制的基础上，在井岸镇西埔村、乾务镇乾北村试点，将责任制延伸到村。2010年5月，中共珠海市斗门区纪委下发关于全面贯彻落实广大党员领导干部认真学习《中国共产党党员领导干部廉洁从政若干准则》这一任务。2010年8月，斗门区委办印发《关于印发中共珠海市斗门区纪律检查委员会机关、珠海市斗门区监察局主要职责内设机构和人员编制规定的通知》，9月中共斗门区纪委、斗门区监察局第一纪检监察组正式挂牌成立。

創富斗門　珠海西區

第二节

　　中共十一届三中全会后，中国进入了改革开放和社会主义现代化建设的历史新时期。在中国共产党的领导下，经过斗门县人民的不懈奋斗，斗门经济实现了飞跃式发展。改革开放后，斗门县委提出"以制糖工业为龙头，大力发展轻工业，逐步向高新工业过渡"的发展目标，镇办企业、村办企业和个体私营企业迅速崛起。1978年改革开放初期，斗门县各项事业方兴未艾，亟待发展。1980年斗门县的固定资产投资达1.12亿元，社会消费品零售总额达0.75亿元，外贸出口为0.03亿美元，实际利用外资为0.0036亿美元，财政收入为0.21亿元，城乡居民储蓄存款余额为0.17亿元，农村居民人均纯收入为160元。从1992年开始，斗门县紧紧抓住珠海西区被确定为广东省20世纪90年代进一步扩大开放的重点区域的机遇，提出"推进斗门城市化，建设珠海大西区"的战略目标。经过30多年的发展，2012年斗门县的各项指标成倍增长，斗门区的地方生产总值达到195.13亿元，固定资产投资达到124.2亿元，社会消费品零售总额为73.04亿元，外贸出口为81.89亿美元，实际利用外资达1.75亿美元，财政收入为24.41亿元，农村居民人均纯收入为12 626元。

一、农村改革，激活老区经济

　　1979年4月，中共中央召开工作会议，对国民经济制定了

"调整、改革、整顿、提高"的八字方针。1980年9月中旬，中共中央召开各省、市、自治区党委第一书记会议，着重讨论加强和完善农业生产责任制问题。斗门县在改革开放前以农业为主，农村经济事关全县的发展。伴随着改革开放的春风，斗门县敢闯敢试，通过一系列措施唤起了农村活力。

（一）推行家庭联产承包责任制

1978年，乾务公社乾北大队第五生产队率先试行"联产计酬"的生产责任制。1980年9月白蕉公社一些"三靠队"（生产靠贷款、吃粮靠返销、生活靠救济）首先实行包产到户责任制。1980年，全县850个生产队实行联产承包的有436个，占生产队总数的51%，其中联产计酬到劳的218个队，联产到组的178个队，大包干的40个队。据统计，当年全县早稻大丰收，平均亩产达253千克，总产68 044.6吨；1984年总产达122 207吨。1982年2月，县、社党委派出500多人的工作队指导完善联产承包责任制。1983年，全县全面实行大包干责任制，承包面积59.1294万亩，占总耕地面积的100%。"联产计酬"生产责任制极大地调动了农民的生产积极性，解放了农村的生产力。1991年，全县进一步完善以家庭联产承包责任制为主的农村双层经营体制。1999年，开展第二轮土地承包，延长土地承包期30年。

1992年开始，为适应农村经济的发展，斗门开始推行集体经济的新模式——农村股份合作制。1993年7月8日，斗门县政府批准了县农委《关于推行农村股份合作制意见的通知》，分6个步骤实施股份合作制：宣传发动，提高认识；清产核资；股份设置和折股到人；制定章程；选举产生董事会；召开股东大会。1994年，在普遍推行家庭联产承包责任制以后，县农委以白蕉镇成裕村和赖家村、井岸镇西埔村和南潮村为农村集体经济股份合作制的试点，经过一年的试验取得了较好的效果。全县有7个镇进行了股份合作制改革，实行农村股份合作制的经联社有29个，到1996年初已有15个经联社向股民兑现股红，总股红达496.8万元。截至2012年，全区已经有73个农民专业合作社登记成立，涉及种植业、水产养殖业、畜牧业、农产品加工、销售和农资经营等行业。

（二）调整农业产业结构

一是大力发展水产养殖。斗门县是一个海岛县，"与水为邻"的环境给了斗门人民发展渔业的天然优势。在1979年，斗门的渔业发展十分落后，农业产值占全县总产值的48.8%，农、林、牧、副、渔的比重分别是71.8%、1.1%、10.4%、12.95%、3.7%。20世纪90年代中后期，斗门县结合斗门河口型农业特点，果断地调整农业产业结构，大力发展水产养殖业，调减粮蔗面积，改单一经营为多种经营。水产养殖成为斗门农业中的一枝独秀和特色品牌。水稻和甘蔗面积分别由1991年的300 064亩、147 952亩减少到2000年的204 512亩、45 599亩，减少了31.8%和69.2%，而水产养殖面积则由1991年的52 004亩增加到了2000年的146 586亩，增加181.9%。1994年，斗门县建成了全国最大的罗氏沼虾生产基地，养殖罗氏沼虾2.3万多亩，产量3 577吨，产值1.4亿元。斗门老区乾务、五山等地的山塘水库养殖、海水养殖已经形成一定的优势地位。2001年，斗门区水产养殖面积达到了17万亩，产值占农业总产值的80%，成为斗门区真正的支柱产业，农村经济结构发生了根本性变化。斗

20世纪80年代斗门县新环高产试验田

门还成功培育了南美白对虾、海鲈等优质鱼虾品种，2009年白蕉海鲈成为珠海市第一个国家级地理标志保护产品，2011年白蕉镇获得了"中国海鲈之乡"称号。2012年，斗门的农业总产值达到47.14亿元，其中种植业产值6.71亿元，林业0.06亿元，牧业6.26亿元，渔业29.98亿元，农林牧渔服务业4.13亿元；水产养殖面积达到了19.83万亩，全区形成了以水产养殖为主，优质粮、果蔬、畜牧共同发展的河口型农业格局。2001—2011年，斗门的水产业先后引进"花锦鳝的养殖推广""河鲶养殖研究""第一代非洲斑节对虾孵化及养殖技术推广"等项目并取得良好成效。2009年，"褐塘鳢全人工养殖、苗种产业化及养殖技术研究"项目获得广东省科学技术奖励二等奖。

二是形成"贸工农"结合的商业体系。中共十一届三中全会后，斗门县委、县政府积极贯彻执行上级关于"对外开放，对内搞活，对下放权"的商贸政策，大力推行商业体制改革。1978年后，斗门县商品品种由单一向多样变化，专营店铺、专业市场逐年增加，一年一届物资交流大会购销两旺，社会商品零售总额和集市贸易总额年年上升。1980年，斗门县实行"贸工农"，原来单一的种养基地变为工厂化生产，采取贸易形式办专业厂、专业车间，继续扶持联系点和个体专业户。如此，每年出口商品收购额达200万美元，扩大了出口货源，还解决了1 000多人的就业。1983年，全县共核发个体户1 851户（城镇296户，农村1 555户）、2 200人，比1982年增长52%；1984年个体零

20世纪80年代莲溪镇推广站吨谷示范片

售商已发展到3 115户，比1966年增长10倍多。1984年，全县国营商业批发商发展到27户、1 026人，供销社批发商发展到17户、128人；国营零售商已发展到22户，比1966年增长1倍；供销社零售商发展到182户，比1966年增加72户。1986年10月，全县投资230万元建成两层水泥钢筋混合结构、面积75 681平方米的多功能市场，内有固定摊位507个，随后又加建成四层市场。1986年，斗门县又在井岸镇沿江路投资建成面积200平方米的水果批发市场，固定摊位13个。此外，五山镇、乾务镇、井岸镇、白蕉镇的一些水产养殖场还与外商合作开发水产养殖业，1989年新增水产养殖三资企业7个。1990年底，全县乡镇三资水产养殖累计签订合同16宗，外商投资308.55万美元。三资企业养殖场产品销往港澳，累计销售量620.36吨，产值287.64万美元。

　　三是加快"三高"（高产量、高附加值、高经济效益）农业进程。从1983年至1991年，斗门县农业总产值从20 580万元增长到51 289万元，增长30 709万元，增长149.2%，平均每年增加18.65%。在邓小平南方谈话精神和中共十四大精神指引下，斗门县委决定全面发展农村商品经济，积极调整农村经济结构，加快"三高"农业进程。1993年9月，县人大会议提出"尽快使农村集体经济壮大起来、尽快使农民富裕起来、逐步实现农村城镇化"三大任务，要以市场为导向，引进一批名、优、特新品种，完善6个农业生产基地和出口创汇基地，创办一批高产示范点，使农业向基地化、企业化方向转化。为促进"三高"农业发展，1993年斗门县委、县政府在莲溪镇开办了"三高"农业示范点，莲溪镇为全县的"三高"农业树立了榜样。斗门县经过几年的发展，到1996年基本实现"三高"农业基地化，形成了"一镇一品"的格局，其中一些斗门老区也利用自身的优势形成了一些品牌特色。上横镇、六乡镇、白蕉镇为水产养殖基地，六乡镇、斗门镇、井岸镇为蔬菜生产基地，莲溪镇、斗门镇、五山镇、白蕉镇为粮食生产基地，还成功创建"种养殖农业生态循环"和"优质有机米"两个省级标准化示范区。

"三高"农业的发展让斗门人民的生活水平大幅提高，奠定了斗门农业发展的基础。与此同时，旅游观光农业、娱乐农业也不断涌现。除白藤湖鳄鱼岛原有鳄鱼、狝猴的养殖观赏，以及鸵鸟的养殖观赏项目外，1996年又发展了大沙百果园、五山狩猎场等大型项目。2012年斗门区农业发展获得了较大成效，获得了全国"平安农机"示范区称号；同时斗门区农产品流通协会也获得了"中国农村合作组织百强"称号。

四是发展生态农业园。斗门区着力促进北部生态农业园建设，实现农业向集群式、经营一体化、质量效益型、监管规范化等四个转变。在国家农业部的指导下，国内外数十名知名专家学者为斗门生态农业园编制了《珠海市斗门生态农业园总体规划》，规划农业园总面积达312.73平方千米，涵盖莲洲、白蕉、斗门三镇，超过全市陆地面积的1/6。园区重点规划"四大基地"（有机水稻种植、园林花木种植、无公害水产养殖和蔬菜种植）、"两大专区"（发展农产品深加工和物流展销），建立"公司+基地+农户"的"订单农业"发展模式，构建以黄杨山为重点的文化休闲生态圈、以东和西为重点的沙田水系生态圈、以莲江村为重点的现代农业休闲观光旅游圈、以灯笼沙为重点的白蕉水乡非物质文化旅游圈、以竹银水库为重点的休闲观光旅游圈。仅2010年入驻生态农业园区项目累计投资达57亿元，园区内农产品加工业产值达58.35亿元，其中17个农产品生产基地取得了国家和广东省无公害农产品、绿色食品、有机食品产地认证，取得认证农产品品种30多个。2011年，以园区为重点的现代农业和生态旅游发展平台初见成效，园区内较大的签约项目14个，投资总额达55.85亿元，产业集群年销售收入近50亿元。

2011年3月11日，中国农学会将首个都市型现代农业示范区的牌匾授予珠海市斗门区。此外，斗门区还启动国家生态区创建活动，成立了以党政为主导的创建生态区领导机构，建立了部门协调和联席会议制度，制定了保障生态文明建设的七项措施。同时，鼓励企业投入生态文明建设，逐步形成政府主导、企业自觉、社会支持的多元化生态投入机制，推进"天更蓝、水更清、城更美、环境更安全"四大重点工程建设。

二、招商引资，发展非公有经济

（一）充分利用外资发展三资企业

斗门是毗邻港澳的侨乡，具有利用外资发展的优势和便利。斗门的乡镇企业通过引进外资办"三来一补"和三资企业，将部分产品转向外销。从1983年白蕉区与澳门商人合资兴办全县第一个中外合资乡镇企业（八围水产养殖场）起至1990年底，斗门县有30多家签约生效的中外合资乡镇企业，占全县中外合资企业的70%，累计共投资1 872.08美元，工业项目涉及建筑、塑料、陶瓷、玻璃、纺织、缝纫、工艺等。1981年7月，斗门第一家"三来一补"企业——井岸综合厂诞生，至1987年发展成有10多间规模的制衣厂。1990年，全县有"三来一补"企业38家，产值2 597.02万元，其中服装产值1 092.38万元，对外加工、装配收入工缴费26.68万美元；"三来一补"企业以制衣、针织业为主。

1992年起，斗门举办了多轮大型招商引资活动，通过举办啖荔招商、成立工业园等形式吸引外商投资。随后，斗门县委、县政府在高度重视外资作用的情况下提出"发展农村集体经济的重点向乡镇企业倾斜，发展乡镇企业的重点向外资企业倾斜"的方针，指出向外资倾斜要开门让利、坦诚高效，还要实行"盆地经济"的策略，低价转让、出租土地的措施，有利于让外面的资金、人才、技术注入斗门这个盆地中。这掀起了引进外资办企业的高潮。井岸镇乡镇企业发展迅猛、成绩显著，1995年被国家民政部命名为"乡镇企业之星"。1996年，斗门县各镇与外资合资（合作）企业共75家，客商投资总额达7 362万美元。斗门区人民政府还分别于2002年11月和2005年10月，举办了两届侨胞恳亲大会，斗门招商引资的项目越来越多。2005年，斗门区共有76个项目签约、动工、竣工，投资额达86.82亿元。2006年，斗门区共有112个项目签约、动工、竣工。截至2011年，斗门区共有港、澳、台以及外商投资企业99家，就业人数88 750人。2012年，斗门区外贸出口81.89亿美元，实际利用外资1.75亿美元，荣获"珠海市吸收外商直接投资贡献奖二等奖""吸收外商直接投资综合奖三等奖"。

之后，斗门区通过制定《关于进一步加强招商引资工作的意见》《斗门区招商引资奖励办法》《斗门区招商引资考核奖励办法（试行）》《斗门区鼓励引进总部企业实施办法（试行）》等相关文件，大力引进世界500强外资企业、全国500强民营企业以及成长性好的高新科技企业、总部企业。在引进品牌企业后，斗门区委按"做优一产、做大二产、做强三产"的思路，大力推进现代服务业、新型工业化、现代农业发展，突出集群、特色、高端，推进工业集聚式、集群式、特色化发展。以伟创力为龙头的电子信息产业为龙头，格力电器龙山产业配套基地、紫翔电子等大型投资项目及其配套企业相继开工。全球500强企业日本住友化工，海内外知名企业方正集团、天威打印、佳粤造船等落户工业园区，并陆续投产。

（二）全面发展个体和私营经济

1992年邓小平视察南方谈话，更加全面地开启了中国改革开放的新局面。斗门县深入贯彻邓小平南方谈话，进一步解放思想，加大改革力度。为加快发展个体经济和私营经济，1994年4月6日斗门县政府在县财办设立了"斗门县个体私营经济管理办公室"；同年制定了《斗门县鼓励个体私营经济发展的若干规定（试行）》，鼓励个体私营企业发展，简化审批手续，扶持发展个体私营企业发展。1991年至2000年，斗门的个体私营企业快速发展。全县各镇对个体私营企业给予较大的扶持，制定了"给土地、给资金、给经营权、给保护"的宽松政策，私营企业范围遍布水产养殖、禽牧孵化养殖、果蔬种植、酒店、建筑、运输、工业制造等各个行业。1992年，斗门的个体私营商业网点4 340个，从业人员5 995人，购销总额33 894万元；1996年，个体私营商业网点4 061个，购销总额139 837万元；2000年，个体私营工业企业达到640家，个体私营企业7 317家，从业人员20 121人，总产值15.535亿元；2012年，个体私营工业企业实现工业总产值82.07391亿元。

斗门区委、区政府把发展个体私营经济作为全区经济发展的"重头戏"来抓，在"放、引、扶"三个字上下工夫。2012年10月，斗门区发布《关于进一步加快民营经济发展的意见》，简化民营企业出口退税手续，提高技术奖励标准，吸引和鼓励民间资本投向"三高一特"产业和经济社会发展重点领域，促进民营经济由产业低端向高附加值环节转变，由粗放分散发展向集约集聚转变，由传统运营机制向现代企业制度转变，形成民营经济总量上规模、结构上档次、产业上层次、管理上台阶的发展新局面。同时鼓励民间资本参与市政公用事业、政策性住房建设，以及投资发展医疗、教育等社会事业；支持民营企业以入股方式参与兴办金融机构。斗门区还出台了《斗门区扶持中小微企业融资的实施办法》，成立了由区发展和改革局、科技工贸和信息化局等多个单位组成的扶持中小微企业融资工作领导小组，推动各银行金融机构设立中小微企业金融服务专营机构，优化中小微企业的贷款审批和分类管理流程，建立便捷高效的贷款经营管理模式。

三、盘活资产，推行国企改革

斗门的发展历程中，乡镇企业的作用功不可没。在改革开放初期，斗门人敢闯敢干，探索出了乡镇企业的发展道路。1986年1月，斗门县委号召全县各战线大办实业，各镇大办乡镇企业，并制定优惠政策，一个全方位、多元化、多层次的乡镇企业网络开始形成。1986年斗门县的乡镇企业总产值只有5 718.44万元，是年斗门县专门成立了县乡镇企业管理办公室，大搞外引内联，镇办、村办、联户等集体企业如雨后春笋般发展起来了。到1990年，全县乡镇企业发展到4 384个，总收入为4.1412亿元，是1980年的15.38倍。1992年，斗门县的乡镇企业异军突起，总产值占全县工业总产值的40%以上。1994年，斗门县的乡镇企业实现企业总产值20.7亿元、工业总产值12.05亿元、企业总收入18.79亿元、企业利润1亿多元。

在乡镇企业发展过程中，为了使县企业真正成为自主经营、自负盈亏、自我发展、自我约束的经济实体，1991年斗门县国有企业进一步深化改革，实行多种形式的承包经营责任制。1992年初，斗门县委决定选择大型企业白蕉糖厂作为全省100家综合改革试点企业。针对企业老、摊子大、人员多、管理模式与市场经济不相适应的弱点，白蕉糖厂大刀阔斧地改革了经营架构，精简了后勤科室人员，实行了干部聘用制和全员合同制；初步建立了民主决策制度、领导"四不、三公开"的自律制度、各类管理人员聘任和考核上岗制度、节约奖励制度、技术革新与科技成果评奖制度、分厂承包责任制、产品质量"三包三保"责任制、工效

白蕉糖厂

挂钩以及全员岗位劳动责任制等，企业向深化改革和管理科学化迈进了一步。

在白蕉糖厂综合改革的带动下，不少企业加大了内部改革的力度，取得了显著效果。1993年，斗门县委做出《深化企业改革、加快转换国有企业经营体制、扩大企业综合改革》的决定，积极稳妥地推行企业股份制，探索出了以益力集团为代表的混合型经济模式，以皇妹企业为代表的有限责任公司的管理模式，以广宇集团为代表的国有民营抵押承包模式，以燃气集团为代表的内联多元化发展模式。

斗门县还以存量资产流动和重组为突破口，通过出让股权、嫁接外资的途径改造老企业、吸引外资。1993年，将皇妹啤酒厂60%的股权出让给澳洲富仕达酿酒有限公司，开创了斗门国有企业嫁接外资的先例；1995年再将35%的股权出让给该公司，共收回资金1 142万美元。紧接着，斗门县麦芽厂、三洲长虹瓶盖厂、益力集团都通过嫁接外资，增添了企业活力。2000年，斗门国有企业工业总产值达到了6.3558亿元。21世纪，斗门区以产权改革为重点，全面推进国有企业改革。2001年，斗门已经全面完成区属党政机关与所办经济实体和管理的直属企业脱钩工作，成立了利源、宏源两家资产运营公司，建立起国资委监管、资产运营公司营运、企业具体运作的区属国有集体资产管理新架构，63.4%的区属企业完成了产权改制工作。

四、产业集约，建设工业园区

斗门区根据珠海市"工业西进，城市西拓"战略的要求，集中人才、物力、财力大力建设西部工业新城，向工业园倾斜，以工业园为龙头壮大经济总量。该城区是珠海西部历史最悠久、城市基础设施最完善、商业集聚能力最强的城区，具备良好的城市化基础。为发展工业园区，政府行政部门和有关职能部门集中成政府部门"办公超市"，为工业园建设申报人提供"一站式"服务，包括咨询、协调、联合审批、监督、统计分析、统一收费六项功能。2003年，斗门区的龙山、富山、三村三大工业园成为市级工业园，37个项目在三大园区相继动工、竣工、投产。西部区域的富山工业园、新青科技工业园已经发展成国家级高新产业开发园。

新青科技工业园建园前仅7家企业，工业总产值仅7亿元，2002年工业总产值上升为149亿元，2003年为258亿元，2004年为360亿元，2005年为401亿元，2006年为504亿元。该工业园区所在的井岸镇，2007年被广东省授予"信息产业专业镇"称号。2012年，新青科技工业园工业总产值为400亿元，同比减少了28.4%。2012年，斗门区委、区政府为了"保增长、促发展"，将白蕉科技工业园合并到新青科技工业园，大力打造电子信息产业集群。当前井岸镇已经发展成广东省电子信息产业专业镇，是珠海市最大的电子信息产业生产基地。

2011年，斗门区在完善富山工业园基础设施和生活配套设施后，成功引进滚动投资超100亿元的中国北车珠海基地项目，以及中国铁建、中交海洋工程、杰赛科技等一批投资超10亿元的优质大项目，促进投资60亿元的中国纸业、50亿元的珠海南方影视文化产业等一批龙头项目加快建设，投资25亿元的玉柴船动等一批优质项目也相继投产。2012年11月20日，斗门区出台《关于进一步加强招商引资工作的意见》，决定成立斗门区投资促进局，为区政府直接管理单位；该局整合区属单位的招商引资职能，代表区委、区政府对全区的招商引资工作进行统筹、指导、协调和考核，各镇（街）、工业园区成立相应的招商引资机构，斗门区招商工作走向专业化、系统化。同年，瓦锡兰玉柴船用中速机和惠普（HP）智慧城市、3D技术、软件服务外包等项目顺利落户。同年，富山工业园实现工业总产值219.5亿元、固定资产投资65.3亿元、外贸进出口总额8.0942亿美元。

第三节 社会发展　南天一斗

中共十一届三中全会后，改革的浪潮风起云涌，斗门县委、县政府带领全县人民加快对全县的社会事业改革，斗门的科学技术、教育文化、公共设施等各项事业飞速发展，斗门老区人民群众的物质文化生活环境和条件得到了前所未有的改变。

一、尊重人才，实施科技兴区

1979年，中共斗门县委、县政府认真贯彻全国和广东省的科技大会精神，通过召开知识分子座谈会，加深了全县人民对科学技术在发展社会生产力中重要地位的认识，并在全社会营造尊重知识、尊重人才的氛围。斗门县委、县政府为全县科技发展搭建平台，斗门人民在科技领域取得了不俗的成绩。

（一）科技体制改革

为加快科学技术的发展，解除科技工作者的体制束缚，斗门县积极推动科技体制改革。1980年12月14日，全县开展对科技人员的技术职务评定工作。1981年，斗门首先按国务院新颁布的规定对科技人员进行技术职称套改，统一职称序列。当年给予套改和改评获得职称的科技人员共有421人，其中工程技术人员78人，农艺技术人员55人，畜牧兽医师1人，水产技术人员4人，林业技术人员5人，卫生技术人员278人。1986年5月31日，斗门设立了职称改革办公室。1987年，斗门全面实行专业技术聘任制。

评定委员会根据申报者的工作成果、业务技术总结、学术报告、学术论文的水平给予评审，然后确定技术职称和晋升。1988年底，全县完成专业技术职称评聘工作，参加专业技术职务评定的2 113人，有2 084人获技术职称资格，其中高级职称28、中级职称344人、助理级918人、员级794人。1990年底，斗门县获技术职称资格的有4 026人，其中高级43人、中级442人、助理级1 552人、员级1 989人，分布在教育、农业、工业、卫生、经济、法律、文化艺术等行业中。在每两年一次的全国科技进步考核中，斗门区获得科技部颁发的"2007年全国科技进步考核科技进步先进县（区）""2011年全国科技进步考核科技进步先进县（区）"称号。

（二）科研队伍壮大

经过改革开放40多年的发展，斗门区的科研队伍迅速发展壮大，雄厚的科研人才基础为斗门区的科技创新和经济发展提供了保障。1981年，斗门县仅有各类专业技术干部797人（社科人员不在内），其中工程技术人员78人、农艺技术人员55人、卫生人员288人、教学人员251人、财会人员97人、统计人员27人、律师1人。至1990年，全县专业技术人员迅速发展到4 026人，是1981年的5.05倍。1992年，全县科技人员共4 422人，其中高级职称59人、中级职称537人；1996年科技人员达到7 454人，其中高级职称123人、中级职称1 001人；2000年科技人员增加至9 768人，其中高级166人、中级1 702人、助理级4 871人、员级3 029人。

1979年12月斗门县科学技术协会的成立，对科技成果的应用和推广起到了重要作用。1982年上横科普协会成立后，全县8个镇先后成立科普协会。至1990年，县科协有学会、协会19个，镇科普协会8个，合计27个，会员1 643人。到了2012年，斗门县科学技术协会共有水利学会、农学会等10个学会、协会，成员767

人；已经有科研机构20个，开展科技计划32个。同年，斗门坚持高端引领的引才战略，与中国水产科学研究院签约共建"河口渔业创新与示范基地"；聘请中国工程院院士、著名海水鱼类学家雷霁霖担任斗门区政府首席渔业专家，设立"斗门区院士工作室"。

为给企业引进项目、人才，斗门县还组织力量主动出击。1992年，斗门县科委先后组织人员三上北京、六赴广州，与清华、北大、航天部、国家专利局、科学院、华工、华农、省农科院等20多所大专院校、研究所建立紧密联系，向县内企业、部门、镇（场）推荐专利成果和高新技术项目110多项。为大力引进人才，斗门县还专门制订了有关鼓励项目、人才引进的政策措施。1993年3月14日，斗门县政府制定了《斗门县引进人才智力的优惠规定》，以后又陆续推出《斗门县科学技术进步奖办法》《斗门县科技成果鉴定办法》《斗门县对运用科技推动经济和社会发展做出突出贡献人员奖励的暂行办法》《斗门县引进高新技术企业（项目）的若干规定》及《珠海斗门高新技术产业村的优惠办法（暂行）》等规范性文件，加强对科研工作的引领。

（三）科技宣传转化

一是注重科技宣传和规划工作。为坚定斗门人民依靠科研促经济发展的决心，斗门大力开展科技宣传、实施科技规划。战斗在科研科普第一线的科研技术人员，结合生产和工作实际，通过举办定期或不定期的水稻、水产、林果、作物、水产养殖科学讲座，印发《斗门科技》等刊物和科技资料，放映科技宣传纪录片，制作科技宣传栏、墙报等多种途径传授和推广科学技术知识。斗门县科委与科协于1993年、1995年邀请中国科学技术情报研究所为各单位股级以上的干部做专题报告会。1995年，乘着全国科技大会胜利召开的东风，斗门县科委积极利用6月份科技宣传月，以多形式、多渠道开展宣传；共贴出标语5 000张，挂出大横幅92条，出墙报59期，播放科教电影15场次，举办技术讲座72期，参加技术讲座达1.2万人次，印发各种技术资料2.2万份。1996年，斗门县科委改称县科学技术局；同年，县科学技术局制订了《斗门县"九五"科技发展计划》。2011年，斗门开展以"携手建设创新型斗门"为主题的科技进步活动月活动。活动期间，共张贴宣传标语1 470多条，派发宣传单张1 400多份、农业技术资料（手册）3 600份，悬挂宣传横额65条，展出科普知识挂图60幅、海报70张，制作广播宣传带5盒、音像资料100盒，出动科普宣传车3次。

二是鼓励企业进行科技创新和应用。斗门县科委确立了面向经济建设，主动为基层、为企业服务的思路，抓好科技项目的管理和服务工作。1993年，全县实施国家级"火炬计划"1项、省级"星火计划"4项、市级"星火计划"4项，引进民营科技企业7家；引进生物固氮菌工程，在围垦2万亩的甘蔗田上推广应用。其中农业项目"大面积养殖罗氏沼虾高产经验的总结"、工业项目益力味精厂的"发酵系统改造"和"进口过滤器的改造"、春华糖果厂的"烘炉改造"等项目影响较大。这些技术项目的实施，大大提高了经济效益。单是益力味精厂的技术改造，每年节能就达600万～700万元。

斗门积极推动企业建设创新平台，大力扶持科技企业发展，鼓励企业开展科学研究和技术开发。1978—1990年，斗门县共荣获290个科技进步成果奖，其中县级科技成果奖237项，市一等奖2项、二等奖8项、三等奖32项，省级科技奖8项，国家级科技成果奖3项。当中1984—1986年获市以上奖项的成果有：食品类的三步充浆工艺、农业类的杂交水稻和农田林网营造、课题类的农业资源调查和农业分区、机械类的DMS-4型吸沙船工艺等。1987

年，白藤湖联合发展被纳入国务院农村发展研究中心旅游农业示范基地和试验场。同年，皇妹啤酒获亚洲区最优秀大奖和广东省一等奖。1989年，平沙华丰伊面获国家金奖。1990年，白藤湖人工孵化海鳄在全国首次成功。随后，斗门县还有多项技术含量高的科研成果，如DM-50型鱼塘清淤机工艺、皇妹啤酒工艺、双喜奶糖花生奶油糖生产新工艺、维佳椰子汁工艺、甘蔗糖蜜味精工艺、维佳凉粉爽工艺、贴花腰型塑料浴盆工艺等。1992—1996年，斗门共获省、市奖30项，其中县水产局"罗氏沼虾人工育苗"项目获广东省农业技术推广奖二等奖，白藤湖鱼农研究所的"湾鳄人工繁殖及饲料研究"获广东省科技进步二等奖，维佳饮料厂与广州啤酒厂合作的红豆爽、绿豆爽饮料项目获广东省科技进步三等奖。斗门区还被评为2005—2006年度全国科技进步考核先进区。1991—2000年，全县登记的科研成果共502项，获奖的有168项，其中县级120项、市级44项、省级4项。

截至2011年12月31日，斗门区共有省级企业技术中心3家，市级重点企业技术中心12家；省级工程技术研究开发中心1家，市级工程技术研究开发中心2家；国家高新技术企业总数达到16家。2011年，斗门共获得专利授权201项，其中发明16项、实用新型128项、外观57项。在专利成果方面，珠海市珈玛灯具制造有限公司列入2011年市专利成果标准化培育企业名单，珠海市鹏辉电池有限公司的"锂聚合物电池及其制造方法"被市政府授予2010年度市专利优秀奖。2012年，全区共获专利授权量239项，其中发明19项、实用新型162项、外观设计58项。

二、尊师重教，实现润泽桑梓

1978年后，斗门县委、县政府认真贯彻执行中央"拨乱反正"的政策，先后为136名教师的冤、假、错案进行平反昭雪，恢复了教师的政治名誉，提高了他们的社会地位，并逐步解决教师工资待遇差、住房困难、民办教师转正难等问题，营造了"尊重知识，尊重人才"的社会氛围。

（一）改革教育体制

改革开放后，斗门县委、县政府十分重视教育管理改革，撤销贫下中农（工宣队）进驻学校，恢复校务委员会领导下校长负责制，后在1980年改为党支部领导下校长负责制。随后又根据广东省委、省政府《关于中小学体制改革决定》，要求教育部门搞"两聘两制、一包一奖"新体制试点，并在全县中小学试行校长任期目标责任制、"分级办学、分级管理"体制、教师岗位责任制等。改革教学方法和教学手段，把"升学教学"改为"素质教学"，大胆试行量化教学管理。1994年11月《中共广东省委、广东省人民政府关于教育改革和发展的决定》颁布以后，斗门县的教育体制改革进一步深化，完善校长聘任制、教师聘任制、校长负责制以及教师岗位责任制，推行以学校经费包干、浮动奖励工资制为主要内容的学校内部管理体制改革。1996年，开始实行分级办学、分级管理、经费包干的三级（县、镇、村）管理制度，给地方一定的办学主动权，同时对教育管理、行政任免、教师调动审批权做出规定，各镇教育办的正、副主任由镇任命。在财政供给方面，县属学校由县财政供给，镇学校由镇统筹、村给予资助，拓展和完善义务教育经费筹措渠道。2003年初，广东省正式发文，确定斗门区为广东省第二批课程改革试验区。2011年，斗门区以创建促发展，制定了斗门区创建广东省推进教育现代化先进区实施方案。2012年，斗门区制定了《珠海市斗门区中小学校绩效工资实施方案（试行）》《珠海市斗门区中小学校教职工绩效考核分配指导意见（试行）》等文件，全区中小学于2013年1月全面开始实施绩效工资。

（二）完善教育体系

一是拓宽教育经费投入渠道，改善办学条件。改革开放之初的几年间，斗门县委、县政府把教育作为战略重点摆在首要位置，大力拓宽教育经费渠道。1984年全县教育经费达624.7万元，比1978年的144.6万元增长了3.32倍。斗门县致力于教育基础建设，1986年斗门县被广东省评为学校"一无两有"一级县，实现"一无两有"（校舍无危房，班班有教室，学生人人有桌凳），确保了九年义务教育的实施。1990年底，全县的中小学校舍已实现楼房化，学生人均校舍面积为3.86平方米，教学设备逐步完善，教学手段逐步现代化，全县实现普及九年制义务教育。1990年经广东省政府验收，斗门成为全省第二批普及九年义务教育合格（最高档次）单位，走在全省先进行列；1992年以来，斗门县除了巩固好九年义务教育成果外，还落实好教育优先发展的战略地位，各级（县、镇、村）仍然按国家对教育的投入保持"三个增长"（各级政府教育财政拨款的增长应高于财政经常性收入的增长，使在校学生人数平均的教育费用逐步增长，保证教师工资和学生平均公用经费逐步增长）的规定要求，增加教育投入，加大征收教育费附加力度。同时，通过广泛动员侨胞、港澳同胞捐资办学和开展勤工俭学创收等渠道加大对教育的投入。1992年教育经费的总投入是2 678万元，到了1996年教育经费的总投入是8 730.6万元，比1992年增长了2.26倍。2012年，斗门区教育经费总投入达到了9.9798亿元。由于教育经费逐年增长，且增长的幅度较大，有力促进了教育的深化改革和发展。对危房校舍进行了彻底改造，实现了校校无危房、校校楼房化，斗门县也因此被广东省评为先进单位。

此外，斗门县的教育配套建设逐年完善。1994年斗门县学校"四室一场"建设的经验被广东省评为先进并得到推广。教师住房条件有所改善，生活待遇有所提高。从1996年起，斗门县政府实施"教者有其居"的"教师安居工程"，帮助解决教师的住房问题，还设立了一项全县性的"教师住房专项经费"，专门用来补助各镇（场、办事处）的教师建房。斗门教育局2005年开始启动建设斗门教育城域网，网络覆盖各中小学校。从2006年秋季开始，斗门区实施农村免费义务教育。全区农业户口小学一年级到初中三年级学生享受免费义务教育，受惠学生约43 929人。

二是建立完善的教育结构体系。20世纪80年代，斗门县的教育结构逐年完善，设有普通教育、职业技术教育、幼儿教育和师范教育。办学形式有公办、集体办、业余、半脱产和脱产等，逐步形成一个初等、中等、高等三级教育网系统。1980年后，全县各镇（公社、场）都办有幼儿园，消除了幼儿教育的空白点。幼儿园逐步实现园林化、楼房化。1978年，斗门县纠正"文革"的错误办学思路，大力调整学校布局，创办重点学校，将全县小学调整为119所，同年把井岸一小、荔山小学、新环小学定为县重点小学。1985年基础教育实行县、镇、乡（村）三级管理，全

斗门第一中学

斗门一中旧貌

县小学又调整为112所。1981年将原有的10所高中调整为4所（斗门中学、县一中、平沙中学、红旗中学），其余改为初级中学。1984年，撤销小学附设初中班。1983年发展职业中学，开办了上横农业技术中学（后来迁入坭湾中学）。1990年，全县有少年体校、教育进修学校、成人中专学校、电视大学各1所，完全中学2所，职业高中3所，幼儿园83所，学生共48 610人，其中中小学生43 288人，比1950年、1965年分别增长5.6倍、42.4%；各类教师共2 988人，比1950年、1965年、1978年分别增长9.1倍、1.3倍、23.7%；教师与学生数量比为1∶17.6。同时，参加各类文化补习班和成人自学考试共4 265人。1981年，经佛山地区验收，确认斗门实现无盲县。2012年，斗门区学校结构体系基本完善，全区公办在职在编教职工达到了3 510人，有各级各类学校63所（其中公办学校58所、民办学校5所）。公办学校中，小学40所（含九年一贯制学校1所），初中12所，高中3所，区电视大学、教师进修学校、少年业余体校各1所。公办中小学中等级学校42所，其中国家级示范性普通高中1所、省一级学校8所、市一级学校10所、区一级学校23所。全区有幼儿园58所（含新建5所），其中省一级1所、市一级9所、区一级24所。全区在校中小学生共58 157人，其中高（职）中生11 790人、初中生17 828人、小学生28 539人；在园幼儿14 578人。全区小学适龄儿童入学率100%，小学毕业升学率100%，全区初中升学率96.9%。

三是加强师资建设，提高教学质量。斗门教育局加强教师在职岗位培训和提高学历培训层次，教学质量不断得到提高。1996年，全县中小学高级教师共52人，是1992年的1.8倍；中级职称364人，是1992年的1.4倍；初级职称1 937人，是1992年的1.3倍。1996年，全县中小学教师的教科研论文在省级刊物发表11篇，获奖的有17篇，在市级获奖的有78篇。学生学科竞赛获得了大面积的丰收，全县学生学科竞赛有1人荣获全国二等奖，21人次获全国三等奖；有17人次获省一等奖，40人次获省二等奖，69人次获省三等奖；有25人次获市级一等奖，32人次获市级二等奖，42人次获市级三等奖。从2006年11月7日起至11月10日，斗门区正式通过了广东省教育强区督导验收。2011年斗门区加强与高等院校联系，举办多种教师全员培训班、学历进修班、骨干教育培训班等，先后组织全区中小学校校长、骨干教师210人到山东、顺德等地交流；组织中小学骨干教师306人，与北京育才教育科技培训中心等展开合作交流。另外，还大力引进高学历人才，扩充教师队伍。2012年先后招聘录用25名"211工程"大学的硕士研究生，13名本科以上学历的毕业生。

三、水乡风情，提升文化实力

斗门位于珠江三角洲的最南端，素有"珠江八大门、五门经斗门""上天下天水，出地入地舟"之说。斗门发达的水系，形成了其独特的水乡风情文化特色。经过改革开放40多年的建设，斗门形成了山水文脉、城田相依的美丽景象。

（一）水乡文艺百花齐放

20世纪80年代，斗门县文化部门在县委、县政府的重视支持下大力推动民间艺术活动。由此，民间艺术从"文革"期间一度沉寂的状况开始转向复兴，舞狮、舞龙、锣鼓柜、飘色、地色等民间艺术活动重新活跃起来。1989年，斗门县举办了第一届艺术节。1990年10月，斗门县组织1 000人的艺术巡游队伍参加珠海市建市10周年庆典，接受江泽民、杨尚昆等国家领导人的检阅。1991年是中国共产党成立70周年，斗门县重排舞蹈剧《斗门赞歌》，开展三个系列的《光辉历程》群众歌咏大赛，鼓舞全县人民建设社会主义的新斗门。改革开放后，斗门的文艺创作开始勃

1989年斗门县首届艺术节巡演，背后建筑为20世纪80年代井岸城区地标建筑甘园大酒店

舞龙民间艺术活动

兴，1979年至1990年全县业余作者创作的作品有513篇；其中在省级刊物发表400多篇，获省级部门奖励的有7人、作品15篇。

1992年以来，斗门县文化部门大力提倡群众文化艺术创作，经常举办大型文化艺术活动。1992年是毛泽东同志"在延安文艺座谈会上讲话"发表50周年，斗门县文化部门系统举办了"社会公德群众歌唱大赛"等系列活动，印发了《社会公德三字歌》歌集。1995年，斗门县文化部门配合斗门建县30周年举办系列庆典活动，组织创作、排练大型歌舞《斗门颂》，并举办了一系列展览等活动。斗门老区人民也积极创作，开展文化艺术活动。2004年10月1日，斗门区举办"首届民间民俗文化节"，展示了斗门区民间民俗文化艺术的风采。在取得经验的基础上，2005年2月9日，首届民间艺术大巡游"金鸡起舞闹新春"在井岸城区隆重上演，之后每年举办一次，成为斗门的文化品牌项目。2007年9月16日晚，斗门区在新青科技工业园文化广场举办首届企业文化艺术节。2008年10月20日晚，斗门区在井岸影剧院举办斗门区首届农村优秀文艺节目汇演，歌颂改革开放取得的巨大成就，赞美新农村建设。斗门区每年都举办群众性体育活动，全民健身体育事业蓬勃发展，运动员

2012年斗门美食文化节

成绩显著，向国家输送的体育人才多。1996年1月，斗门县被国家体委确认为"优秀级全国体育先进县"。2012年9月29日，斗门区举办了美食文化节。

（二）文化设施建设

1984年，农村经济体制改革催生文化市场的繁荣兴旺。在斗门城乡出现音乐茶座、舞厅、桌球室、书报摊、音像制品、卡拉OK、民间艺人表演厅等，这些设施和场所都具备商业性、群众性和娱乐性。白藤湖旅游区于1986年建成白藤湖游乐场，开展桌球、游戏机、碰碰车、射击场等项目。改革开放后，文化局主管有文化馆、图书馆、电影管理站、新华书店、新闻图片社、县粤剧团等6个事业单位，编制109人。1986年黄金渔业公社与坭湾公社合并为井岸镇后，全县文化站有8个。1990年，全县有农村文化室99个、老人乐园64个，形成了县、镇、村三级文化网络。截至1991年，斗门县先后在县城井岸建成斗门县影剧院，在各镇先后建成了斗门镇黄杨新剧院、平沙影剧院、乾务镇东方影剧院等影剧院。到2000年，全县有文化馆、博物馆、图书馆各1间，镇级文化站9个。2002年10月1日，斗门区文化馆搬至新办公地址，面积达到了294.73平方米。2002年，斗门区青少年宫建设落成。经过10年的发展，青少年宫已经变成青少年学习娱乐的乐园，

2012年全年举办公益活动突破100场。

　　1980年后，斗门县的新闻报道工作进入一个相当活跃的时期，有线广播宣传工作条件也有了较大变化，在佛山地委宣传部广播科的资助下兴建了407平方米的三层办公楼；全县8个公社、2个县属农场、2个省属农场，全部办起了广播站，公社至大队（含自然村）广播专线达420千米，基本做到队队有广播。1984年初成立了斗门县广播电视局，1月1日总投资为16万元的斗门县电视转播台落成并启用。整个电视转播台占地总面积6 389平方米，其中机房为两层、面积300平方米，发射塔高33米。1984年9月，县电视转播台增设50瓦分米波彩色电视差转机，转播广东电视珠江台全套节目。县电影公司于1993年对井岸影剧院进行升级改造，投放了15万元，安装了立体声，放映的质量有所提高；

中国第一座农民度假村——白藤湖旅游城

同时积极送电影下乡，每年送电影下乡达几千个场次，如1995年全年放映3 500场，观众约153万人次；1996年全年放映4 138场，观众近170万人次。1995年，斗门新建

珠海南方影视文化产业有限公司落户斗门

400平方米的新华书店大楼，门市部的营业面积达280平方米。1992年，斗门对广播电台进行技术改造和设备更新，有效地扩大了覆盖范围。珠海南方影视文化产业有限公司落户斗门，总占地面积5 000亩，总投资50亿元，基地规划集影视拍摄制作、主题旅游、文化创意三大板块为一体。

此外，鼓励华侨支持斗门区社会事业发展。据20世纪80年代的资料统计，斗门地区约有华侨华人4万人，多数聚居南洋、美国、加拿大等国家和地区。1949年以后，侨胞更积极主动回斗门兴办公益事业：马观适捐赠1 000万港元兴建体育馆，崔耀捐赠200万港元兴建青少年宫，容兆珍、李如心夫妇捐赠117万元兴建斗门区博物馆，黄永发捐赠300万元兴建金台寺等，还有不少旅外乡亲及港澳同胞慷慨解囊，热心支持斗门公益事业，谱写出爱国爱乡、扶贫助学、抚孤恤困、济贫救病的辉煌篇章。

（三）文化品牌打造

斗门区虽然历史不长，名胜古迹也未享誉海内外，但斗门人民善于探索，将地理、历史、文化、风俗、乡村等资源融合在一起，形成了"一湖一库一温泉，一山一寺一深潭，一皇一将一家族"风格独特的自然景观和人文景观。其中一些革命老区也打造

斗门接霞庄

出了自己的文化品牌，焕发出新的活力。

一是积极推进名镇名村工程。按珠海市的部署，斗门镇是全市唯一的名镇试点镇，接霞庄是名村示范试点。以此为契机，首先是成功创建省特级文化站，投入资金330多万元，按照申报省特级文化站的要求进行装修和配置，经省文化厅检查验收，斗门镇文化站被评定为广东省特级文化站。其次是各项名镇名村工程建设，包括斗门旧街修复工程、文化中心配套工程、菉猗堂修复工程、接霞庄古村落环境整治工程、斗门大道两旁建筑物景观改造工程、体育健身广场、黄杨山环山路以及黄杨八景配套工程等。其中，镇文化中心非遗展馆、工业展馆、图书室、龙山湖公园、接霞庄护庄河、停车场工程、南门村休闲公园、风流桥景观配套停车场，以及南门市场东、西侧路等已经在2011年完工并通过验收。斗门镇2002年被评定为省级中心镇，2008年被评为广东省旅游特色镇，2012年又被评为广东省历史文化名镇。2008年，"斗门镇赵家庄"与乾务镇网山村相继入选"广东省古村落"。2012年4月21日，经中国民间文艺家协会评定，乾务镇被评为"中国民间文艺之乡"，这也是广东省第一个获此殊荣的县镇。

二是打造中国曲艺之乡，弘扬传统民间艺术。斗门曲艺品种繁多、源远流长；从斗门井岸城区的西堤文化长廊到桥北乐坛，从各镇的文化艺术中心到村的曲艺社，从企业到园区，处

斗门乾务飘色

斗门水上婚嫁

处可闻曲艺之声。2010年6月，斗门区荣获广东省"南粤锦绣工程"文化先进区；2011年11月18日，中国曲艺家协会授予斗门区"中国曲艺之乡"称号。从2011年开始，斗门区政府每年设立文艺精品创作扶持资金100万元，曲艺成为每年四大品牌文化活动之一加以重点打造。斗门创建了民间艺术大巡游文化品牌活动，从1994年到2012年已举办了八届。斗门区委、区政府先后制定和实施《斗门区文化事业"十一五"发展规划》和《斗门区文化事业"十二五"发展规划》，旨在挖掘斗门历史人文资源与旅游文化资源，同时扎实推进"人才强艺"战略，全面繁荣斗门文化事业。

斗门区现有各级非遗名录21项。2007年3月29日，斗门乾务飘色、斗门水上婚嫁、斗门锣鼓柜、斗门莲洲舞龙、斗门莲洲地色等入选珠海市第一批非物质文化遗产名录。同年6月18日，斗门水上婚嫁、斗门乾务飘色入选广东省第二批非物质文化遗产名录。2008年，斗门水上婚嫁成功入选国家级非物质文化遗产保护名录，实现了珠海非遗国家级"零的突破"；2011年，"装泥鱼"项目又成功入选国家级非物质文化遗产名录。

四、兴修设施，打造滨海田园

斗门地处珠江口西南端，河溪多、径流大，磨刀门、鸡啼门和虎跳门三条水道过境出海。发达的水系既是斗门的优势，也是影响斗门发展的因素，自古以来斗门就受到洪、潮、涝、旱、咸五害威胁。从改革开放开始，斗门人民通过大力建设水利和道路交通等基础设施，变地理劣势为优势。

（一）斗门交通的飞速发展

斗门的发展史，也可以说是一部路桥建设史，斗门人民都深刻体会到了"路通桥通财通"的道理。过去的斗门被称为"西伯利亚"，"出门无桥便无路""风头电尾"，通讯、道路等基础设施落后的现状严重制约了斗门的发展，影响了人民的生活。为了改善生活环境，斗门人民下定决心大办交通、架桥筑路，把1985年定为"交通年"。斗门县委、县政府专门成立了交通建设指挥部，着重解决"过渡难"的问题。

"七五"计划期间，斗门县委提出三个目标：第一消灭渡口；第二提高公路等级；第三实现乡镇通汽车。随后，上横大桥、乾务大桥、新环大桥、井岸大桥等先后动工。1990年，斗门大桥的建成通车结束了进出斗门靠摆渡的历史，斗门从此告别了"岛县"的称号。

1991年后，斗门加快了建设速度，1991—2000年建成桥梁83座，建成等级公路188.3千米，以及一类口岸斗门港客货运码头等，斗门四通八达的水陆交通优势已经显现。2005年12月28日，广东西部沿海高速竣工通车。2007年5月16日，江（门）珠（海）高速公路正式建成通车。为了更好地服务西区工业区和沿线居民的生产生活，斗门区和市公路局共同筹资分

斗门珠峰大道

段对珠峰大道进行改造和整治，2006年6月28日举行动工仪式，2007年3月5日珠峰大道全线改造工程正式完工通车。从此，新青科技工业园和沿线群众的公路运输环境得到根本改善，斗门公路的运输能力也随之提升，斗门至珠海港、海泉湾度假城乃至西部沿海的高速公路更加通畅。

2012年，斗门区加强与市区及周边地区的快速联系通道建设，重要交通通道、交通服务水平在规划期内按二级控制，四高速、一纵、两横、一铁的干线交通网络新格局已具雏形。广珠铁路是珠三角西岸一条重要的货运干线铁路，全长189.4千米，连接广州、佛山、江门、珠海，其中珠海段长33千米，该项目于2012年12月29日建成通车试运营。高栏港高速公路是贯穿金湾、斗门两个行政区的重要疏港通道，全长23.552千米，该项目于2009年11月开工，至2013年6月底竣工通车。机场高速公路被列为广东省重点工程，是珠海市全面构建珠江口西岸交通枢纽城市的十大重点工程之一。该道路全长30.35千米，2008年底开工，至2013年3月全线竣工通车。西沥大桥全长1.25千米，于2011年8月底正式改造，至2015年6月实现左半幅桥梁建成通车。斗门旅游大道（含斗门大道改建）工程全长6.8千米，其中斗门大道于2011年完成改建，斗门旅游大道于2012年初开工，至2012年9月底竣工通车。斗门道路网络的新布局，为全区经济社会的持续健康发展和民生改善提供了坚实保障。

（二）斗门水利设施的建设发展

在农田水利设施方面，斗门人民始终把水利建设作为国民经济建设的重点。中华人民共和国成立初期，斗门境内的斗门镇、五山镇、乾务镇等地区属于丘陵和咸田区，只能靠天然水溪和河涌灌溉，农业生产毫无保障。为解决农田水利、洪涝等问题，斗门人民实行"蓄、引、排、提"综合工程建设，先后修建了蓄水水库、围堤工程、水闸工程、排灌工程等。1979年金台寺水电站动工，1980年对南山水库进行了加坝续建。1991—2000年全县修建蓄水工程48宗，灌溉面积4.95万亩，累计改善和治理洪涝旱面积138.75万亩。至2012年，斗门最大的、唯一的中型水库乾务水库总集雨面积10.11平方千米，最大吹程2.9千米；斗门的7座小（一）型水库可以控制集雨面积18.24平方千米，灌溉面积2.28万亩。

继1967年斗门县最大的电力提灌工程——五山引淡防咸电灌工程建成后，1977年1月斗门最大的排涝工程西安泵站开始动工，1979年9月正式投入使用。1991年斗门县成立五山引淡工程改造配套指挥部，进一步加强斗门的提水灌溉能力。至2000年，斗门电力排灌设施已经颇具规模，共建成排灌站264宗，总装机301台，电力提水灌溉面积9.02万亩。此外，1980年平沙农场建成"2571"围垦项目前东东围2 400亩。1982年白蕉灯笼八围集资围

当时亚洲最大功率的扬程泵之一的西安泵机组就在斗门

白藤湖水利大闸

垦工程动工，1983年12月竣工，围垦面积8 500亩。1990年斗门县制定了《斗门县海堤建设达标计划》，至2012年全县有白蕉、乾务赤坎、小林、大沙、上横、竹银和三沙等大联围，外江海堤总长264千米，其中干堤208千米；建成外江水闸116座，其中大型水闸1座（白藤大闸）、中型水闸4座。

7

第七章
美丽斗门

中共十八大以后，斗门区紧跟时代发展步伐，坚持创新发展，在政府职能转变、从严治党责任落实、乡村振兴战略推进、产业发展、对外开放、生态文明建设、科技事业、医疗卫生保障等方面主动作为，打造了务实与创新、实力与魅力并存的美丽斗门新形象。斗门革命老区也随之展现了全新的发展姿态。

第一节 永葆为民 现代斗门

中共十八大以来，斗门区深入贯彻学习中共十八大精神和习近平新时代中国特色社会主义思想，在政治建设中严格贯彻中央全面从严治党的重大战略部署，坚持永葆为民的理念，努力建设现代新型政府的目标。

一、六型政府，绘浓服务底色

中共十八大以来，斗门区坚持自我革命，全面贯彻为民服务理念，不断转变政府职能。经过长期努力，在法治政府、创新政府、诚信政府、高效政府、服务政府、廉洁政府这六型政府的建设中取得了一定的成绩，全面提升了政府的服务效能，传承了老区人民的服务创新精神，营造了干事创业的良好氛围。

（一）依法行政，打造法治政府

为建构法治斗门，营造良好的法治氛围，斗门区政府充分发挥带头作用，全面推进依法治区，积极打造法治政府。中共十八大以来，斗门政府在深化法治政府建设、推动行政执法体制改革、强化依法行政考评工作、增强领导干部依法行政观念、推进政务公开等方面做了积极的探索与尝试，取得了一定成效。2013年，斗门政府通过推进行政执法体制改革，整合执法主体、集中执法权、开展综合执法，建立了权责统一、权威高效的行政执法体制机制。同时注重依法行政的考评，印发了《斗门区法治政府建设指标体系和斗门区依法行政考评办法》，依法推进各项行政工作，获得了"全国法治区创建先进单位"称号。为增加法治政府建设的专业性，2014年，斗门区党委和政府部门全面设立法律顾问，探索引入法律助理制度，培养法治精神。2015年，斗门区继续完善政府法律顾问制度，并深化综合执法体制改革，全力开展依法行政考评各项工作，加强行政执法监督。2016年，斗门区出台《斗门区法治政府建设实施纲要（2016—2020年）》，全力打造法治建设示范区。2017、2018年，斗门政府积极利用政府门户网站和网络问政平台，向人民群众公开公共事务的信息，主动接受社会监督，全力打造法治政府。

（二）深化改革，打造创新政府

在老区革命精神的指引下，斗门区在破旧立新中担当作为，在优化政府部门职能配置，理顺职责关系，推进体制机制改革，创新政务服务模式等方面实现自我突破，努力建设创新政府，在全区营造良好的创新氛围，打造活力斗门。如2013年全面推进农村综合改革，获评第二届"广东治理创新奖"唯一"农村改革奖"。2014年，实行区领导牵头、重点单位跟进、区镇村联动的立体模式，分别制定行政审批、财政金融、国资国企、园区开发建设管理、农村、文化、教育、卫生、科技、社会治理改革实施意见，深入推进十大体制机制改革。此后，斗门区政府遵循十大体制改革的基本方向，在全区各领域突破体制机制发展障碍，激发斗门发展活力。

在政务服务模式创新方面，斗门区政府大力推进公共服务信息化建设，提高城市管理精细化水平。主要表现在，斗门区大力推进"互联网+政务服务"的创新模式，在区、镇、村完善公共服务综合平台和电子政务网络平台，推进部门之间数据共享。在此基础上，斗门区将区信息中心建设为区大数据中心，共享政务信息系统及资源，打造全区政务信息枢纽，有效推进了数字政府和智能政府的建设。为更好地提升服务水平，斗门区行政服务中心于2016年开始推行"一门式一网式"的政府服务改革工作，于2017年进一步提出"一中心多组团"（一中心+N组团）的政务服务模式，推进信息共享平台建设和区级事权下放，逐步实现公共服务机构全覆盖。

（三）承诺为民，打造诚信政府

为建设诚信斗门，营造诚信友好的社会氛围，斗门政府以身作则，加强诚信建设，积极打造诚信政府。斗门政府通过加强诚信意识教育，建立信用规章制度，完善政府诚信监督机制等举措，努力建设诚信政府服务窗口。2013年，斗门区行政服务中心积极创新服务方式，结合网上办事大厅平台建设，设置"诚信承诺默认"制度，解决录入和上传难的问题。同时，建立"先受理，后审批"模式，解决群众因材料不全导致的办理困难问题，给群众树立了守信权威的政府形象。2014年，斗门区加快推进社会信用体系重点工程建设，建立信用规章制度，加快建立覆盖全区的公共征信系统；在部门和各行业间推行联动奖惩机制，给予守信者一定激励，给予失信者一定惩戒。2015年，斗门区政府积极加强政府诚信道德建设，构建政府诚信监督机制，通过完善公开办事制度、办好政府门户网站等举措，自觉接受监督。2016年，斗门区政府继续加强诚信道德建设，完善政府诚信监督机制，兑现对人民群众做出的承诺。2018年，斗门区深入推进政务诚信建设，做好政务领域失信记录，实施失信惩戒，不断提升公务员诚信履职意识和政府诚信行政水平。这些举措的实行，不仅有利于提升斗门政府的公信力，推进诚信政府的建构，而且有利于在全区形成诚实守信的良好氛围，弘扬社会主义核心价值观。

（四）简政放权，打造高效政府

为给斗门人民的生活带来更大的便利，斗门政府积极发扬自我革命精神，通过简政放权、提高审批效率来打造高效政府。中共十八大以来，斗门区为了更好地服务企业和群众，深入开展行政审批事项清理，制定权力清单。2013年，斗门区深入开展第五轮行政审批事项和社会服务事项清理，审批事项削减42%；全程跟踪服务60项涉及重点项目行政审批事项，缩短审批时间488个工作日。2014年，斗门区建成各镇街政务服务中心和各村居公共服务站及网上办事站点，全部配备自助终端机，实现"政务服务到家门"；全面开展"三单"事项梳理，初步形成"三单"事项管理目录，基本完成"一门式""一网式"行政服务模式改革。2015年，斗门区印发了《斗门区级政府部门行政职权和政务服务事项清单》，大幅减少了行政审批事项，行政审批事项由202项缩减到118项，削减了42%；为激发行政权力末梢的活力，斗门区把行政服务中心开到镇街、村居，群众不出村、不出镇就能享受政府的一条龙服务。2017年，斗门政府继续深化行政审批制度改革，加快各项目的审批进度。运行高效、永葆为民的高效政府，正在斗门逐步推进。

（五）以民为本，打造服务政府

中共十八大以来，斗门区政府坚持以人民为中心，通过健全服务平台、扩大政府购买服务的领域和范围等举措，打造服务型政府。2014年，斗门区建立健全区、镇街、村居三级政务服务机构。在区设置政务服务管理局，各镇（街）成立综合政务服务中心，各村（居）建立综合服务中心，全面提高政府的服务水平和服务质量。2016年，区政府加快推进"多规合一"审批流程改革，以更高的效率服务人民。在服务平台建设方面，斗门区政府进一步完善了区、镇街、村居三级公共服务平台，建成新行政服务中心，整合完善了"微政务"平台，设立了访前法律工作室，探索构建集网络、电话、视频等于一体的信访诉求服务平台，建立"一站式受理、一条龙服务、一揽子解决"信访接待处理模式。为进一步提高公共服务的供给水平，2017年斗门区政府不断扩大政府购买服务的领域和范围，拓宽社情民意反映渠道。经过不懈努力，2018年斗门区政府在人民群众对政府的满意度调查中获得了较高名次，在全省122个县（市、区）政府中排名第七，成为珠海唯一榜上有名的区，起到了模范带头作用。

（六）完善机制，打造廉洁政府

中共十八大以来，斗门区不断健全行政决策机制，提高决策民主化、法治化水平。斗门区专门成立了政府决策咨询委员会，2014年推行重大行政决策民意调查，专家论证、听证和风险评估，合法性审查，集体讨论决定，实施情况跟踪反馈评估等制度，加强对重点领域、重点项目、专项资金和领导干部经济责任审计。2016年，斗门区还成立了区创新社会治理专家咨询委员会，促进政府决策民主化和科学化。为进一步打造廉洁政府，斗门区充分发挥各民主党派、工商联、无党派人士参政议政的作用，进一步完善政府监督机制建设。2013年，邀请人大、政协委员视察区政府重点工作，44件人大代表议案、建议和56件政协委员提案得到认真及时办理。2016年，完善行政监察、审计监督、财政监督机制工作。2017年，继续加强审计监督和重点领域的监管工作，严控"三公"经费支出，合理分配资源，进一步营造风清气正的政治氛围。

二、不忘初心，落实从严治党

全面从严治党，是中共十八大以来以习近平同志为核心的中共中央治国理政和管党治党的核心理念和关键举措，体现了巨大的政治勇气、强烈的责任担当。在中共中央的指导下，中共斗门区委坚持从严治党，形成了党建创新品牌。斗门区全面从严治党的开展，赢得了斗门老区人民的支持和拥护。

（一）贯彻落实全面从严治党精神

斗门区有1 200多个基层党组织、19 600多名党员，他们是斗门区发展建设的生力军，也是斗门区干部队伍的治理关键。在基层党组织的领导和党员的带动下，斗门区将全面从严治党的精神落实在具体行动中。

一是抓好学习教育，深入贯彻习近平总书记系列重要讲话精神。斗门区委始终把贯彻落实习近平总书记系列重要讲话精神作为首要政治任务，第一时间传达、学习总书记重要讲话和重要批示。2012年至2018年，斗门区委中心组通过召开集体学习会，开设干部培训班、斗门大讲堂、田野课堂等活动，激励党员干部加深理论学习，在学深学透上下工夫，在学以致用上出实招，用重要讲话精神统一思想、凝聚力量、推动发展。通过努力，斗门区获评广东省党员干部现代远程教育领导带学活动先进单位，莲洲镇石龙村党支部获评全国创先争优先进基层党组织，干部队伍素质显著提升。

二是明纪律严查处，开展党风廉政建设。中共十八大以来，斗门区把从严纪律贯彻到底，通过多种方式加强党风廉政建设，具有一定的区域特性。第一，在教育预防上下工夫。斗门区在党风廉政建设过程中，通过正确价值观的传递，尽力将腐败扼杀在摇篮里。如2013年斗门通过建设区反腐倡廉警示教育基地、开展党风廉政建设活动、健全廉政宣传教育体系，举办党员领导干部"三纪"教育培训班、纪律教育学习月等方式开展教育活动；2017年，扎实推进"两学一做"学习教育活动；2018年，深入开展廉政教育和廉洁文化创建活动，不断深化思想政治建设。

第二，在活动规范上下工夫。如2014年，中共斗门区委贯彻执行中央"八项规定"精神，推进公车改革，进一步规范和控制"三公"经费支出，坚决纠正"四风"突出问题。2015年，中共斗门区委落实中央"八项规定"和市、区纪委全会精神，执行《党政机关厉行节约反对浪费条例》，规范公务接待、公务用车、公费出国境活动，减少外出参观交流活动，三公经费开支比上年下降90%。第三，在扎实推进监督工作上下工夫。2013年至2018年，斗门区通过健全完善监督机制、落实"述责述德述廉"工作、开设《作风"曝光台"》栏目、制作暗访专题片、创建廉政监督志愿者队伍、抢占网络意识形态主战场、强化审计监督、激励群众举报等举措，推动监督工作全覆盖，极大提高了党风廉政建设的实效。最后，在严查违法违纪行为上下工夫。斗门区严肃查办党员干部各类违纪违法案件，给予多名违法党员党纪处分。在行动中，斗门区落实党风廉政建设主体责任，健全责任清单，完善责任体系，严格责任追究，保持惩治高压态势，使得不敢腐的震慑作用得到充分发挥。通过推进区委巡察工作，推进巡察派驻全覆盖，斗门区不敢腐、不能腐、不想腐的效应初步显现。

（二）创新特色党建品牌

斗门区在从严治党的过程中，在优化党组织设置、创新党支部建设活动、推动基层党组织建设方面积极探索，全力打造党建创新品牌。

在优化党组织设置方面，斗门区积极探索以社区党组织领导为核心，以区域化党建统筹共驻单位联建，以网格化党建引领社区联治，以标准化党建推进新兴领域基层党建联动模式。如2018年，白藤街道规范新城社区党委示范点创建，以楼宇党建为切入点，推动社区党建工作形成具有楼宇特色的党建品牌，取得了很好的效果。同时，斗门区以经济联合、产业集聚、党建融合为依托，发挥党组织在村企发展以及创新创业中的引领作用，如"十里莲江"和莲江村村企党组织的联建模式，推进新青科技工业园党建示范点创建，举办党建引领科技创新大赛等。

在开展党支部建设活动方面，斗门区委重视党支部建设，开展创建示范基层党支部活动，各领域党组织的组织力显著增强。在全市率先召开区党代会年会，构建党代会常任制"8+1"制度体系，实现村（居）党代表工作室全覆盖。落实"三挂一派"工作制度，对软弱涣散基层党组织进行精准整顿。加快"两新"党建创新，以"三大园区"为依托，按照"单独建、行业建、区域建"模式分类推进，实现全区域党建工作和组织建设全覆盖，拓展党建工作新思路。

在基层党组织建设方面，斗门区积极打造党建精品，在行动中深入贯彻广东省开创的党建新模式，组织实施具有区域特色的党建创新"书记项目"。2013年，斗门区委组织部总结推广石龙"大党委制"成功经验，在全区内继续探索发展农村"大党委制"。区委书记在基层党组织中开展"全面提高农村干部素质工程"，全面加强农村地区的素质教育。此"书记项目"是斗门区党建创新的重要品牌，被广东省委组织部列为全省100个省级"书记项目"之一。同年，斗门区的13个区级"书记项目"全部通过了验收，全区党建工作迈向新征程。2015年，斗门区"整顿软弱涣散和问题突出基层党组织"的"书记项目"全面整治了基层党组织的突出问题，获得广东省委组织部的通报表扬。2017年，区委"书记项目"和"两创新两突出，创建党建示范"被市委组织部推荐申报省级"书记项目"，积极打造具有斗门特色的基层党建示范点，总结和推广基层党建工作经验。

第二节 创新提质 实力斗门

中共十八大以来,斗门区抓住粤港澳大湾区建设的历史性机遇,主动融入粤港澳大湾区建设,构筑改革开放新高地,在农业、工业、服务业等行业积聚新动能、打造新样板,奋力打造珠海"二次创业"新引擎。斗门老区的经济发展实现了再次腾飞,老区人民的生活质量得到了新的提升。

一、乡村振兴,创建示范样板

习近平总书记在中共十九大报告中指出,农业、农村、农民问题是关系国计民生的根本性问题,必须始终把解决好"三农"问题作为全党工作的重中之重,实施乡村振兴战略。斗门区下辖101个行政村,农村总人口21.62万人、农户5.27万户,占全市农村人口的89.23%。辖区土地面积613平方千米,耕地保有量23.13万亩,基本农田面积为20.99万亩,占全市的72.13%。斗门区的19个革命老区村和乾务老区镇,多数处于偏僻的农村。乡村振兴,是斗门区的重要任务和工作重心,也关乎革命老区的发展。斗门区委、区政府以农村综合改革为抓手,以农村经济发展为中心,以美丽新农村建设为统揽,以创建乡村振兴全国示范样板为目标,全方位、多角度、宽领域推进乡村振兴战略。经过两年的努力,斗门区于2018年入选了全国农村创业创新典型县范例名单。

（一）综合改革，盘活资源

习近平总书记提出乡村振兴战略后，斗门区在全省率先推出《斗门区推进乡村振兴战略实施方案（2018—2020年）》和《关于加快乡村振兴战略人才集聚的若干措施》，在土地、产业、人才、生态、基础设施等多领域共同协调推进农村综合改革，主要集中于以下几个方面：一是推进农村土地承包经营权确权登记颁证，推进土地资源的有效利用；二是引导农村土地经营权流转，发展农业适度规模经营，全力做好农村留用地落地，盘活闲置、低效、空闲资源，改造建设民宿、创客空间、休闲农业、乡村旅游、健康养老等场所；三是规范农村集体"三资"管理，建立完善的集管理、服务、交易"三位一体"的"三资"管理平台。推进农村土地"三权分置"改革，落实农村集体产权制度改革实施意见，完善土地流转机制，探索成立公共资源交易中心；四是深化农村金融改革，构建新型支农体系，鼓励金融资源、工商资本、企业主体参与农业生产和农村发展。

2012年斗门区出台了《斗门区示范性农民专业合作社评选和管理办法》《斗门区关于支持和促进农民专业合作组织发展的意见》《斗门区农产品质量认证、农业品牌名牌和荣誉称号奖励办法》。在全区人民群众的共同努力下，到2018年斗门区的农村综合改革取得了一定的突破，农村土地确权工作有了新进展。2018年，在全区101个行政村中，需要开展土地确权工作的有85个，年内完成了83个，发放证书39 419本，发证率高达98.17%。农村集体"三资"管理不断完善，启动区级"三资"办筹建工作；解决了农村留用地历史遗留问题139.87公顷，完成率100%。推广了"政银保""农联保""助保贷"等多项涉农贷款，全区共发放企业和个人涉农贷款突破6亿元。搭建了村民议事平台，开展城乡社区协商试点3个、农村社区建设试点5个、村民理事会试点4

个。各项资源在综合改革中被有效盘活，为广大农村发展提供了前所未有的发展契机。

（二）创新农村经济发展模式

为推动乡村振兴战略实施，斗门区高度重视农村产业的改革创新发展，多方面添薪续力，创新发展模式。

一是优化农村产业布局和产业结构。斗门区制定推进农村一二三产业融合发展、集体经济发展壮大等政策，实行点状配套设施建设用地支持乡村产业发展。按照"既有个性亮点，又有区域特色"的原则，立足资源和传统优势，制定一村一品、一品多村实施战略，优化现代农业空间布局，促进四大片区差异化发展。东片区打造白蕉海鲈水产品生产加工基地；西片区打造乾务大海环水产品养殖基地；北片区打造莲洲苗木种植基地、莲洲休闲现代农业产业园，建设大沙—永利片区；南片区打造鹤洲大湾区农产品出口基地。结合地区特色，斗门区还积极优化农村产业结构，大力发展生态休闲农业，做优特色小镇、生态休闲农庄、创意民宿等特色农村产业，加快岭南大地田园综合体、停云艺术小镇、接霞庄风情小镇等项目建设，进一步激发了农村产业发展的潜力。

二是发展"互联网+"农村经济发展模式。2015年，斗门区政府与阿里巴巴签署了农村淘宝项目合作协议，确立"村淘"项目。"村淘"改变了农村生产、销

斗门农村淘宝区级服务中心

售乃至生活方式。2016年，斗门区首个跨境电子商务产业园——广丰跨境电子商务产业园建成投产。同年5月，斗门区与阿里巴巴举办首届农村淘宝电子商务招商会，近200名来自斗门本地的电子商务企

白蕉海鲈

业、相关行业协会以及农业企业的代表踊跃参会。斗门区6·18农村淘宝家电节数据位居广东省第一，累积销售额550万元，斗门农村淘宝服务站代购销售额2 300万元。斗门区还建立了珠海首个农业专业电商平台"珠海渔都"，并以此为支点带动建设一批农村淘宝服务站，建成覆盖全区的村级电商服务站网络体系。农村淘宝村级服务站服务范围覆盖七成村居，累积开展农村电子商务培训班12期，其中斗门镇服务中心获全国2016年"双11"阿里巴巴农村淘宝服务质量评比第一名。2017年，斗门区农村淘宝村级服务站有20家提升为3.0模式，农村电子商务园正式开园运营，获科技部批复为第一批国家"星创天地"，获农业部批复为全国农村农业双创基地。到2018年，全年村淘销售额达5 000万元，翻了几番，帮助村民节约了近500万元生活成本。随着农村全面"触网"，斗门区地理区位、农产品品质、文化底蕴、旅游资源等优势凸显，实现"村淘"的南门、莲江等35个村已推动了"网货下乡"和"农产品进城"。农业资源与"互联网+"的融合发展，已经转化为斗门农村经济发展的加速器。

　　三是发展现代农业。为深入推进乡村振兴，斗门区还致力于推动现代农业的发展，创新发展集约化的农业生产模式，加

斗门禾虫（水中的冬虫夏草）

快港珠澳现代农业示范园建设。2017年，斗门区成为广东省唯一获评"全国首批基本实现农作物生产全程机械化示范县"的地区，培育国家级和省级农业龙头企业7家、市级农业龙头企业29家，成功打造14个示范基地。

在农业龙头企业和示范基地的带动下，2018年无公害农产品由2013年的38个增加到了54个，名牌农产品由2013年的9个增加到了35个，进步明显。在名牌农产品中，值得一提的是"白蕉海鲈"——获评中国百强农产品区域公用品牌、广东省最具影响力渔业区域性公用品牌以及"广东省名特优新农产品"称号，白蕉海鲈产区于2017年被评为中国特色农产品优势区。斗门著名的水产品——禾虫入选珠海市非物质文化遗产名录。通过大力发展特色禾虫产业，斗门区荣获"中国禾虫之乡"称号。随着现代农业的不断推进，斗门区的农业总产值实现了较大增长。2013年全区农业总产值为53亿，到2018年则增长到74.1亿元，农业发展成效显著。

（三）美丽乡村，画意斗门

为响应中共十八大会议提出的"建设美丽中国"号召，斗门区加紧规划美丽乡村建设，在科学规划布局美、生态文明自然美、乡风文明身心美、设施健全生活美等方面全面推进。2013年12月，斗门区邀请了中国海峡两岸农业协会、法国夏瓦纳建筑规划事务所开展概念性规划和总体规划。在美丽斗门行动计划的综

南山村美景

合指引下，绿色之城、花园之城、森林之城、宜居之城建设加快推进，美丽乡村建设事业迈上新台阶。2013年，斗门区高标准完成了27个村的整村规划编制，南门村获"中国十大最美乡村"提名。2014年，广东省级新农村示范片建设启动，斗门紧紧围绕"农业强、农民富、农村美"以及"看得见山、望得见水、记得住乡愁"的新时期农村建设要求，完善生态保护补偿机制，保护好斗门乡村的田园风光，扎实推进美丽乡村建设。2015年，斗门区委实施美丽斗门行动计划和美化绿化提升三年行动方案，成功创建省生态区、国家生态区；井岸、白蕉、乾务、莲洲成为国家级生态乡镇。2018年，斗门镇成功入选"2018年中国最美村镇"，莲洲水产特色小镇入选广东省特色小镇培育库。

在设施健全生活美的打造方面，斗门区不断加大经费投入，建设和完善乡村基础设施，为村民的美好生活打下坚实的物质基础。如体育设施的增设工作陆续开展，各镇健身广场建设步伐加快。2018年，围绕供水、供气、供电、农田、水利、网络、道路、路灯、垃圾处理、污水治理等十大要素推动农村基础设施提档升级。为促进乡风文明建设，斗门区加强非物质文化遗产的传承，注重保护好古桥、古井、古树、古街巷、古建筑。推动省级新时代文明实践中心试点建设，开展移风易俗活动，打造乡风文明建设示范点，逐步完善村居文化设施，多方面培育文明乡风、淳朴民风、良好家风。

二、产业转型，发展产业集群

（一）创新驱动，解锁转型

2013—2016年，斗门区坚持以产业项目调结构促转型，建成一批大项目、好项目，打造了一批高端产业，帮助斗门区经济在创新驱动中实现更高质量、更好效益发展。此外，斗门区出台促进企业增资扩产系列政策，实施区、镇街、园区联动抓经济，推动投资、消费、出口"三驾马车"协调发展，实现经济速度与质量、总量与效益双提升。2016年上半年，斗门区印发了《斗门区供给侧结构性改革总体方案（2016—2018）》和五年行动计划，营造了审批少、流程优、效率高、服务好、企业获得感强的营商环境。2018年，全面构建现代产业体系，依托斗门港、通用机场等优势港口资源，努力推动现代物流产业的发展。为加快绿色低碳、生物医药、数字经济、海洋经济等战略性新兴产业发展和产业升级，斗门区于2018年投入28.74亿元进行工业技改；这为企业提供了良好的政策环境和基本的资金扶持，为产业提供了良好的科技创新环境，助力企业解锁转型。

为大力发展实体经济，提升实体经济能级，斗门区积极落实实体经济"三十条"、科技创新、质量强区奖励政策，实施工业企业培育"幼狮计划"和"强龙计划"，大力培育小微企业，进一步推动工业化、信息化和科技化深度融合。2018年，斗门斥1.3亿元巨资，全力打造新一代电子信息、智能制造、新能源新材料、现代物流、现代农业五大产业集群发展的实体经济。截至2018年底，斗门区有产值超百亿元工业企业（集团）2家，超十亿元工业企业12家，超亿元工业企业96家，电子信息产业集群获评全国第四批产业集群区域品牌建设试点。2018年斗门区规模以上工业总产值777.08亿；地区生产总值393亿元，比2013年增加了154.55亿元。在赛迪2018年中国百强区排名中，斗门区位列第22位，下辖的斗门镇、白蕉镇、乾务镇皆入选2018年全国综合实力千强镇。

（二）依托园区，集聚高端产业

中共十八大以来，斗门区主动对接广深港澳科技走廊，推进优势互补、紧密协作、联动发展，增强企业自主创新能力，夯实产业发展平台。

在探索产业发展道路的过程中，斗门区不断创新园区的开发理念，在主抓富山工业园、珠海国家农业科技园区（斗门生态农业园）、新青科技工业园"三大园区"建设的基础上加强"园中园"的建设，集聚资金、技术、人才等资源，带动高端产业集群发展。

一是以富山工业园为中心，加快滨海医药港、环保产业园、物流产业园的规划建设，带动电子信息、新材料等产业发展，致力将富山工业园打造成国家新型工业化示范基地。2014年，富山工业园力促中

富山工业园区

国北车珠海基地、瓦锡兰玉柴中速机、杰赛科技等投产项目做大做强，力促修正药业、普联电子、立讯双赢等项目加快建设、早出效益，加快推进中联重科、新兴际华、方正科技二期、太平洋粤新二期等项目，推动高端产业齐头并进发展。2016年，由北京大学投资创办的中国信息产业前三强的方正集团与富山工业园签订了PCB高端智能化产业基地项目协议，共建高端智能化产业基地，进一步集聚了高端产业。富山工业园正由创园之初的电子信息、家用电器、临港先进制造业"三足鼎立"产业格局，逐步形成海洋与船舶制造、轨道交通装备、电子信息、家用电器、生物医药、环保产业、物流产业七大产业集群。

二是以珠海国家农业科技园区为引擎带动现代农业产业集群发展。中共十八大以来，斗门区以打造现代农业示范区为农业发展目标，充分发挥珠海国家农业科技园区的优势，吸引农产品加工物流业、销售业，休闲观光等产业的集聚，积极打造河口渔业产业集聚区、斗门水产品综合加工物流园、岭南大地生态度假

珠海国家农业科技园区

区、逸丰生态养生园等园区的建设，促进竹洲水乡创建为国家水利风景区。在集聚产业资源、拓宽和互补产业链的同时形成园区

新青科技工业园区

特色，致力将生态农业园打造成具有岭南农业特色的全国一流农业科技示范园。自2013年跻身为国家级的珠海国家农业科技园区在短短数年间，通过统筹土地、发展观光休闲农业、打造高新农业项目，逐步转变了早期粗放的农业生产模式，以探索推动现代都市农业新业态为目标，推进农业产业化、集聚化和经营特色化发展，成为珠三角生态农业发展的典范。

　　三是以新青科技工业园的发展为契机，加快园区发展为全省电子信息产业转型升级、持续发展示范区。斗门区积极引进科技创意产业园、惠普（珠海）智慧城市综合体项目、运泰利智能制造产业园项目、建粤国际商务项目、鹏辉高性能动力电池项目，大力发展物联网、高端物流、电子商务、文化创意、总部经济，"形成电子终端产品、电子线路板、电池类、电缆类产品为主的电子信息产业集群"，加快了产业的转型升级和产业集聚发展步伐。除电子信息产业的集聚外，新青科技工业园还带动了智能制造、新能源新材料的产业集群发展。2018年，园区新引进大邦智能电子等9个项目，总投资额达2.1亿元。同年，推进鹏辉高性能动力电池、聚合物锂离子电池生产线白蕉自动化技术改造项目投产，进一步强化高端产业集聚效应。

　　在建设"三大园区"的过程中，斗门区形成了以惠普智慧产

业园、科技创意产业园、滨海医药港、环保产业园为重点的"四大园中园"，初步形成先进装备制造业、新一代电子信息产业、节能环保智能家电产业、战略性新兴产业和特色生态农业"五大产业集群"，产业集聚效应进一步增强。到2018年，富山工业园的合同利用外资高达940万美元；新青科技工业园实现规模以上工业总产值424.78亿元、固定资产投资59亿元；斗门生态农业园农业总产值累计约48.5亿元、固定资产24亿元。

三、特色发展，打造生态旅游

斗门作为四季常绿的绿城，四季花开的花城，低碳、智慧、生态、滨水、宜居之城，具有丰富的生态旅游资源，每年吸引成千上万的游客参观游览。中共十八大以来，斗门区充分发挥旅游资源的优势，大力发展旅游产业，探索斗门经济发展新模式。老区人民也深挖资源，让革命老区焕发生机。

（一）错位布局，开拓个性旅游线路

中共十八大以来，斗门区注重旅游业的整体规划和布局，根据各村镇的特色，实事求是、因地制宜地引导村镇把握好区域存在的生态环境资源和历史文化资源，秉持错位布局、特色取胜的理念，逐渐形成"一镇一品，一村一景"的旅游发展格局。如斗门镇形成"一山一寺一温泉，一

"十里莲江"已是集生态农业观光、农耕体验、休闲度假和养生居住等于一体的大型生态旅游项目

皇一将一家族"风格独特的旅游资源。莲洲镇以"文化+旅游+生态"为目标，以"十里莲江"休闲农业项目为立足点，进一步推进以莲江村五指山为核心，辐射带动石龙、东湾、光明、大沙场共同发展的现代农业生态休闲观光旅游基地建设。素有"沙田水乡"之称的白蕉镇灯笼沙打造灯笼沙水乡旅游风景区，举办"水上婚嫁"集体婚礼活动，将历史文化底蕴展示得淋漓尽致。革命老区南门村充分发扬南宋时期的历史文化，依托斗门镇岭南风貌，发展生态旅游文化产业。南澳村依托临近竹银水库的优势，以发展生态农业和水乡特色生态旅游业为重点。另外，斗门区协调运用社会各方资源，统筹举办了夏令营、摄影大赛、媒体年会、图片征集等个性化旅游活动，围绕斗门美食节、第十一届航展专题策划多条旅游精品线路。

在多个旅游基地、多种旅游活动和多条旅游路线可选择的情况下，斗门区的历史文化、风俗习惯、特色品牌得以放大，更彰显了斗门的无限魅力。以特色取胜的旅游风景区，不仅形成了区域专属的旅游品牌，更打造了处处可游可赏的斗门特色全域旅游格局，带动了斗门旅游产业的整体发展。在全区人民的共同努力下，斗门区的旅游业收入逐年增加，到2018年时高达14.1亿元。斗门区荣获"中国最美乡村旅游目的地""全国休闲农业与乡村旅游示范区"称号。斗门生态农业体验线路被评为全国十大休闲农业与乡村旅游精品线路。"十里莲江"农业观光园、革命老区乾务镇网山村等多个景点荣膺"广东省休闲农业与乡村旅游示范点"称号。南门、莲江等村获评"中国乡村旅游模范村"。斗门、白蕉、莲洲镇获评"广东省休闲农业与乡村旅游示范镇"。一批突出的旅游示范点正在斗门形成。

（二）深挖资源，延伸旅游产业链

为顺应社会经济发展的大趋势，使乡村旅游的开发有序、快速、高效，斗门区出台《珠海市斗门区旅游产业发展总体规划（2015—2030）》等政策文件，致力于将斗门打造成"粤港澳国际都会双栖生活理想休憩地"，并全力支持珠海与港澳共同打造具有国际知名度的"港珠澳国际都会旅游目的地"，创新经济发展模式。斗门区着力推进旅游资源向旅游产品的转化，完善旅游资源配套工程，升级改造斗门旧街及周边道路，南门菉猗堂、接霞庄、斗门旧街、金台寺、御温泉、黄杨山、黄氏大宗祠等成为旅游热点，初步形成宜居宜业宜游的文化旅游名镇雏形。

为加大旅游品牌的宣传、提升服务的信息化水平，斗门区采取"旅游+互联网"的方式，完善旅游大数据分析系统，利用数据的数量、维度与广度，综合分析各类旅游信息，优化旅游资源配置，帮助推动旅游产业的发展，打造"大数据+"的智慧旅游运营模式。为深化旅游品牌的影响力，斗门区深挖文化习俗、乡土元素、特色资源，构建一条"旅游+农业+文化+产业+社会治理"深度融合的旅游发展"斗门模式"产业链条。

一是依托乡村美丽的田园风光和特色品牌农产品。至2018年底，斗门区成功打造了乡村旅游节、乡村音乐节、水稻收割节、稻田艺术节、白蕉海鲈旅游文化节、"网山味道"古村文化美食节、新村民俗赏花节、东澳村生态莲藕节、斗门乡村作曲大赛、民宿设计大赛等乡村旅游活动，不仅推动农旅结合，还促进产业融合发展。二是借助丰富的历史文化资源。斗门区以文旅融合为重点，创新旅游产业发展模式。通过开展丰富多样的文化活动，如曲艺大赛、创意大赛、非遗展示、少儿艺术风采等，重点举办民间艺术巡游品牌活动，展现皇族祭礼、锣鼓柜、竹板山歌等特色风情，斗门区以独特的人文魅力增强了地区吸引力。三是借助独具魅力的体育文化活动。斗门区作为体育强区，举办过多样的体育文化活动，包括龙舟赛事，乒乓球、足球等球类竞赛，象棋大赛，传统龙狮大赛等。这些活动不仅能够传承传统习俗，而且带动了旅游产业的发展，形成了文化烘托旅游、旅游传播文化的良性互动。四是发挥美食的独特魅力。斗门区将饮食文化和旅游发展相结合，大力培育"粤菜师傅"，全面打造斗门本土粤菜品牌，创新"粤菜师傅+旅游""粤菜师傅+斗门饮食文化"等发展模式，全力推广"味道斗门"，倾力打造集美食、旅游、文化、农产品和工业品推广、城市品牌于一体的"斗门盛宴"。斗门区在充分调动多种元素发展旅游业的过程中，丰富旅游业态，做足特色文章，延伸了旅游产业链，初步形成了以旅游产业促进农业发展、产业兴旺、文化繁荣、社会安定的发展大格局。截至2018年，斗门区已举办了五届乡村旅游节、五届市民文化节、六届体育文化节、七届美食旅游文化节，在活动中充分调动了旅游资源，促进旅游产业创新发展。

四、合作共赢，扩大开放格局

斗门毗邻港澳，腹地广阔，具有参与改革开放和粤港澳大湾区建设的天然优势，通过加强对外合作和交流，初步建成了高水平对外开放门户枢纽。中共十八大以来，斗门区持续深化改革开放探索道路，在积极进行对内改革创新的同时不断扩大开放格局，秉持合作共赢的理念，构筑对外开放新高地。通过开拓跨境电商业务；引进高新技术、先进设备、高质服务和外资项目；拓宽对外交通网络；紧抓粤港澳大湾区建设契机等多项举措深化开放合作。2018年，斗门区的外贸进出口总额为578.35亿美元，比2013年的115.56亿美元增长了4倍，对斗门经济的发展具有重大推动作用。

（一）跨境电商，创新贸易方式

中共十八大以后，斗门区加快推进电子商务的发展，积极运用电子商务平台创新与国外企业的合作贸易方式，开拓跨境电子

广丰跨境电子商务产业园

商务业务，拓宽产品的销售渠道，创新对外贸易方式，其中以斗门广丰跨境电子商务产业园的建设为主要代表。

广丰跨境电子商务产业园是斗门区首个跨境电商产业园。经过投入使用，该产业园打通了斗门区电商商务、仓储、智能物流、通关、快递、金融支付等整个跨境电商生态链的"任督二脉"，不仅提高了通关便利性，吸引更多商家参与跨境区的电商业务，更吸引了不少澳门的同胞网购内地产品，加深了两岸民众的往来。为保持跨境电商良好的发展态势，斗门区检验检疫电商工作组实行"5+1工作日"模式常态驻点监管把关，为企业提供政策解读和业务指导服务，建起"事前备案准入、事中风险监控、事后追溯管理"的监管模式，推行关检同步作业，使得斗门区的跨境电商贸易进入"秒通关"时代。2018年，广丰跨境电子商务产业园与京东集团展开深度合作，跨境电商业务量占全市近七成。同时，斗门港跨境电商保税仓加紧规划，为斗门对外开放创建了良好的网络平台。

（二）深化合作，融入粤港澳大湾区建设

斗门区积极发挥地理优势和政策优势，深化与粤港澳及周边国家的合作交流，主动对接一带一路战略、横琴自贸片区和珠三角自主创新示范区的发展，全面参与粤港澳大湾区的建设，构建开放型经济，打造全面开放新格局。

一是加快建设融入粤港澳大湾区建设的交通枢纽。中共十八大以来，随着珠海通用机场（莲洲）、广佛江珠城际轨道、香海大桥高速、鹤州至高栏港高速、双湖路等一批重大交通基础设施项目开工建设，斗门区打造成集高速公路、城际轨道、常规交通于一体的区域门户交通枢纽，极大地便利了区域之间的往来。此外，斗门区积极利用港珠澳大桥建成通车的重大机遇，大力发展现代物流业，积极打造粤港澳休闲旅游目的地，在带动各项资源高效流转的同时深化地区情谊。

二是争取多领域专项规划纳入粤港澳大湾区建设。2017年，斗门区深化科技创新合作交流，主动对接港澳创新资源，促进港澳创新要素融合；利用双自联动的"溢出效应"，在制度、政策、项目上主动对接，推动产业优势互补、紧密协作、联动发展。2018年，斗门区制定目标，争取将重点项目纳入到粤港澳大湾区建设的科技创新、基础设施、产业发展、生态环境保护等领域的专项规划中，加紧学习粤港澳先进的城市建设举措和产业管理经验等，同时加强包括科技、产业、文化、旅游等多方面的交流，紧抓粤港澳大湾区建设的契机，构筑对外开放新高地。

民康物阜　魅力斗门

中共十八大以来，斗门人民在党的坚强领导下，发扬老区艰苦奋斗、努力进取的精神，探索出一条生产发展、生态良好、生活富裕的斗门革命老区创新发展之路。当前，斗门区生态环境实现了质的飞跃，科技创新能力大幅提升，教育改革深入推进，文化事业全面兴盛，民生工程按下"快进键"，各项社会事业实现了跨越式发展。民康物阜的斗门革命老区充满了无限魅力。

一、产城共建，打造生态智城

斗门区巧用产业集聚、园区发展的优势，将工业园融入新城开发建设事业中，按照"产城一体、融合发展，政府主导、企业运作"的模式，遵循"政府主导，社会参与"的思路，依据"产城人融合"的理念，构建新型城镇化体系，打造产城共建的生态智城。

为实现产城一体化的发展目标，斗门区于中共十八大以来，进行了多方面的努力，主要利用黄杨河、富山工业园、新青科技工业园、白藤、白蕉、尖峰南片区、斗门生态农业园的产业或生态优势全面拉开城市建设和改造工作，形成独特的城市发展新格局。为切实开展产城共建的系统工程，斗门区分步骤科学有序地采取相关举措，在做好总体战略规划的基础上，创新融资模式，进行土地整合，逐步完成生活设施、商业配套、公共服务、交通纽带、公园绿地、污水治理等工作。在构建生态新城的同时，斗门区采取两方面的举措：一方面，加快产业持续健康发展，通过全面启动先进装备制造业用地平整、电子信息产业基地项目等举措，进一步提升产业的发展空间；另一方面，提高对生态新城的管理水平，实现建管并举，如成立管理服务中心队伍，制定相关管理制度等。

在斗门人民的共同努力下，2013年，黄杨河"一河两岸"综合开发全面推进，9个沙场完成清理，东堤、西堤征地拆迁工作有序开展，市民公园、展览中心、总部大厦等10个首批项目加快推进；富山产业新城总体战略、空间布局等设计初步完成；雷蛛片区水利基础设施填土等55项配套工程积极推进。2014年，产城一体化发展步伐加快；富山工业园和新青科技工业园起步区配套设施建设全面推进，总投资高达30多亿元。2015年，产城融合取得新突破，珠海国家农业科技园区加入产城共建工程，城市的精细化管理水平不断提升。2016年，斗门区加大资金投入，共投资18.28亿元，确保斗门新城和富山新城建设计划的完成；投资15.4亿元推动斗门新城44个项目建设。2017年，斗门新城项目完成年度投资9.71亿元，一批集文化、休闲、商务、展览、产业等功能的项目铺开，滨江田园生态新城"一河两岸三组团+特色小镇+美丽乡村"格局显现。2018年，西部生态新城起步区基础设施项目（斗门新城）建设项目49项，全年累计投资42.20亿元。

中共十八大以来，斗门对产城共建项目的投资日益增加，取得的经济效益和社会效益也随之日益提升。产业和城市的并行发展，不仅能够使斗门区产业集聚的优势发挥得更加明显，提升产业的综合竞争力，更能有效增强新城的综合承载能力，为斗门人民创造幸福美好的生活，满足人民群众更高的发展需求。

二、美化装扮，建设美丽新城

为推进美丽新城建设，斗门区以"美化绿化亮化"为城市建设的重点工程，深入实施美丽斗门计划，提升城市品位，努力满足人民日益增长的美好生活需要。自中共十八大召开以来，斗门地区山海相拥、田城相依、沙田水乡的斗门特色逐渐凸显。

为深入贯彻中共十八大会议精神，为美丽中国的建设目标贡献一份力量，斗门区于2013年颁布了《斗门区美丽斗门行动计划（2013—2016）》，期望用五年时间打造美丽斗门。2017年中共十九大召开后，斗门区贯彻落实中共十九大会议精神，以污染防治攻坚战为理论指导，全力以赴打好蓝天、碧水、净土三大污染防治攻坚。在国家政策理念的引领下，斗门政府携手人民共同参与美丽新城建设事业，取得了可喜的成绩。美化绿化亮化工程由起步时初见成效，到基本完成，到成效显著，最后到创新发展，一步一个脚印，为魅力斗门的打造提供了强大的推动力。

2013年，斗门区开始践行美丽斗门行动计划，通过筹集资

井岸城区的天空之城

金、景观设计、打造"绿色银行"等举措，结合斗门人民的群众力量，取得了开局胜利。斗门区生态村建设覆盖率80%以上，井岸、白蕉、乾务、莲洲顺利通过国家级生态乡镇的评估；井岸镇获"国家卫生镇"称号；全区污染减排年目标完成，环境质量得到了初步改善。2014年6月，斗门公布了《中共珠海市斗门区委、珠海市斗门区人民政府关于实施新型城镇化战略建设生态宜居城镇的决定（讨论稿）》（简称《决定》）。根据该《决定》，围绕国际斗门、生态斗门、美丽斗门、低碳斗门、智慧斗门、幸福斗门六大目标，以新型城镇化为抓手，以高端规划为引领，凸显斗门特色，主动融入珠海西部城区建设。2015年，斗门在生态环境建设上成效显著，一年获得的生态环境类国家级荣誉14个、省级荣誉5个、市级荣誉1个。2016年，斗门区极力打造绿色发展的生态乐园，获得国家生态区的荣誉。2017年，在美化绿化工程上，斗门区46个绿化美化项目加快建设，新增绿地面积31.25万平方米，累计绿地面积864.9万平方米。在亮化工程上，共投入2.25亿元升级改造农村电网。2018年，斗门区实施"三化三城"（美化、绿化、净化，绿城、花城、公园之城）行动，投入资金400万余元，同时加快斗门新城49个项目建设，年度投资42.2亿元；投入2亿多元开展"三清、三拆、三整治"工作。此外，斗门区自中共十八大以来，着力践行"绿水青山就是金山银山"理念，抓好中央环保督察"回头看"和全国饮用水水源地环保专项督查复查问题整改，完善环保工作责任体系和问责机制。打好污染防治攻坚战，推动建立饮用水水源保护区生态补偿逐年递增机制；全面落实河长制、湖长制；加强土壤污染防治，逐步改善土壤环境质量；推进垃圾压缩中转站和密闭垃圾收集点的建成；在天、水、地三个方面加强管理，打造天蓝地绿、水清气净的斗门名片。

三、政产学研，推动科技创新

中共十八大以来，斗门区全面实施创新驱动发展战略，出台了《关于加快推进科技创新、建设创新型斗门的意见》《珠海市斗门区深化科技体制改革实施方案》《珠海市斗门区促进企业科技创新扶持办法》《斗门区科技创新促进高质量发展三年行动计划（2018—2020年）》等政策方案，实施企业培育、产业升级、平台建设的系列创新工程，打造形成了具有斗门特色的"政产学研"科技创新模式。在政策文件的指导下，斗门区政府部门、工业园区和农业园区积极开展"政产学研"或"产学研"合作，不仅打造了一批以自主知识产权为依托的产品，促使高新技术企业树标提质，而且推动了农业科技成果的转化，促进现代农业持续健康发展，在全区形成了科技创新的良好氛围。

政产学研，推动高新技术企业树标提质。斗门区曾联合中国水产科学院、中国海洋大学、厦门大学、中山大学等多家科研高校组成河口渔业研究科技支撑团队；与中山大学、吉林大学珠海学院、北京理工大学珠海学院等高校组建技术研发平台或产业技术创新战略联盟或签订科技合作协议，建立产学研合作关系；此外，还加快推进华南理工大学珠海现代产业创新研究院、中国水产研究院珠海基地等项目，打造新青99℃创新产业基地，促进产业高端转型；积极开展区级孵化器认定和管理，支持南方IT学院建设创业苗圃。2015年，电子科技大学与珠海方正高密公司共建研究生联合培养实践基地，协助天香苑与乐健科技组建广东省工程技术研究开发中心。2016年1月18日，斗门区举办首届超高压科技与应用国际论坛，来自麻省理工大学、俄亥俄州立大学等美国超高压科技领域专家出席论坛。2018年，斗门区召开了珠海国家农业科技园区产学研战略合作签约仪式暨园区战略发展与建设研讨会，并与中山大学等6所高校院所签订产学研合作协议，进一步加强交流与合作。"政产学研"的协同创新发展，不仅为斗门区打造了科技平台，还为企业带来了巨大的发展契机，对企业自主创新能力的提升和转型升级具有重大作用，有效地推动斗门区高新技术树标提质，成效显著。在2013年至2018年间，高新技术企业认定由6家发展到182家。截至2018年底，斗门区省级企业技术中心认定累计9家，市级重点企业技术中心65家；省级工程技术研究中心共41家，市级工程技术研究中心13家。企业的自主创新能力不断提升，2018年累计组建省级以上创新平台20个，规模以上工业企业实施技术改造完成29家，累计完成工业技改投资15.96亿元。此外，全区的知识产权建设卓有成效，专利申请数量和质量实现了双提升。政府机构、产业、大学（或科研机构）和企业的"四轮驱动"结构，为以产业集群发展为特点的斗门区提供了科学的发展思路和实践路径。

政产学研，推动农业高质量发展。斗门区一直以来都十分注重农业的发展，举办过丰富的科普惠农活动。2013—2018年间累计举办各类农村实用技术培训84场次。根据农业发展特点，邀请专家到农村就生态养殖模式和技术、鱼虾类病害防控、花卉苗木栽培、稻田板地蔬菜种植、水果栽培和管理等专题进行深入细致的讲解。如2017年，珠海国家农业科技园委托中国科技发展战略研究院，高水平、高质量地编制农

珠海国家农业科技园区产学研战略合作签约仪式

业创新政策文件；与中山大学、澳门大学、国家行政学院生态中心、华南农业大学、北京师范大学—香港浸会大学国际学院、中国海洋大学、广东省农科院等高校及科研院所开展产学研合作，提高园区产学研水平；同时聘请高学府的著名专家学者，成立园区专家委员会，共商园区创新发展大计。2018年，珠海国家农业科技园除与6所高校院所签订产学研合作协议外，还举办了产学研战略合作签约仪式暨园区战略发展与建设研讨会，邀请多名领导和专家出席，加快推进农业科技创新。同年，斗门区在政府的大力支持下，进一步加强与科研院所、高校的合作和交流，建立了基壮农业海藻猪养殖基地、乾务清泉火龙果和斗门御金球生产基地，引进泰国斑节对虾，致力于突破人工繁育和农业种植技术。在政产学研模式的带动下，斗门区取得了突出的科技创新成效和丰富的科技成果。如斗门区于2013年被评为全国科技进步先进区，于2018年入选农业农村部宣传推介的100个全国农村创业创新典型县范例名单。白蕉镇新环村梁华德、南澳村卢耀庭被评为全国"科普惠农兴村"带头人；乾务镇农朋农资合作社被评为第五批广东省"科普惠农服务站"；海鲈养殖、水稻新品种金农丝苗种植、火龙果种植等多项农业科技项目突出。

四、健康斗门，开启美好生活

医疗卫生事业是民生工程的重要组成部分，是老区人民幸福生活的基本保障。为擦亮城市幸福底色，创设卫生文明城市，斗门区积极推进医疗卫生改革，逐步提升医疗卫生服务水平，以实际行动打造健康斗门。斗门老区人民的医疗健康得到了切实保障，人民的生活更加美好。

（一）推进医疗卫生改革工作

2013年，斗门区通过草拟方案、召开座谈会等方式，加快推进医疗卫生体制和区级公立医院改革步伐。2014年，斗门区继续深化卫生体制改革，统筹推进医疗卫生管理、补偿、人事、监管机制改革，积极将医疗卫生服务转向契约式、主动式。2015年，斗门区成立医管中心，出台《斗门区区级公立医疗卫生机构医院业务发展专项资金使用管理办法（试行）》等专项资金管理办法，切实规范医疗卫生专项资金管理，并规范医疗卫生机构的监督和管理机制。2016年，斗门区加快推进医药卫生体制改革，编制《珠海市斗门区医疗机构设置规划（2016—2020）》，实施公立医疗卫生机构绩效考评机制，医务人员奖励性绩效工资占比达40%。2017年，斗门区印发《推进斗门区中医药事业发展的实施方案》，建设中医药先进示范区。

（二）全面提升医疗卫生服务水平

为补齐公共卫生短板，给人民提供优质的医疗卫生服务，斗门区主要从完善医疗卫生基础设施、创新医疗服务模式两个方面着手，实现硬件、软件双提升。在硬件设施的完善方面，斗门区不仅加大投入经费扩建或改造旧院、建立新院，而且还购

侨立中医院

置大批先进医疗设备。如2015年，斗门区投入60多万元在井岸镇卫生院建设"健康小屋"，提供自助式体检服务。2018年，斗门镇中心卫生医院综合楼经过好几年的建设投入使用，斗门区侨立中医院（市第二中医院）成功创建二甲中医院，成为斗门区医疗卫生事业迈上新台阶的重要标志。在软件的提升方面，斗门区积极创新医疗服务新模式，持续推进家庭医生项目的落实。通过组建"全科医生+公共卫生医生+护士+乡医"的家庭医生式团队，免费为签约居民提供基本公共卫生服务。在2014年至2018年间，家庭医生式服务团队由30个增加到73个，签约率由36.5%上升到56.74%，服务范围逐渐扩大，服务水平也不断提升。通过不断探索和努力，斗门区于2016年实现了省级卫生镇全覆盖。2017年，斗门区的斗门镇、乾务镇、白蕉镇获评"国家卫生镇"，全区的省卫生村总数达97个。

附　录

附录一 革命旧址遗址

革命旧址遗址,是指近代以来见证中国各族人民长期革命斗争和中国共产党领导的新民主主义革命与社会主义革命历程,反映革命文化的遗址、遗迹和纪念建筑。革命旧址遗址承担着唤起民族记忆、弘扬民族精神、加强爱国主义教育的作用,有着重要的精神教育价值、历史见证价值和经济发展价值。斗门老区旧址遗址众多,充分展示了斗门老区的光辉革命史、英勇奋斗史和辉煌成就史,给后人留下了极为生动丰富的历史文化记忆。

一、斗门镇革命旧址遗址

(一)健民小学旧址

健民小学曾为抗战时期中共地下组织秘密活动据点,位于斗门区斗门镇小濠涌村双柏邝公祠内。该旧址坐南向北,三间两

进,通面阔11.8米,通进深19.6米,占地面积231平方米;硬山顶,砖木结构,祠堂饰有石雕、木雕、灰塑,属于清代建筑。健民小学作为斗门老区中国共产党革命活

健民小学旧址

动旧址之一，为培育革命人才、扩大和发展中共地下组织打下了坚实的基础，具有重要的历史价值。该建筑已有百年历史，在二十世纪六七十年代曾用作学校，八十年代被用作老人康乐中心，现为小濠涌村业余剧团活动场所，目前保存尚好。

健民小学于1934年建成，由邝任生出任校长，主要开展革命教育活动。1936年，为进一步增强革命力量，在校内秘密成立了小濠涌青年社，编印《青年月刊》。在健民小学内，邝任生曾组织本乡及邻近乡村的进步青年研读《资本论》《政治经济学》《读书生活》《巴黎救国时报》等进步书刊，宣传科学理论知识。除开设常规校内教育科目外，还增设适应抗日战争需要的战时教育课程。1938年11月，中共中山八区委员会在健民小学举办党员学习班。1939年1月，广东青年抗日先锋队中山县八区区队在健民小学成立，其所在地小濠涌村也成为当时中山八区（今斗门区）青年运动的中心。1940年，崇基祠成为当时中山八区的党员和游击队培训基地，从此健民小学正式停办。

（二）邝氏宗祠——原抗日先锋大刀队训练基地

邝氏宗祠是原抗日先锋大刀队训练基地，位于斗门镇小濠涌村，曾是宋孝宗御赐建造的宫殿式宗祠，最终建成于清雍正三年（1725年）。该祠堂坐南向北，通面阔13.2米，通进深23米，占地面积474平方米；硬山顶，博古脊，琉璃瓦当、滴水，石匾额阴刻"邝氏宗祠"。该建筑具有较明显的清代岭南建筑风格，对研究宋史、斗门邝氏族史以及斗门抗战史均有较高的价值。

历史上，邝氏宗祠在发挥村民的抗战积极性上起到了很好的作用，成为当时中山八区小濠涌抗日救亡运动的活动中心和抗日先锋大刀队训练基地。至今宗祠的墙上还保留着当年国共合作时期的两党党徽。此后，该宗祠曾一度被荒置，直到2015年7月，珠海市人民政府公布该宗祠为"珠海市历史建筑"。

（三）邝任生烈士故居

邝任生烈士故居位于斗门镇小濠涌村，建于民国初年，是一座两间一进带有天井的民居，坐西向东，占地面积51平方米；硬山顶，夯土墙，门楼由红砖砌筑，门口上方挂有"光荣烈属广东省人民政府"的红色铝质牌子。该故居作为斗门重要的红色纪念地，对研究抗日战争时期中共中山八区地下组织的建立和发展有一定意义。该民居是邝任生出生和青少年时期生活过的地方，屋内还放置了一些家具杂物，并存有1957年12月毛泽东亲自签署的"革命牺牲军人家属光荣纪念证"。该故居现为斗门重要的历史文化古迹，每年都有人来此缅怀这位革命先烈。

（四）中共小濠涌支部旧址

中共小濠涌支部旧址位于斗门镇小濠涌村。该支部于1937年成立，是斗门区第一个党支部，也是珠海市最早诞生的党支部。它的成立，既推动了中山八区党组织的建设和发展，又开创了八区抗日救亡和武装斗争的新局面。

1937年9月20日，在中共南方临时工作委员会的指导下，中共小濠涌支部在小濠涌村的松竹梅文具店正式成立。邝任生担任第一任支部书记，先后介绍吸收了36名优秀群众入党，建立了7个党支部和1个党小组。1938年9月，小濠涌支部被批准为八区中心党支部。同年10月，中心党支部升格为中共中山县八区委员会。在此期间，邝任生先后选派7名优秀党员赴延安参加抗日军政大学学

中共小濠涌支部旧址

习和培训，为八区培养优秀的党政军干部队伍。此后在党的领导下，斗门人民掀起了群众性的抗日救亡运动。全区先后有11个乡成立了抗日先锋队，共1 000多人；8个乡成立"妇女协会"，共300多人；还有大刀会、锄奸队等群众性抗日组织；其发动面之广、人数之多，在当时中山县各区中首屈一指。由此，小濠涌村被誉为中山县八区的"小延安"。

1993年，小濠涌村被评为革命老区。2000年，珠海市和斗门区拨出专款，在旧址旁边的祠堂建设中共小濠涌党史教育基地，以便参观者能够深入了解斗门基层党组织发展壮大的全过程。

（五）意塘赵公祠——中共南门乡支部旧址

中共南门乡支部旧址位于斗门镇南门村意塘赵公祠内。该祠堂始建于清代中叶，坐东北向西南，占地面积166.4平方米；两进三间，带有天井，通面阔12.6米，通进深15.5米；抬梁与穿斗混合结构，硬山顶，青砖前墙，两面山墙及后墙为夯土墙。灰塑匾额"意塘赵公祠"，楹联手书"缉熙於穆　敬业惟勤"。该旧址是中国共产党组织革命活动的重要秘密基地，在此培育了一大批优秀的共产党员和革命干部队伍。

1939年5月，中共南门乡支部在意塘赵公祠内正式成立。该支部领导组织农民协会，发展和风中学党小组，控制更夫队、护沙队等武装组织，并发展新民主主义青年团组织，创办《斗门侨讯》和《黎明报》进步刊物，培养罗建才等一批优秀的共产党员，组织

意塘赵公祠——中共南门乡支部旧址

了一系列抗日救国活动。1940年，八区委书记郑少康在祠堂内创办前进小学，宣传革命主张。解放战争时期，中共南门乡支部曾组织农会及自卫武装，配合和接应解放大军进入斗门，围歼逃至南门乡附近的国民党残余部队。斗门解放后，意塘赵公祠一直作为塘祖生产队队部、保管仓。1997年，村委会对该祠堂进行了全面修葺，并挂牌为"中共南门乡支部旧址"。旧址内还保存有罗建才、赵荣、赵栋、赵岳雄、罗仲能等党支部成员革命活动图片及《南门乡人民革命斗争史》资料。

中共南门乡支部旧址作为斗门区重要的红色纪念地，于2009年2月被斗门区人民政府列为首批区级爱国主义教育基地，11月被珠海市委宣传部列为珠海市爱国主义教育基地。

（六）崇基祠——中山县八区游击队训练班遗址

中山县八区游击队训练班曾设在崇基祠内。崇基祠位于斗门镇南门村接霞庄（新围）内，原为村民祖祠，占地面积1 000平方米。该游击队训练班不仅培养了一批党性觉悟高的游击队队员和革命干部，而且为八区抗日游击队的建立和武装斗争的开展夯实了基础。

1939年2月至5月，中共中山八区委员会在崇基祠内举办游击队训练班。该游击队训练班由各乡选派的中共党员和优秀青年60多人组成。国民党中山守备总队第一大队队长梁炎祥兼任主任一职，邝任生担任副主任，黄柳言任政治教官，邝叔明任教导主任，邝振大任教官。该游击队训练班以"抗大"校风精神为班风，学习《中国共产党在抗日战争时期的任务》《论持久战》等革命理论著作，积极宣传抗日救国知识，讲述军事基本知识，开展武装训练，发展党员等。同年4月，邝叔明参加中山县委举办的武装工作会议，随后担任中山县民众抗日自卫团第二十八大队副大队长。9月28日，"十人武装小组"在月坑村成立，这是斗门第一支革命武装力量。与此同时，邝叔明积极开辟游击据点，掌握乡村武装，为日后中国共产党开展游击战打下了基础。

中山县八区游击队训练班遗址在20世纪50年代被拆除，其中的砖、瓦、木料等材料被用来建造粮仓，现仅存空地一块。

（七）崑山赵公祠——抗战时期中山县政府临时驻地

崑山赵公祠又称"世德堂"，曾是抗战时期中山县政府临时驻地，位于斗门镇南门村；其北边为逸峰赵公祠（世寿堂）和赵氏祖祠（菉猗堂），南边为民居。该祠堂建于清光绪十九年（1893年），坐东向西，有三进三间夹两天井及南厢房，占地面积710平方米；硬山顶，博古脊，石脚青砖墙，绿釉瓦当、滴水，祠内外有石雕、灰塑、壁画等装饰。

1940年日军大举进犯，分别在关匣、香洲、唐家沿海登陆，随后中山县（含现珠海、斗门）沦陷，中山县国民党政府机关由石岐迁到崑山赵公祠办公，后被日军飞机炸毁，改迁往鹤山县沙坪。1947年，崑山赵公祠重建，为混合结构。1948年至1988年，崑山赵公祠的三进院和南厢房曾为南门小学校舍，前厅和中殿一直作为南门村（乡）行政管理办公的地方。1997年夏，南门村委会筹资对崑山赵公祠进行维修。

崑山赵公祠作为菉猗堂及建筑群之一，具有典型的清代岭南建筑风格。2008年，广东省人民政府公布菉猗堂（含赵氏祖祠、逸峰赵公祠、崑山赵公祠）为广东省文物保护单位的古建筑。2019年2月，珠海的四处建筑（含菉猗

崑山赵公祠——抗战时期中山县政府临时驻地

堂）的申报资料均通过广东省文物局遴选，被寄往国家文物局参评第八批全国重点文物保护单位。

（八）《黎明报》编辑部旧址

《黎明报》编辑部旧址位于斗门镇南门村赵荣芳家，建于民国初年；坐南向北，是一座面阔三间进深一间，带天台、天井的二层青砖瓦面楼房，占地面积115平方米。该旧址对于研究1949年前斗门镇中共地下组织革命宣传工作的历史具有重要价值。

1948年10月，中共党员赵荣芳听从党组织的安排，从香港秘密回到南门村，并在中共南门地下组织的支持下编辑出版了《黎明报》。该报为四开油印版，发行量约500份，编辑、印刷、出版地点都在赵荣芳家的二楼，由赵荣芳负责主编，赵宁江刻写蜡版，赵思简和黄丽珍负责印刷和分发。所有的出版工具都收藏在瓦缸中并埋在菜园地下。《黎明报》的内容主要是国内时事和形势、解放大军的胜利消息等。其资料主要来自于香港进步报刊的消息，和利用收音机收听到的香港电台发布的新闻报道及由当地党组织提供的稿件。发行方式是由地下党员传送给进步学生，再由学生转交给亲友，或夜晚偷偷从门缝塞进墟镇店铺内，或者邮寄到各乡公所。《黎明报》出版至1949年2月，因有关人员调动而停办。现今《黎明报》编辑部旧址保存较好，只是该屋前檐横梁断裂，导致部分檐口瓦面坍塌。

《黎明报》编辑部旧址

（九）定海楼

定海楼位于斗门镇南门涌口与渡口之间，建于民国初年，做河防驻守用。定海楼为二层岗楼，高6.4米，宽4.45米，进深5.2米；夯土墙，花岗岩石门框，楼内为钢筋混凝土层板。该楼是斗门墟（中山八区重镇）水路的必经之地，也是虎跳门水道防御要冲，对研究珠海边防历史具有一定的价值。

抗日战争时期，侵华日军占领斗门墟后，占据了定海楼，并以岗楼为中心修筑了花岗石混凝土环形工事。工事高2.8米，厚0.65米，周长约40米，每隔1.1米设射击用垛口，从而控制了虎跳门水道要津，工事大部分至今尚存。抗日战争胜利后，国民党军队驻守定海楼。1949年10月16日，国民党驻八区保警第一营第一连、第三连溃逃至南门涌口至定海楼一带。中山八区各乡党支部在南门乡党组织和地方游击队的配合下，组织农会会员和自卫武装，包围并迫使该两连在指挥官副营长杨哲民的带领下举行阵前起义和接受改编。

定海楼作为反映珠海边防历史的实物载体，在历史上具有地理标志性。2015年7月，珠海市人民政府公布定海楼为"珠海市历史建筑"。

（十）黄沙坑革命历史纪念屋

黄沙坑革命历史纪念屋是中山八区抗日游击大队活动旧址，位于斗门镇八甲黄沙坑村。它建于民国时期，坐东北向西南，是一座由大厅、厢房、天井、前围墙构成的普通民房。其通面阔11米，通进深14米，占地面积154平方米；硬山顶，夯土墙，正门左上方镶嵌花岗岩石牌匾，匾上阴刻"革命历史纪念屋旧址"。该旧址是斗门区保存的中国共产党革命活动旧址之一，为当时斗门抗战的重要秘密联络点，对推动斗门全境的解放发挥着重要作用。1957年，广东省人民政府授予黄沙坑为"革命老区"光荣称号。1991年，该屋挂"革命历史纪念屋旧址"牌匾。

黄沙坑距国民党统治中心的斗门墟仅2.5千米，驻扎了国民

黄沙坑革命历史纪念屋

党一五九师一个团、独立九旅一个营，还有日军和汪伪部队。但是，黄沙坑村民热爱和拥护中国共产党和抗日游击队，舍生忘死地掩护党领导的游击队，使党组织和游击队的秘密工作得以顺利开展。

直至广东解放，国民党和日伪军都不知道在他们眼皮底下的黄沙坑，竟然就是中共中山八区委员会指挥全区开展对敌斗争的秘密据点。

黄沙坑是斗门地区中共地下组织和游击队秘密活动的据点，邝任生领导的中山县民众抗日自卫团第二十八大队在此成立，中共地下组织领导的反"三征"斗争也在这里开展。抗战时期，黄沙坑先后有15位村民加入中国共产党，20多人加入农会，10多位妇女加入妇女协会，19名青年参加游击队，其中有4人壮烈牺牲。黄沙坑革命历史纪念屋原为中山县八区武工队队长马健的故居。中共中山八区委员会书记兼抗日游击大队政委唐健，及赵明、马健、郑文、肖志刚、曾谷、郑迪伟、陈洪护等委员，就经常在屋里召开秘密会议，研究党的组织建设和对敌斗争策略等重要问题。

1941年，黄沙坑革命历史纪念屋作为中山县八区党组织的办公地，陈中坚游击大队和各村党支部领导经常在此屋召开秘密会议，商讨党组织建设及对敌斗争策略等问题。1945年后，该屋成为中共地下组织秘密交通联络站。在解放战争时期，该屋为中山县八区武工队秘密集中地和指挥部，陈中坚游击大队和地下武工队曾多次在此研究对国民党反动军队和当地反动武装的斗争策略，配合中国人民解放军解放斗门全境。

（十一）风流桥阻击战遗址

风流桥阻击战遗址位于斗门墟北面约600米处（旧赤坎墟口附近）。风流桥始建于1923年，为石砌桥墩、钢筋混凝土结构桥梁。该桥是从北面进出斗门墟的交通要道，在此发生的风流桥阻击战是全国抗日战争时期斗门老区抗日武装阻击日军的一次重要战斗，承载着深厚的革命历史。

1941年2月5日，日本海军大将大角岑生座机在黄杨山脉的白鸡山牛轭岭撞山坠毁，机组4人和乘员6人全部丧生。6日，日军从三灶经六乡东北卡登陆入侵六乡，时中山八区抗日游击大队在月坑村的北松山、塘基两地与日军激战，交战两小时后游击队撤到大赤坎。次日，日军到大赤坎收拾遗物和丧生人员尸骸。2月8日，日军从大赤坎大径沿松仔山、石嘴山开赴斗门墟。当时在斗门墟至大赤坎的公路上有很多"之"字形壕坑，国民自卫军第四中队在小沥岐周边布防，国民党挺进第三纵队第八支队特务中队陈伟文部在风流桥周围埋伏。由于遭受日军飞机威胁且对方炮火太猛烈，第四中队无力反抗，最终被迫转移阵地。下午4时，后备队与守备队翁少先部奉命由斗门反攻，到达石嘴村前，与日军遭遇并发生激战。第四中队又奉命拨一小队由翁少先指挥，坚守石嘴村旁公路，其余布防石嘴后山，最终被迫退守龙归寺。2月9日，部队奉命撤退，并由中共党员冯扬武率部队在风流桥附近跟随掩护，最后经桔仔园撤离。是日，斗门墟沦陷。

至今在斗门新墟村围墙上还能清晰地看到当时作战留下的弹孔。20世纪90年代，风流桥重建为加宽加固的钢筋混凝土公路桥。几年前，在斗门镇名镇名村建设工程的推进中，风流桥的改造也被列为重点项目。斗门镇改造工程包括停车场、环境、道路两旁、排水系统、绿化等的改造，从而更好地把斗门大道、旅游大道跟斗门老街连接在一起。改造后，斗门镇令人眼前一亮。

（十二）黄杨山日机撞山遗址

黄杨山日机撞山遗址位于斗门区黄杨山脉的白鸡山牛轭岭。1941年2月5日8时左右，日本军用飞机"微风"号从广州飞往海南岛，途中因大雾迷航，撞黄杨山坠毁。据记载，坠机事件死亡者共10人，当中有日本海军大将大角岑生，他是在中国战场上丧生的军衔最高的日军将领之一，并即将就任南洋联合舰队司令长官，准备对东南亚发动更大规模的侵略战争；和他一起坠亡的还有被称为"中国通"的海军少将须贺彦次郎等其他军界人士和机组人员。据当时斗门镇大赤坎村目击者回忆，坠机后，乡公所雇当地村民上山抬走9具男尸，放置在黄杨山下大赤坎村的安丰围（又叫老虎围）。当时村民们用山草树木来掩盖军机残骸，并计划用绳子拴住石头和日军尸体，装在麻袋里一起沉入黄杨河底，毁尸灭迹。但由于2月5日至6日日军战机在黄杨山一带来回低空盘旋搜索，因此村民未敢依计行事。2月7日上午，日军经白蕉方向从黄杨河登陆黄杨山，威胁全村村民并强迫当地乡公所负责人交出日军尸体。最后，乡公所只好交出还未来得及沉江的9具日军尸体。由于日军在清点尸体时发现少了一具尸体，于是继续在

坠毁点附近搜索，最终在离事故点数十米远的山顶背后搜到一具戴着金项链的日本女尸。当天，日军强行拆除10副民宅门板，将10具尸体移至附近的哐子草坪集中焚烧，最后把骨灰运回日本。

黄杨山失事日机残骸

（十三）牛头岗血案遗址

牛头岗血案遗址位于斗门镇斗门墟牛头岗。1944年4月5日，白蕉乡伪乡长、汉奸赖一鸣被抗日游击队抓获后处决。其弟白蕉联防大队队长赖少华以替兄弟报仇为名，于6月16日纠合日伪军近千人围攻驻西坑村游击队。双方激战后，日军抓走了游击队队员邝昔富、何斗耀及女交通员林乔妹。赖少华在"扫荡"龙坛村时，于鹤兜山挖出了汉奸马永宽的尸体，误以为是其兄赖一鸣的尸体，于是将腐尸入棺，停放在牛头岗益众铺这一公用出殡拜祭的地方，并搭起祭坛，强迫被抓来的2名龙坛村村民身背祭香，同女交通员林乔妹一起"陪斩"。在当场枪杀了邝昔富和何斗耀后，又强按林乔妹到被害者身上舔血。事后，林乔妹被关押在斗门墟警察所牢房（另一说是囚于斗门墟"乐善堂"），其间备受火烙拷打之苦，游击队曾多次设法营救未果。当时看守她的狱警梁明（又名黄明、黄买明，斗门镇人）十分同情她，于同年11月上旬利用值班时间搭救了她。由于她遭受多次酷刑，导致两腿瘫痪，梁明背着她连夜赶了20多里小路，途经八甲排山村、汉坑村到蓼葵村（俗称鸟其村，即今五山糖厂厂址），后又避至雷蛛岛（今属五山镇），最终得以逃脱。两人后来结为夫妻，直到斗门解放才回到斗门墟定居。

二、乾务镇革命旧址遗址

（一）网山古碉楼

古碉楼位于乾务镇网山村，原有三处，分布在网山村东、西门口和后山脚下的村落中部，现有两处已不复存在，仅剩后山脚下的那一处。该古碉楼高8米，被两处古民居半包围着，与脚下的民居浑然一体。它在清代、民国和抗战时期均发挥着巨大的作用。正是得益于该碉楼的防卫作用，网山村才得以保存下来。

网山古碉楼

数百年前，就有庄户人在此轮流看守，他们带着干粮和水，顺着竹梯爬上顶楼，一待就是两天。网山村建村伊始，周围曾有7个村庄，但由于遭到外来土匪的抢掠，便逐渐衰落并消失，而网山村之所以能够奇迹般地保存至今，正是得益于它得天独厚的防卫条件。在民国和抗战时期，看守的人多备有土枪，随时防备着土匪或日本兵从后山偷袭，日夜守候全村人的安全。现今在这座碉楼几十厘米厚的泥墙上，依稀还能看到当年子弹打在墙体上留下的一排弹孔。

（二）中共网山村地下联络站旧址

中共网山村地下联络站是斗门老区抗战时期重要的秘密联络点。它位于乾务镇网山村北面靠近后山的地方，是一处二进二间夯土瓦面房，占地面积35平方米。该旧址曾是民居，后为中共地下组织秘密联络站。据当地村民介绍，20世纪30年代，这里住着一位女村民，其丈夫早亡。她后来加入中共地下组织，成为一名秘密联络员。作为联络员，她经常装作上山采野菜，并把情报藏在菜篮里传递出去。房子前面还栽有一株古柏树，作为联络暗号，外地党员以此为标记辨别敌我，秘密联络。此房在老人去世后，便由其亲戚看管维护，今门前挂有"网山村地下联络站"的门牌。

（三）中共网山地下支部旧址

中共网山地下支部旧址位于乾务镇网山村，曾是地下交通员黄洪的住所。该旧址是一处两间带院子的民居，坐东南向西北，占地面积87平方米，硬山顶，夯土墙。该旧址是抗日战争和解放战争时期中共重要的秘密活动基地，是斗门老区保

中共网山地下支部旧址

留的中国共产党革命活动旧址之一。该旧址现为空房，无人居住。院内两棵大葵树依旧枝繁叶茂，院子大门右侧镶嵌着一块石匾；20世纪60年代曾简单修葺过，如今作为斗门革命传统教育的重要纪念地。

　　1937年12月，网山村党支部在此成立；1939—1949年，该民居成为中共网山地下组织的重要活动阵地。与普通民宅不同，为了防止敌人刺探情报，该民居四周筑有近两米高的围墙。围墙内栽有两棵大葵树，这是地下党员秘密联络的暗号。抗日战争时期，中山县八区游击队陈中坚大队长曾在此养伤。在村民的细心照顾下，身负重伤的陈队长才得以康复并躲过敌军的多次搜查。

（四）陈氏宗祠——中共中山县八区委员会临时驻地

　　陈氏宗祠位于乾务镇南山村，建于清朝末年，占地面积587平方米。该宗祠坐西北向东南，硬山顶，博古脊，石脚青砖墙，饰有石雕、木雕等，是一座典型的清代岭南风格建筑。该宗祠曾为中共中山县八区委员会临时驻地，也是南山革命人才的重要培训基地和南山抗日游击队活动基地，对研究南山革命斗争史有着重要的价值。

陈氏宗祠——中山县八区委员会临时驻地

南山是一个文化之乡、革命之乡。革命先辈邝任生、郑少康、陈特、陈培芳、陈培光、陈振光、陈龙钦等同志以教师身份做掩护，在南山陈氏宗祠办学、讲学，大力培养革命人才，发展党员，不断壮大共产党的群众基础和武装队伍。1936年，学校建立业余体育会和武术队，陈艺同志担任教练。1937年，成立大刀会，有30余人参加抗日先锋队。1937年建立南峰小学，陈守志编写《南峰月刊》。爱国华侨陈康大慷慨资助兴办活然小学，陈特同志任校长。1940年6月至1941年1月，中山县八区委员会从小濠涌迁到南山霭如书室，区委书记郑少康在南山前进小学组织建立革命活动据点，当时陈培光担任校长，郑少康任教务主任。1942年至1943年建立南山乡立小学，并出版《党报》《八区人民报》等刊物。1946年成立南联月刊社，出版《斗门南山侨刊》。在中国共产党的领导下，南山参军参战的革命先辈有73人，其中为国捐躯的革命英烈有7人。

陈氏宗祠曾在2007年重修过，现今陈氏宗祠与梧山陈公祠、碧崖陈公祠一起作为南山老人馆、曲艺馆、"红色南山"革命事迹展馆、陈耀垣纪念展馆使用。

（五）镇南楼

镇南楼位于乾务镇南山村南基山上，建于1925年，是由当地侨胞捐资建造，属防卫性护村岗楼。镇南楼坐西北向东南，占地面积644平方米，楼高六层，为钢筋混凝土墙；首层挂行楷楣额"镇南楼"，五层正面外墙挂行楷匾额"南乾钟瑞"，一至五层四壁分置四方形和八角形窗户；顶层内挂示警用铜钟一座，铸于1927年。镇南楼在南山村历史上

镇南楼

意义重大，对研究当地旅外侨胞的历史具有一定价值，同时对研究民国时期地方治安防御也有重要意义。

1949年前，镇南楼附近村民将楼上的铜钟作为联络南山六里（村）的重要工具，用规定的敲击点数和快慢节奏来传递紧急情况的发生。1938年，日寇轰炸机在南山村投下一颗炸弹，试图炸掉镇南楼。由于炸弹偏离目标，镇南楼安然无恙。当时敲钟人以不同的频率分别向村民传达躲避信号，从而使全村人逃过一劫。1941年10月23日凌晨，从镇南楼传出急促洪亮的钟声，唤醒了当时五山镇各村村民。在中共地下组织的领导下，南山、马山、网山的农民武装和民团从三面进攻驻守在马山创基祠和泥楼的日军，共击毙、击伤日军3人。斗门解放后，高楼的钟声曾用来向村民传达生产、会议、民兵训练等信息。该楼现今保存较好，具有浓郁的地方特色，于2011年7月被核定为斗门区文物保护单位。

（六）霭如书室

霭如书室位于乾务镇南山村，是由澳大利亚的华侨陈孟典发动胞弟陈铎典、堂弟陈典标和陈柱典共同筹款建造的。该建筑设

南山霭如书室

计很独特，从外观看，房高、苫密、瓦厚、窗小，很难用梯子爬上房顶；房门厚重，很难用子弹射穿；有一个极为隐秘的射击窗眼，能阻止外面的敌人走近门前。霭如书室曾是中山八区南山妇女协会旧址、南山党支部旧址、中山县八区委员会临时驻地旧址和中山县八区南山妇女党支部旧址，革命前辈们在此领导、指挥了一系列重要斗争。现今，它具有重要的纪念价值，对研究南山反奸锄奸斗争、马山抗日等战斗具有一定的价值。

1941年2月，日军入侵斗门地区。4—5月，南山乡乡长陈器象勾结白蕉乡汪伪海防军司令李根源，计划将南山的20个壮丁带枪交由汉奸、日军翻译陈凌去组织一个伪军小队。中山八区抗日游击大队副大队长郑少康获悉后，主持召开南山乡南锋小学党员会议，准备开展反献枪反献丁的斗争，并决定由支部书记陈汉培、党员梁炘二人以教师的身份领导这场斗争。随后郑少康把陈、梁二人叫到霭如书室面授机宜，要求坚持开展反奸锄奸斗争。同年6月，日军入侵中山八区，派兵分驻在马山村创基祠堂、闸口泥楼和海边火烧茅山。10月下旬，八区委决定集中力量攻打马山日军。八区抗日游击大队副大队长郑少康亲自策划指挥，并找马山党支部林伯辉到霭如书室面谈，让他领导马山农民武装，和南山农民武装及陈培光带领的一部分抗日游击队统一行动。

（七）时代小学旧址

时代小学曾是中共乾务地下组织活动中心，后更名为"现代小学"，位于乾务镇乾东村伯瑞祖祠内。该小学从诞生时起，就是中共乾务地下组织领导的一个文化活动阵地。

1937年10月，侵华日军飞机轰炸广州、骚扰珠三角部分地区，在广州、中山、江门及澳门等地求学的乾务籍学生被迫疏散返乡。侵华事件激起这些进步青年学生内心的爱国热情，他们自发在乾务乡旧街威记楼上组织了乾务乡留穗同学会。尔后，由于扩大宣传组织的需要，改留穗同学会为"乾务校友会"。为了顺利地组织开展一系列抗日救国宣传活动，他们借用光汉小学的校舍作为宣传抗日救国的教育阵地，开设一系列文化、政治课程。1938年，为扩大办学规模，他们对教学管理做出调整，以日校为主，兼办夜校；同时整合各方资源设址办校，租赁伯瑞祖祠为校址，充分利用原有的课室、桌椅及教学用具等。从此，时代小学正式开办。当时全校共开设5个班，初小4个班、高小1个班，共有240多个学生。课程安排除了常规科目外，还增设时事和形势教育，教唱抗日救国歌曲；高小班秘密讲授《马列主义哲学》《政治经济学》《社会发展简史》及时事政治内容。1939年，时代小学因多种情况先后迁到逮卿祖祠和乾务北郊的黄铲埔，至1940年又迁回伯瑞祖祠，更名为"现代小学"。

1938—1939年，时代小学吸收多名教职员加入中国共产党。1939年，校内成立了乾务党小组。1940年，该党小组发展为中共乾务支部。但当时大部分教师因革命工作需要离校，该校从此正式停办。在抗战胜利后，伯瑞祖祠曾被作为乾务乡中心国民学校第一分校使用。

（八）南逸陈公祠——中山县八区抗日游击队驻地旧址

南逸陈公祠位于乾务镇三里村禾丰里，其东西两侧为民居，

北面是后山树林，前面是公路和禾田，原为当地陈氏宗祠，也是中山县八区抗日游击队驻地旧址。该祠堂建于清代，为三间两进院落，占地面积414平方米；硬山顶，

南逸陈公祠——中山县八区抗日游击队驻地旧址

石脚青砖墙，所挂石匾额阳刻"南逸陈公祠"；梁底、屏风、封檐板均雕刻精美。该宗祠在当时作为抗日游击队驻地及指挥部，对共产党领导开展抗日锄奸救亡活动发挥着重要的作用。

三里村禾丰里具有悠久的革命传统，在第二次国内革命战争时期和抗日战争时期建立了党支部、农会和妇协会等革命群众组织，开展秘密革命活动和公开武装斗争。在革命形势陷入低潮时，大部分群众仍积极以各种形式支持革命。即便该村遭到敌人多次"扫荡"和破坏，当地村民仍坚持隐蔽斗争。1944年1月，中山八区抗日游击大队在打击汉奸及日军后，先是在六乡马墩休整，后又将部队转移到乾务镇南山禾丰里及龙坛、西坑、马山一带活动，并派出精干武装人员深入乡村发动群众，积极开展抗日锄奸救亡活动。在当地村民的支持掩护下，中山八区抗日游击大队经常在此活动和驻扎。斗门解放后，禾丰里被评为"抗日革命老区"。

20世纪50年代，南逸陈公祠曾被修缮并作为学校教室使用，现为区级保护的不可移动文物，仍做宗祠使用。

（九）创基张公祠——马山乡战斗遗址

创基张公祠位于乾务镇马山村，建于1937年，占地面积366平方米。该祠堂坐北向南，面宽三间深两进，琉璃瓦当、滴水；

所挂石匾额阴刻"创基张公祠"，饰有石雕、木雕、壁画等。该公祠曾为马山乡抗日战斗遗址，对研究当时的马山乡战役具有一定的价值。

1940年，中共中山县八区委员会领导和开辟月坑抗日根据地，在月坑村组织成立了八区陈中坚抗日游击队（后改称"中山八区抗日游击大队"），陈中坚担任大队长，郑少康担任党代表兼副大队长。1941年10月23日上午，郑少康带领中山八区抗日游击大队，同时组织马山党支部发动农民武装和联合民团，一起攻打驻守在创基张公祠和匣口碉楼的日军。他们向驻守此地的日军投掷了1枚手雷，炸死1名日兵。林悦厚等自卫队队员在公路旁的猪头山击毙1名日军，马山村村民张伯明用锄耙打伤了1名逃跑的日军。其后，日军大部队得到消息，疯狂反扑，放火烧村，致使马山村旧街被大火烧毁。中午，援军从斗门墟赶来，此役最终取得胜利，迫使日军撤出马山据点。

创基张公祠总体布局完整，具有鲜明的岭南建筑风格，现为马山村曲艺社。

三、白蕉镇革命旧址遗址

（一）月坑村五圣宫——中山八区抗日游击大队队部旧址

中山八区抗日游击大队队部旧址位于白蕉镇月坑村五圣宫内。五圣宫始建于清嘉庆十七年（1812年），1919年重修；坐北向南，为三间两进院落，占地面积185.7平方米；硬山顶，博古脊，石脚青砖墙，砖墙承梁，绿釉瓦当、滴水，墙内外饰有石雕、木雕、灰塑、壁画等。它原为当地村民祭祀五圣神祇的场所，在抗日战争和解放战争期间一直是游击队的指挥部和活动驻地。该旧址对于研究中国共产党在斗门地区领导开展抗日武装斗争的历史具有重要价值。作为斗门抗战时期游击战争的重要纪念地，五圣宫旧址是白蕉镇月坑村革命系列遗址的重要组成部分，于2009年2月被斗门区人民政府公布为斗门区首批爱国主义教育基地。2015年6月，五圣宫改造成斗门革命斗争纪念馆，现为斗门区爱国主义教育基地和革命传统教育基地。

中山八区抗日游击大队的前身为1939年9月28日在斗门月坑村成立的"十人武装小组"，它是抗日战争时期由中共组织在中山县八区组建的一支抗日武装队伍。1940年2月，中共中山县八区委员会领导和开辟月坑抗日根据地，在月坑村成立了八区陈中坚抗日游击队（外挂国民第七战区挺进第三纵队第八支队第二大队番号，内部称奕德大队），队长为陈中坚，党代表为郑少康，部队驻在五圣宫和陈氏祖祠内。1941年4月，该游击队改称"中山八区抗日游击大队"（对外挂"挺进第三纵队第七支队第二大队"番号），大队长为陈中坚，党代表郑少康兼副大队长，大队部设在五圣宫内。1943年4月，中山八区抗日游击大队发展到170多人，设有2个中队，队部驻在月坑、乾务，下辖5个小队，分驻月坑、平岗、乾务等乡村。同年8月，抗日游击大队由于地方武装分开缩编成1个中队和3个小队。1944年10月，抗日游击大队奉命转至粤中抗日，12月改编为台山人民抗日游击队第四大队，继续在粤中一带抗击日伪军，收复台城，建立抗日游击区。1945年1月，部队扩编为广东人民抗日解放军第四团，继续在珠江三角洲开展抗日斗争。

（二）深坑血案遗址

深坑血案遗址位于白蕉镇涠涌村后山。后山是竹篙岭中的一个小山头，山中几道山溪汇聚后流经后山山麓，最终流入黄杨河。由于溪水长年冲刷和山洪袭击，便在后山山麓冲出一条长约800米、宽8～15米、深10多米的小峡谷，当地人称之为"深坑"。这是日本侵略军在斗门地区屠杀中国百姓的最大的一处罪证遗址。

1940年8月下旬起，日军进犯月坑，企图消灭抗日游击队。陈中坚率领游击队队员在八卦山与日军周旋对战。由于八卦山地形复杂、山

抗战老战士陈达讲述1940年日军制造的"深坑惨案"

陡树密，易守难攻，日军未能如愿。1940年12月20日凌晨，日本侵略军400多人乘炮艇再次登陆，经猪肚山、北松山两地向月坑村围攻，中山八区抗日游击大队在月坑八卦山布防、阻击。双方激战至中午，日军又派一个小分队从拱耳围夹击，游击队三面受敌。在确认村民全部转移上山后，游击队分两路经南澳撤至马墩。日军两次派重兵围攻都一无所获，不甘心撤离，于是攻进月坑及邻近村庄，抢劫财物，并放火烧毁民房100多间。下午日军溜回三灶，途经涩涌村深坑时，发现附近有100多个村民在躲避，便架起机枪往深坑内猛烈扫射约半小时后才离去。事后统计，当场被杀害的村民有30多人，重伤的约70人。这就是日本侵略军制造的一起骇人听闻的"深坑血案"。

（三）侵华日军地道遗址

侵华日军地道遗址位于白蕉镇大托村南村后山的半山腰，修筑于1945年初。该遗址坐东向西，面向黄杨河，占地面积约1 000平方米。它是日军侵华的又一大罪证，具有一定的历史研究价值。

1945年初，侵华日军进一步做反登陆战术部署，南下至广东沿海修筑军事工程，将地处坭湾门水道出入要津的白蕉大托村列入反登陆作战范围。3月25日，40余名日军配备10多匹战马及一批军用器械，强占大托村南村的10余户民居，并强迫当地村民在

南村后山挖掘修筑军事地道。直至8月15日日本宣布投降，尚未完成的地道工程才终止。从修筑现状来看，该地道共筑有3条坑道，总长度约1 000米。坑道宽1米、净空高约2米，呈"爪"字形分布。坑道共有3个入口，平均宽0.8米，高1.1米；有5个出口，宽0.87米，高0.82米，分置在东、西、南、北四个方向。其中主坑道两旁每隔2～3米不等挖有一半圆形崖孔（俗称藏兵洞或猫耳洞），每孔可容纳武装士兵两三人。

四、井岸镇革命旧址遗址

黄杨山战斗遗址

黄杨山战斗遗址是中山八区抗日游击大队在抗日战争和解放战争时期同当地日伪军及国民党残余部队发生激烈战斗的地方。该遗址位于井岸镇西湾村后山，海拔约100米，南边是黄杨大道，北边是黄杨山主峰。在此发生的黄杨山战斗是1944—1949年间斗门地区武装部队的重要之战。

黄杨山附近曾发生两次激烈的战斗。第一次发生在抗日战争时期，遗址在井岸镇西坑村，位于黄杨山南麓。1944年4月5日，游击队在鹤兜山抓获了白蕉乡伪乡长、汉奸赖一鸣，并在崖门口水冲石附近将他处决。6月7日，陈中坚率部70余人从龙坛转移到西坑村。白蕉联防大队队长赖少华以替兄弟报仇为名，与汉奸吴全纠合挺进第三纵队第八支队队长梁渭祥部及日军近千人，配备30多挺机枪"清乡""剿共"，进犯黄杨山游击区。游击队大队长陈中坚率部奋力反击，由于敌众我寡，便兵分两路突围。一路是由陈中坚率领的20余名队员，从村后撤出，冲上黄杨山占领制高点，与日伪军多次发生激战。另一路是由黄耀率领的40余名队员，从村前向贵头山方向突围。部队在越过坑边时遭遇日伪军并发生激战，之后部队历尽千难万险登上黄杨山，并乘机甩掉日伪军。直到黄昏，日伪军洗劫西坑时搜捕了2名战士，然后撤回斗门墟。黄杨山一战，共击毙和打伤日伪军30余人，游击队队员苏东九、林浓壮烈牺牲，邝昔富、何斗耀、林乔妹（交通员）被敌军掳去（后林乔妹得救），大队长陈中坚、小队长邝戈负伤。战斗结束后，部队从老糠堆转移到新会交贝石，挂三江乡赵其休番号开展地下游击活动。

　　第二次发生在解放战争时期，遗址在井岸镇西坑、猪仔环、元山仔等自然村一带，位于黄杨山南麓。1949年10月17日，国民党广州卫戍区司令李及兰率部3 000多人乘炮艇从大赤坎登陆斗门，为打通海路外逃通道，便袭击了当地游击武装部队。10月23日凌晨4时许，李及兰包围了驻守在西坑、元山仔、猪仔环、小黄杨等村的中山县七区、八区游击队（代号"北海队"）。游击队指挥员郑文、周挺兵分两路，率部约80人奋力抵抗，突破敌人的多道防线。已占领黄杨山制高点及在小黄杨山头阵地的陈根、马健等队员以火力支援游击队，激战持续到当天傍晚。李及兰部最终撤回斗门墟。此次战斗，游击队队员郑文、杜国照、余振标壮烈牺牲。此后，中山县七区、八区游击队经转移休整一天后开赴五桂山集中待命。

　　黄杨山战斗遗址具有重要的纪念意义。当年在元山仔后面的山顶曾掩埋烈士郑文、杜国照、余振标的尸骸，现铺设一水泥坪作为纪念。

附：斗门区革命旧址遗址列表

所在镇	序号	名称	年代	地址	保护等级	备注
斗门镇	1	健民小学旧址	1934年开办	小濠涌村双柏邝公祠内	区级-不可移动文物	曾为抗战时期中共地下组织秘密活动据点
	2	邝氏宗祠	清雍正三年	小濠涌村	市级-历史建筑	原抗日先锋大刀队训练基地
	3	邝任生烈士故居	民国初年	小濠涌村	区级-不可移动文物	
	4	中共小濠涌支部旧址	1937年	小濠涌村		
	5	意塘赵公祠	清代中叶	南门村	区级-不可移动文物	中共南门乡支部成立旧址
	6	崇基祠	清代	南门村		中山县八区游击队训练班遗址，现已不存在
	7	崑山赵公祠	清光绪十九年	南门村	市级-古建筑	抗战时期曾为中山县政府临时驻地
	8	《黎明报》编辑部旧址	民国初年	南门村	区级-不可移动文物	

（续上表）

所在镇	序号	名称	年代	地址	保护等级	备注
斗门镇	9	定海楼	民国初年	南门涌口与渡口之间	市级–历史建筑	
	10	黄沙坑革命历史纪念屋	民国时期	八甲黄沙坑村	区级–不可移动文物	中山八区抗日游击大队活动旧址
	11	风流桥阻击战遗址	1923年	斗门墟北面约600米处		
	12	黄杨山日机撞山遗址	1941年	黄杨山脉的白鸡山牛轭岭		
	13	牛头岗血案遗址	1944年	斗门墟牛头岗		
乾务镇	1	网山古碉楼	清代	网山村		
	2	中共网山村地下联络站旧址	20世纪30年代	网山村		
	3	中共网山地下支部旧址	1937年	网山村	区级–不可移动文物	
	4	陈氏宗祠	清朝末年	南山村	区级–不可移动文物	曾为中共中山县八区委员会临时驻地
	5	镇南楼	1925年	南山村	区级–文物保护单位	

（续上表）

所在镇	序号	名称	年代	地址	保护等级	备注
乾务镇	6	霭如书室	民国时期	南山村		曾为南山妇女党支部旧址
	7	时代小学旧址	1938年开办	乾东村伯瑞祖祠内		现用作祠堂
	8	南逸陈公祠	清代	三里村禾丰里	区级–不可移动文物	中山县八区抗日游击队驻地旧址现用作祠堂
	9	创基张公祠	1937年	马山村	区级–不可移动文物	马山乡战斗遗址
白蕉镇	1	月坑村五圣宫	清嘉庆十七年	月坑村		中山八区抗日游击大队队部旧址现改造为斗门革命斗争纪念馆
	2	深坑血案遗址	1940年	涩涌村后山		
	3	侵华日军地道遗址	1945年	大托村		
井岸镇	1	黄杨山战斗遗址	1944—1949年	西湾村后山		

纪念场馆

　　纪念场馆承载着中国不同历史时期革命活动的宣传和展示功能，是弘扬民族精神与时代精神的重要载体，也是传播红色文化、宣传革命精神、培育社会主义核心价值观的重要实践基地。斗门老区的纪念场馆生动展示了斗门革命先烈们在革命战争中可歌可泣的动人故事和英勇事迹，反映了革命先烈们在那段艰苦岁月不怕流血牺牲的大无畏精神，成为斗门区重要的革命传统教育基地和爱国主义宣传教育基地。

一、白藤堵海烈士纪念碑

　　白藤堵海烈士纪念碑位于斗门区井岸镇白藤山半山坡上，始建于1961年，后因城市发展需要，原纪念碑拆迁。2002年10月，斗门区城南办事处在原址上移40米处重建此碑。纪念碑坐东向西，占地面积约420平方米；碑通高6.7米，碑体正面阴刻竖行楷书"白藤堵海烈士纪念碑"；碑座正面阴刻寸楷竖排碑文，上面记载着5位堵海烈士的个人简介。20世纪50年

白藤堵海烈士纪念碑

代，斗门每年遭受台风暴潮和咸旱侵袭自然灾害，当时生产条件极其恶劣。1958年，中山、珠海两县决定在坭湾门白藤山堵海，8月成立了中珠白藤堵海工程指挥部。在斗门人民艰苦卓绝的治水征途中，最终完成了这一浩浩荡荡的白藤堵海工程。该纪念碑就是为了纪念当时在白藤堵海筑堤施工过程中遇难的5位烈士而立，现今是斗门区开展爱国主义教育活动的重要基地。

二、斗门革命烈士纪念碑

斗门革命烈士纪念碑位于斗门区井岸镇龙西村霞山北麓，始建于1980年，至1984年底竣工。该纪念碑是斗门人民政府为纪念斗门地区在各战争时期和为保卫祖国、建设祖国、保护人民生命财产安全而牺牲的111名英烈而立，对研究斗门地区革命先烈奋斗史具有重要价值。

该纪念碑坐西向东，全部由花岗岩建成，占地面积约1 100平方米，包括碑体、碑坪、栏杆、步级、坪道等部分。碑体分碑身和碑座两部分，通高11.5米。碑身呈上窄下宽四棱柱状，高9.4米，底部边长1.8米，正面阴刻楷书泥金字"革命烈士永垂不朽"，有红旗、五星、葵花、麦穗浮雕图案；碑座长4.5米、宽4.4米、高2.1米。纪念碑底部有两段，上段嵌着一块石制的中华人民共和国国徽横匾浮雕，下段石匾阴刻行书"斗门县第一届人民代表大会立 一九八零年六月七日"。1994年4月，在碑后增建琉璃瓦顶砖石结构铭壁，两面各镶嵌长3.7米、宽

斗门革命烈士纪念碑

1.16米的白色大理石板，上刻铭文及烈士名讳。

　　斗门革命烈士纪念碑作为研究斗门地区革命先烈的实物史料，于1988年12月被核定公布为斗门县（区）文物保护单位；1997年3月，被珠海市人民政府公布为珠海市爱国主义教育基地；2005年8月，又被公布为珠海市未成年人思想道德教育实践基地；2009年2月，被斗门区人民政府公布为斗门区爱国主义教育基地。该碑作为斗门区重要的红色文化资源纪念地，每年都有许多人来此祭拜革命先烈。

三、白藤山革命烈士墓

　　白藤山革命烈士墓位于井岸镇白藤山上，属于迁葬墓，占地面积41平方米。墓为圆形，坐东向西，为砖石混凝土结构；通高2.5米，底直径6.4米。墓壁镶嵌13块花岗石墓碑，其中主碑高1.33米、宽0.41米，阴刻竖排宋体字"革命烈士之墓"，隶书上款"中国人民解放军"，下款"斗门县人民政府　八三·六"；其余12块墓碑环绕着圆形墓壁，分嵌于主碑两侧，属各烈士原葬墓墓碑。该陵墓对了解中国人民解放军驻斗门地区部队的军事、生产、围海垦边等历史活动有一定的价值。

　　该墓是为纪念1963—1969年间中国人民解放军驻白藤岛部队在白藤岛围垦和建岛工程中牺牲的13位指战员而建。当时烈士遗体分别安葬于白藤山各处；1983年6月，斗门县人民政府将其中12位烈士（当时谭述学烈士的墓葬未找

白藤山革命烈士墓

到）的遗骸迁葬到一起，建成了合葬陵墓。第三次全国文物普查时，在合葬陵墓附近的荔枝园找到了谭述学烈士墓碑，并于2009年2月将其迁移镶嵌在白藤山革命烈士墓墓壁。

四、月坑老区纪念亭

月坑老区纪念亭是斗门爱国主义教育基地，位于斗门区白蕉镇月坑村八卦山上，建于1987年10月。纪念亭坐北向南，呈六角形，整体建筑为钢筋混凝土砖石混合结构。亭高二层，通高7.6米，对角柱距离3.45米，占地面积1 000平方米。纪念亭正面行书题额"月坑老区纪念亭"，亭内砌有板式座位，亭后筑有陈中坚墓，正面台阶左侧镶嵌大理石阴刻纪念碑文，周围有围墙。该亭是为纪念陈中坚及其领导的中山八区抗日游击大队而建，对研究月坑地区革命史有一定的价值。

月坑地区的革命史可追溯到大革命时期。1925年，在农民运动讲习所第二届学员梁瑞生（又名梁九胜）的宣传发动下，月坑村首先成立了农民协会，还建立起由60多人组成的农民武装自卫军。1939年9月，中共中山县八区委员会在月坑村举办党员学习班，接着成立了"十人武装小组"，由陈中坚负责做好统战工作。12月，中共月坑小组成立，陈中坚任小组长。1940年2月，中共中山县八区委员会在此成立"八区陈中坚抗日游击队"（内部称奕德大队），陈中坚任队长。1941年4月，该游击队改称"中山八区抗日游击大队"（对外挂"挺进第三纵队第七支队第二大队"番号），陈中坚任大队长。该游击队积极开辟抗日根据地，先后参加各种大小战斗，为保家卫国做出了巨大贡献。

月坑村作为当时地方抗日武装的重要根据地，于1959年被评定为村级抗日根据地（即"革命老区"）。2009年2月，月坑老区纪念亭被斗门区人民政府公布为斗门区首批爱国主义教育基地。

五、斗门区博物馆

斗门区（兆珍）博物馆位于斗门区井岸镇西堤路2233号，是由美籍华裔容兆珍、李如心夫妇捐款，并在斗门区人民政府和广东省文物管理委员会的拨款支持下，于1994年10月正式建成启用。该博物馆占地面积3 370平方米，建筑面积2 149平方米，楼高四层，内设5个展览厅，是斗门区进行社会主义教育和爱国主义教育的重要基地。

斗门区博物馆属综合性博物馆，设有"容兆珍先生专栏""信息快讯""斗门历史文化""藏品欣赏""文博知识""文物保护单位"等展厅，履行文物征集、收藏、研究、陈列和社会教育等职能。该馆除开设历史文物、海外人士捐献珍品等基本陈列专室外，还陆续举办了文物类、地方史料类、民间收藏类、科普类、思想教育类、法制教育类、艺术类等各种类型的专题展览，旨在更好地对学生开展爱国主义教育和未成年人思想道德教育，丰富当地人民群众的政治思想生活和文化生活，加深对地方历史的了解。该博物馆自1998年起先后被命名为"斗门县爱国主义教育基地""珠海市爱国主义教育基地""斗门区爱国主义教育基地"和"珠海市未成年人思想道德教育实践

斗门区博物馆

基地"。

为进一步宣传斗门老区近现代革命历史，弘扬爱国主义精神，2019年5月斗门区博物馆增设"斗门革命斗争史"大型爱国主义教育专题展览。该展览以"爱国主义教育"为主题，以"抗争"为主线，按时间顺序分"革命摇篮数英豪""燎原烽火驱虎豹""抗战拒敌迎曙光""先辈精神永存心"四个单元，以图文、文物陈列等多种形式向观众讲述斗门地区中共组织的发展历程，展示斗门革命先烈们守土抗战、不怕流血牺牲的动人故事和英勇事迹。该展览于2019年5月1日后免费对外开放，以便更好地发挥斗门区博物馆爱国主义宣传教育阵地的作用。

六、中共小濠涌党史教育基地

斗门区小濠涌村是斗门革命的摇篮，是斗门老区党组织的发祥地。1937年9月20日，中共小濠涌支部在此成立，成为珠海最早诞生的党支部。在当时的历史背景下，小濠涌党支部点燃了斗门抗日的烽火，对斗门地区党组织的建立发展、抗日武装和抗日根据地的创建，及取得抗日战争和解放战争的胜利，起到极其重要的作用。

2000年，珠海市和斗门区拨出专款，在中共小濠涌支部旧址旁边的祠堂建设中共小濠涌党史教育基地；2001年，该基地被列为"珠海市党史教育基地"；2009年，基地增设抗战时期实物展览室，并先后被公布为"首批斗门区爱国主义教育基地"和"珠海市爱国主义教育基地"；2011年6月，邝任生烈士雕像在基地建立。2014年下半年开始，斗门镇党委、小濠涌党支部决定对该基地进行重建和扩建，并于2015年7月1日正式向社会开放。现今该基地共分为东方欲晓、民心所向、星火燎原、抗日救亡、八区战事、斗门解放、精忠报国、前赴后继八个部分，能让参观者深入了解斗门儿女从抗日战争到解放战争，以及社会主义建设时期奉献牺牲的英雄历程。

七、斗门革命斗争纪念馆

斗门革命斗争纪念馆设在斗门区白蕉镇月坑村五圣宫内，曾是中山八区抗日游击大队队部旧址。2015年2月，珠海市斗门区白蕉镇人民政府计划对该革命纪念馆及馆前广场进行改造。在白蕉镇人民政府和月坑村委会的共同组织，以及在中共斗门区委党史研究室的具体策划下，历时四个多月，该馆于2015年7月1日正式对外开放。

现今斗门革命斗争纪念馆展览内容主要由革命土壤、农民运动、抗日救亡、八区战事、除暴安良、迎接解放、浩气长存、承前启后八个部分组成，还包括革命实物展示，图文并茂地再现了抗日战争时期中山八区抗日游击大队，解放战争时期武工队和七区、八区游击队不怕牺牲、浴血奋战的动人场景。该馆一一展示了斗门的历史变迁及斗门革命历史的渊源和起承转合，现为斗门区爱国主义教育基地和革命传统教育基地。

斗门革命斗争纪念馆

八、安峨革命老区教育基地

安峨革命老区教育基地位于斗门镇斗门村口，是由市、区、镇政府拨款兴建，楼高两层，总面积397平方米。该教育基地的

安峨革命老区教育基地

建成启用，标志着斗门又增添了一个革命传统教育基地。

斗门村安峨革命老区有着光荣的革命传统。在抗日战争时期，村里先后有邝建吾、邝辉、邝焕源等多名进步青年踊跃参加抗日游击队。其中邝建吾曾担任中山县八区八甲乡抗战队副大队长，邝辉曾任八甲黄沙坑抗日游击据点负责人和中共八甲乡支部书记。在解放战争时期，邝章荣、邝文英等村民参加解放军。中华人民共和国成立后，村里有12名优秀青年积极参加中国人民志愿军，加入抗美援朝保家卫国行列。在社会主义建设时期入伍的邝杰浓，曾任南海舰队某部班长，荣获二等功，并获授"毛主席的钢铁战士"锦旗，在北京受到毛泽东及其他领导同志的接见。

斗门村安峨于1993年被政府公布为革命老区。在安峨革命老区教育基地揭幕仪式上，道和德慈善基金会派发《道和德》一书作为基地教育史料。该村不断搜集革命史料与实物资料扩充教育基地展览，致力于打造一个继续弘扬红色革命精神的传统教育基地。

九、毓秀洋楼

毓秀洋楼位于斗门区斗门镇南门毓秀村，建于1830年，曾是斗门建县时筹备组的办公楼。该建筑作为斗门重要的政治、经济、文化等历史事件的实物载体，对研究斗门建县前后的历史具有重要的价值。

　　1949年至1967年，毓秀洋楼曾先后作为当地农会会址、中山县第九区、南门区的领导居住地，以及"四清"工作团斗门县团总部、斗门县成立之初县府办公场所、毓秀中学等。2014年下半年，为隆重纪念斗门建县（区）50周年，斗门区委、区政府决定由区委党史研究室策划对其进行重新修复布展。该展馆于2015年7月1日正式对外开放，占地面积200多平方米。展览内容包括"建县初期斗门的经济社会状况""斗门历史沿革""斗门之最""斗门地名新考"等主题。该展馆资料翔实、内容丰富、图文并茂，实物布展真实，是珠海市、斗门区开展地情教育、艰苦奋斗光荣传统教育和"三严三实"教育的一大重要基地。2015年7月，珠海市人民政府将该建筑认定为"珠海市历史建筑"。现今，毓秀洋楼成为斗门重要的党史教育基地，成为搭建斗门红色旅游的重要载体，将当地的历史知识、革命传统和革命精神展示给社会公众。

附：斗门区纪念场馆列表

所在镇	序号	名称	年代	地址	保护等级	备注
井岸镇	1	白藤堵海烈士纪念碑	1961年	白藤山半山坡上	区级-不可移动文物	
	2	斗门革命烈士纪念碑	1980年	龙西村霞山北麓	区级-近现代重要史迹及代表性建筑	
	3	白藤山革命烈士墓	1983年	白藤山上	区级-不可移动文物	
	4	斗门区博物馆	1994年	西堤路2233号		

（续上表）

所在镇	序号	名称	年代	地址	保护等级	备注
白蕉镇	1	月坑老区纪念亭	1987年	月坑村	区级–不可移动文物	
	2	斗门革命斗争纪念馆	2015年	月坑村		
斗门镇	1	毓秀洋楼	1830年	南门毓秀村	市级–历史建筑	
	2	中共小濠涌党史教育基地	2000年	小濠涌村		
	3	安峨革命老区教育基地	2018年	斗门村		

革命文献

一、黎炎孟《关于中山县农民问题的报告》（节选）①

省委：

　　本县自民国十三年八月开始，农民运动工作进步尚速。已成立区农民协会七个，乡农民协会一百二十个，会员共一万八千余人，各乡均已组成农民自卫军，平均每乡约有十五名共二千名，但枪支不甚充足。……

　　八区地方盗匪充斥，武装民团亦甚，压迫农民苛捐甚重，护沙匪军勾通一气，迭为骚扰，且包农制甚多，佃农雇农感受痛苦最甚。……

　　乡农会八区有七个乡会，农军八区（有）五百三十八名。

　　十一日、十九日前赴中山县第八区月坑、盖山、南澳、虾山、涩涌、小托、铁山等七乡组织报告：

　　1. 成立农民协会之起源

　　该七乡等历来饱受斗门附属各大乡村土豪劣绅之鱼肉，如抽八区团堡费每亩三毫及自卫团费等，并无有保护之力而勒收……

　　2. 盗贼之猖獗

　　黄杨山历朝为驻匪之地，因又附近新会常有土匪往来，明目

---

　　① 黎炎孟的这份报告由其外母保管，20世纪60年代时送交组织，1964年6月上级翻印发给有关县市档案馆。这是李炎芝同志在1982年2月15日从中山党史办的复制品原件上抄录的关于八区的报告内容。

张胆，白日拘人，该处人士奈之不何，所拘者俱是生面人，故外人亦不能往来，是处贼党最为复杂，为广东最大之一，常有匪徒七百人等。

3. 乡政主持者

七乡主权全由赖冬如个人为主，各乡有农事必要寻他商酌，得允许后方敢为事。

甲、主持者之地位。主持者乃一包农制之大耕家，共耕田十八顷，自有田约六七十亩，大屋一间，碉楼一座，浮财约七八千元。

乙、主持者之思想。赖某乃一绅士，其思想并非陈旧又非新风气之人。但他在是处欲为首屈一指，为受斗门附近各大绅士压迫，故无能出人头地，苦欲保全自己之地位，不能不有一大势力以保障之，是以起而组织协会借农会之力，以保一己之仁为目标。

月坑乡　烟户共一百三十余家，田亩约一百顷，自耕农一成，半自耕农二成，佃农六成，雇农一成，枪械约六十支。于十一月二十二日晚选举，当场选出陈世典为正，梁贡镜为副，廖健秾为秘书，陈福象、苏世雄、陈锦象三人为纪律，周喜成、陈强为候补。有书塾二间，学徒有六十余人。

盖山乡　烟户共一百三十余家，田亩六七十顷，自耕农占半成，半自耕农占一成，佃农占七成，雇农占一成半，枪械约有三十支。于十一月二十三日晚选举，当场选出周全芳为正，周显炽为副，周颂廷为秘书，廖建帮、廖功二、廖建廷三人为纪律，陈维焯、梁祖廷为候补。有书塾一间，有学徒二十余人。

南澳乡　烟户一百四十余家，田亩共一百余顷，自耕农占半成，半自耕农占一成，佃农占六成，雇农占二成半。于十一月二十四日晚选举，当场选出霍大顺为正，霍玉彩为副，霍东顺为秘书，冯连胜、业性常、霍福全为纪律，吴恒进、吴兆洪为候补。有枪械三十余支，有书塾一间，有学徒四十余人。

虾山乡　烟户有一百六十余家，田亩有一百三十余顷，自耕农一成半，半自耕农二成，佃农占六成，雇农占一成。于十一月二十五日成立，是晚选举出赖冬如为正，赖玉琳为副，赖爵廷为秘书，吴明晓、周远明、杨敬全三人为纪律，吴盛廷、杨维庆二人为候补。有枪械五十余支，有书塾一间，有学徒六十余人。

浞涌乡　烟户一百七十余家，田一百余顷，自耕农占一成半，半自耕农占二成，佃农占五成，雇农占一成半。于十一月二十六日成立，选出姚衍支为正，何源彩为副，业乐春为秘书，何创、赵茂承、朱求弼三人为纪律，何亮燕、何锡能二人为候补。有枪械四十余支，无书塾。

铁山乡　烟户四十余家，田四十五顷，自耕农占半成，半自耕农占半成，佃农占七成，雇农占二成。于十一月二十七日成立，是晚选出陈大有为正，卓容发为副，陈明锦为秘书，黄贤福、黄宏发、陈锦耀三人为纪律，陈其礼、陈英耀二人为候补。枪械有二十余支，无书塾。

小托乡　烟户一百三十余户，田约二百顷，自耕农占一成，半自耕农占一成，佃农占八成。于十一月二十八日成立，是晚选举出吴家铭为正，吴家业为副，吴琼初为秘书，吴家安、吴盛维、吴盛隆三人为纪律，吴富声、吴盛谋二人为候补。枪械有一百一十余支，有书塾一间，有学徒五十名。

雇农之生活状况

该处雇农每月工金五元不等，最不堪者，则续雇农（即散工）每日工资三毛，只有午膳一餐，而早晚膳即属于工资三毛之内，但其家人多出往田间执谷以维其常年生活。倘谷米不够食时则要借于富户，但其借一担谷，明年要多还半担，若不依期还壁，则照税双倍补交，其名曰叫借谷头，因借此多为耕田之人，故并无白米发售，是以不得不借谷头而食，诚最艰苦之生活也。

教育状况

七乡总计有书塾六间，有学生二百余人，多数为十一二岁之小童，并每当收割之时所有学生尽行回家帮忙收割事宜，但其知识非常简单，因每个青年只有一二年书读，但在读书时，每周耕务而废学，故其教育为最卑劣也。

以上所报告是总集七乡而言，因七乡等可称为一乡，因其联络与感情上颇笃，故七乡总集一报告亦可知七乡之情况也。

丙、乡人对于主持者之信仰如何

赖某乃七乡最宫之人，得父违荫其人格，可称为贵族派。其人非常之恶，常将乡人辱骂，但该处人凡有事必要求他，故不得不屈服于其势力之下，但不为十分之信仰。

4. 该处耕农之生活状况（指耕二三十亩之佃农）

该处田每亩租银四至八元或十元不等，每年得谷三担余而一家数口只得取来作自己之食用，其副业多数养猪而种蕃茨等少数，但其生活上颇困难。

佃户与田主批耕情况

凡批耕之佃户必要缴交上午租项，若无耕本之佃户则必要受二路田主之重租批授。

二路地主之狡计

七乡内有二路田主至数人，如周远明受了石岐陈某之托在该处租了田，有了余顷，每亩若干租：四元除自雇人耕了七八顷外，则将所有田亩转租了他人耕，但租：则每亩有剩余利二元之。

民国十五年十一月

二、中山八区7个乡农民协会反征收电文

这份快邮代电发文，刊在1926年11月23日《广州民国日报》上，是一份珍贵的历史文献，特抄录于此，让斗门人民共睹。

窃我农民数千年来，备受摧残压迫，种种苛捐，尽向我农民榨取，自孙总理定下工农政策及本党第一、二次全国代表大会种种关于农民运动之议决案尽量扶助我农工，此次中央联席会议，更具体规定解放农民群众，于是素受压迫之我等农民，得在农民协会组织之下，向着光明解放路途上走。但是在此青天白日之下，仍不免有贪官污吏不法军队掺杂其间，不仰承总理之遗志，不理党之决议，只知欺压我农民，饱其私囊。前任黄梁都护沙分局护沙队长赵杰，本为著匪，经编为护沙队长，名为护沙队，我农民每造每亩给他等三费费用，而护沙队不但不能捍卫农民，符其保护沙田之名，兼且纵容部下欺压乡民，包庇烟赌，甚至匪性不改，掳人勒赎，无所不至。我七乡农民去年在铁蹄之下，得以苟延残喘至今，亦云幸哉。今赵杰虽改名为撤差，旋即恢复为匪生生涯，其祸害仍未消除。殊后来者亦不见胜于前者，今年上造护沙分局局长派来之征收员李崇基，对我农民仍取高压手段，到来征收各费，竟敢强迫农民缴纳早经财政部命令不准附加之联团费、民团费、警费等。我农民知识浅陋，自然大多数任其敲诈。嗣值中央农民部特派员下我七乡宣传，目击此种情形，即告我七乡农民，谓联团费、民团费、警费，早经明令不准附加。于是少数还未缴纳者，群起运动，只乐意输将政府之正项征收，不肯缴纳无异授敌以兵之联民团等费。而护沙局以我农民不允缴纳联民团费及警费，遂难以不发给其他各种沙票，藉口谓为抗缴，不惜运动土匪或串同不法军队，到乡摧残，历任护沙局对待我农民，

都是用此种手段。窃思我七乡农民缴纳田主之田租，剥削程度在百分之八十以上，护沙局不法军队、土匪又横加压迫摧残，我农民在此种情况之下，只有求生不得，求死不能而已。伏思革命政府乃为民众谋利益之机关，对于人民疾苦，自必关心，迫得通电呼吁，伏恳政府真正加意扶助农民，禁止武装摧残农民，不胜迫切待命之至，谨电呈。

中山县第八区淰涌乡农民协会、月坑乡农民协会、小托乡农民协会、虾山乡农民协会、盖山乡农民协会、铁山乡农民协会，南澳乡农民协会同叩锆印。

一、《坚定站起来》

1941年4月，为鼓舞民众的抗战士气，黄锦棠（挺进第三纵队第七支队第二大队秘书，曾用名黄贯夫）用八区方言编写了一首名为《坚定站起来》的歌，歌词如下：

同志们，坚定站起来，系！系！动摇的人们快滚开，"骑马过海"①。我们是先觉者，我们要创造新的八区、新的中国、新的时代。一、二、三、四，整齐我们的队伍赶上去。②

二、《抗战事迹之语句》

1941年12月20日，八卦山战斗结束后，黄锦棠编写了一首顺口溜：

小黄（黄百灵）布阵八卦山，
胡须华（陈中坚）平岗出奇兵，
四眼黄（黄锦棠）只身送华嫂（陈中坚妻），

---

① 斗门男人的口头禅。

② 中国人民政治协商会议中山市委员会文史资料委员会编：《中山文史》（第62辑　赤子丹心），第82～83页。

林怀兴（林兴华）负米走千里，
肥黄（黄乐天）夜探水晶宫，
李北佬（群众）飞步走南澳，
泥瓜松（群众）独枪守故乡，
牛颈高（群众）双枪战残寇。①

---

① 中国人民政治协商会议中山市委员会文史资料委员会编：《中山文史》
（第62辑　赤子丹心），第83页。

重要革命人物

一、人物传略

（一）罗建才

罗建才（1913—1940），乳名罗买丁，字玉生，1913年出生于中山八区南门乡塘祖村。1937年在中共党员邝任生、邝叔明进步思想的影响下，他在南门乡塘祖祠内组织青年读书会，宣传马列主义思想、中国共产党抗日救国主张。同年9月，罗建才担任八区民众御侮救亡会南门乡工作团团长。1938年10月，经邝任生介绍，他加入中国共产党。1939年1月，他担任广东青年抗日先锋队八区区队队委。1940年，他被派到乾务乡东澳村，以教师做掩护，宣传革命真理。同年7月，在运送进步报刊的路途上，他被日军逮捕杀害，年仅27岁。

（二）黄萼荣

黄萼荣（1919—1941），曾用名黄克，1919年出生于中山八区网山乡一个华侨家庭。日军入侵中国后，他积极参加网山乡的青年抗日救国运动。1937年9月中山八区成立民众抗敌后援会，各乡成立抗日救亡工作团。黄萼荣率先参加了网山乡工作团宣传队，开展抗日宣传工作。1938年4月，经邝任生介绍，他加入中国共产党。同年9月，他出任中共斗门墟支部书记。1939年7月，他调往广州市区游击队第二支队工作。次年10月，他前往独一中队任政工员，改名黄克。1941年3月，他在随广州市区游击第二支队夜袭泮浦、惩治恶霸的战斗中壮烈牺牲。

（三）邝任生

邝任生雕像

邝任生（1911—1942），字修一，原名觉民，曾用名陈福，中山八区小濠涌乡田岩村人。1928年，他先后就读于广州知行中学和培正中学，逐渐走上革命道路。1930年冬，他回到斗门八甲乡排山小学任教，同时秘密开展革命工作，兴办夜校，向农民宣传反封建、反剥削的革命真理。同年，他加入中国共产党。1933年，他与进步同学建立"共产主义同情小组"。1936年，他秘密组织成立小濠涌青年社，组织进步青年阅读进步书刊，主编《青年月刊》。全面抗战爆发后，他组织成立斗门区第一个党支部——中共小濠涌支部，并担任党支部书记。1938年，他任中共中山八区委员会书记；次年，任中共澳门工委书记。1942年，他改任南番中顺中心县委宣传部部长，积极开展敌后抗日斗争。同年3月25日，他不幸在顺德林头乡被日寇杀害，牺牲时年仅31岁。

（四）陈子念

陈子念（1916—1942），曾用名陈初念、陈念，1916年出生于中山八区南山乡中禾里。1939年1月，他加入中山八区南山乡抗先队，投身于救国救民的运动中。1939年底，他加入中国共产党。1940年，他参加陈中坚领导的抗日游击队，并担任警卫班班长。1941年，他回到南山前进小学，以炊事员身份负责联络工作，同时配合打击伪军的战斗。1942年，他被调到大虎，以炊事员身份做掩护，继续负责交通联络工作。同年11月4日，他在组织游击队和大虎自卫队成员抵抗敌人入侵大虎的战斗中壮烈牺牲。

（五）邝振大

邝振大（1916—1943），中山八区小濠涌乡人。1930—1933年，他先后就读于广州培正中学和广东航海学校。1934年，他回乡任教，宣传反封建的革命思想。1936年他加入中国共产党。抗日战争全面爆发后，他积极投身抗战事业，负责小濠涌工作团的工作。1938年10月，他担任八区委宣传委员，协助区委举办党员学习班。1939年1月，他担任广东青年抗日先锋队中山县八区区队下设的小濠涌乡队队长。同年2月至5月，他出任第一期游击队训练班教员。1940年3月，他兼任中共小濠涌支部书记。同年8月，他转任中共小濠涌支部组织委员。1943年7月，他因积劳成疾医治无效逝世。

（六）邝健玲

邝健玲（1918—1944），女，又名亚玲，曾用名郑芳，中山八区小濠涌乡人，由邝任生介绍加入中国共产党。1938年她受党组织委派前往延安学习，学成后即投身抗日战争当中。同年10月，她被选为妇女委员会委员。她是中山八区第一个女共产党员，曾被派往延安抗日军政大学学习，曾任中山八区妇女协会会长。1940年，她带头成立了"姐妹会""互助组""识字班"等群众组织，使斗门妇女的抗日爱国精神空前高涨。同年，她因身份暴露被调往顺德九区江尾负责妇女工作。1944年，她又被调到中山九区工作，后因环境恶劣且积劳成疾，最终病逝，年仅26岁。

邝健玲

（七）何尧

何尧（1925—1944），新会县大沙乡（今斗门县）人。1937

年后，日军大举入侵斗门，百姓陷于水深火热当中。为谋得生存，何尧兄弟二人于1940年前往中山八区月坑村，给地主做雇工。在月坑村，何尧见到陈中坚部队纪律严明、官兵一致，十分羡慕，毅然决定加入抗日游击大队，并于1943年春如愿以偿，成为队伍的一员，开启了救国救民的革命道路。此后，何尧被安排在大队部的手枪组，在战斗中展现了其英勇杀敌、捍卫祖国之精神。同年11月，何尧参与袭击伪军吴全部队的战斗，与手枪组组员控制了敌军的反扑。1944年1月，何尧接受组织任务，打击反动派，先后惩治了八甲乡松山村的潘文绍、龙西乡的马永宽，受到了组织的认可与赞许。黄杨山斗争爆发后，何尧跟随赵荣部队在斗门、龙西一带活动，在执行任务期间，被哨兵发觉，最后被射杀身亡。

（八）陈仁

陈仁（1918—1944），原名陈弈浓，曾用名陈辉，1918年生于中山八区马山乡一个华侨家庭。1939年初，八区委组建了广东青年抗日先锋队中山县八区区队，陈仁加入马山乡抗先队，积极参加各项抗日救亡活动。1941年7月，他由林伯辉介绍加入中国共产党，随后参加中山八区抗日游击大队。1942年7月，他被调往乾务沙面自卫小队任班长。1943年夏，他被派往中山五桂山军事训练班学习。同年6月，他被调往驻新会横山的中山八区抗日游击大队一个小队，接替小队长职务。1944年4月，新会县武装系统党组织在麦园乡举办军事训练班，他担任军事教员，为组建新会、鹤山抗日游击队培训了骨干。1944年5月，新鹤人民抗日游击大队成立，他担任第一小队小队长。1944年七八月间，他在开平县月山镇被捕，后因在狱中受到长期折磨而不幸遇难。

（九）邝叔明

邝叔明（1913—1945），乳名邝振发，1913年出生于中山八区小濠涌乡。1933年他与邝任生一起到广东航海学校学习，同年与邝任生等人共同成立"共产主义同情小组"。1934年，他回到小濠涌乡，在健民小学任教。1936年，他参加邝任生组织的小濠涌青年社；同年由邝任生介绍加入中国共产党。1937年，他参加八区青年社，开展革命运动。1938年1月，他前往延安抗日军政大学学习，返乡后积极组织八区抗日救亡宣传队，在全区巡回宣传。1939年1月，他担任中共中山八区委员会书记。1943年2月，他任中区纵队第二支队副政治委员。1945年1月，他调任珠江纵队第二支队政委。同年5月，珠江纵队抽调第二支队部分力量挺进西江开展粤桂湘边区抗日游击战争，邝叔明、黄友涯等率部百余人留守番禺坚持斗争。在此战斗中，他不幸溺水牺牲，时年32岁。

（十）林若冰

林若冰

林若冰（1919—1945），女，中山八区马山乡人。1936年，因不愿嫁给邻乡的一个华侨，她离开家乡，前往香港。在工作之余，她积极到陶行知办的中华业余学校学习，开启了探索革命真理的道路，同时通过影片公司的平台结识了许多先进分子，进一步提高了思想觉悟。1938年，她回乡参加抗日救亡运动，加入马山乡抗先队，鼓动当地妇女共同抗日。1939年，她参加了中山八区第一期游击队训练班，同年成为马山乡妇协会会长。1942年3月，她加入了中山八区抗日游击大队，次年到南番中顺游击指挥部举办的妇女干部训练班学习，继续接受新思想，并于同年冬季成为一名中共党员。1944年，她加入到五桂山主力部队中，帮助推进抗日宣传工作，后被派到鹤山县参加建政工作。1945年，她在焦山战斗中牺牲。

（十一）梁俊帼

梁俊帼（1920—1945），女，又名梁帼、银杰，曾用名八妹，中山八区乾务乡乾东村人。1938年，她加入中共乾务乡地下组织的救护队，从此走上革命道路。1939年春，她被选为八区妇协执行委员和乾务乡的妇女协会会长。1939年2月至5月，她前往南门乡新围村参加八区委开设的游击训练班学习。1940年，她秘密发动东澳村妇女加入抗日救亡运动。因表现突出，她于1943年6月被批准加入八区抗日游击大队，不久便正式成为一名中共党员。1943年，她转入中山人民抗日义勇大队并担任交通员的工作，出色地完成了各项组织任务。1945年，她被组织调往珠江纵队第二支队顺德大队，改名为八妹。同年4月25日，她在部队转移的过程中不幸被捕，英勇牺牲。

（十二）赖达

赖达（1925—1945），原名赖冠威，中山八区白焦乡赖家村人。1941年6月，他前往澳门学习，与澳门同胞一起宣传抗日救国思想。1944年，他前往五桂山，加入游击队开设的青年训练班，接受先进思想，此后加入"社会主义工作团"，帮助深入推进青年学生工作。1945年2月，他加入珠江纵队，在民族队第二小队担任政治服务员的工作。同年，他跟随部队到宝安；10月，部队在横河被改编为解放大队，他被分进南极队，与部队一起作战；12月，国民党反动派企图消灭共产党力量，派兵出击南极队，他在执行任务时被国民党抓捕，最后受酷刑而死。

（十三）周芳

周芳（1916—1945），又名周锦芳，乳名周学宽，中山八区东澳村人。1939年，他加入广东青年抗日先锋队中山县八区区队东澳村队。1940年，受罗建才、黄贯夫等人的影响，他积极揭露国民党罪行。同年，他担任东澳村自卫队队长，打击日军、伪军、土匪，维护村民利益。1941年10月，他带领东澳乡人民抗日义勇游击独立小队攻打驻扎在乾务的日军并取得胜利。次年2月，他加入中山八区抗日游击大队，7月加入中国共产党，不久任班长兼机枪手。1943年，因在多次战役中表现突出，他被委派担任中山八区抗日游击大队小队长，后带领部队取得黄杨山战斗的胜利。1945年，他担任广东人民抗日解放军第四团二连连长兼指导员。同年8月，他带领部队取得了夜袭台山县伪军的胜利。1945年10月，他在与国民党的战斗中牺牲，年仅29岁。

（十四）林科

林科（1914—1948），乳名林伟器，字善科，曾用名林普、林风、陈洪、陈明德，中山八区马山乡人。青年时代，他在广州读书，深受马列主义的影响，积极参与广州爱国主义运动。回乡后，他与几个知识青年一起在林氏宗祠开展教学活动，传播革命真理。后因不满乡绅们的嚣张跋扈，他离开家乡，前往香港，直到1937年得知邝任生成立了八区青年社，才返回家

林科

乡。1938年，日军侵占了中山七区三灶岛，他加紧抗日救国宣传工作，并前往香港动员林若冰、林伟明两人回马山乡为抗日做贡献。同年8月，他由邝叔明介绍加入中国共产党。1939年1月，他任广东青年抗日先锋队中山县八区区队委员兼马山乡队队长。1940年，他到东澳村以教师身份做掩护，秘密开展抗日救国活动。此后几年，他先后被调往龙西贵头村、番禺大岭小学、番禺县钟村小学等地区任教，发动更多有志青年走上革命道路。1947年10月，他到清远县滃江地区党领导的清从佛人民义勇大队政治处任负责人。1948年5月4日，他被残暴的国民党保安队割下头

颅，悬挂于从化县街道。

（十五）余鸿钧

余鸿钧（1911—1949），字景庆，曾用名余皋平、李仲文、李保纯，外号高余佬，中山八区小赤坎乡新村人。余鸿钧从师范学校毕业后回到小赤坎，与同乡余光耀开办得英小学，倡导新文化。1932年至1933年，他在广州中国新闻学院读书。1937年秋，在姑丈黄求光、岭梅小学校长黄煦君的帮助下，他到陕北公学学习，同年底在延安加入中国共产党。1938年4月，他被派往新会、江门一带活动。1939年5月至1941年5月，他任新鹤县工委委员、组织部部长，参加了建立新鹤边界的游击区和开辟皂幕山根据地的工作。1941年5月撤销中共新鹤县工委，成立中共鹤山县委，余鸿钧任县委委员、负责党务工作。1945年初，余鸿钧调到广东（粤中）人民抗日解放军第二团任军需长。1949年1月，余鸿钧率武工队黄肇汉、何梅去发动群众筹集武器，被地主钟弼告密。1949年1月30日，国民党武装深夜包围武工队驻地梅竹乡潮岭村，余鸿钧在率队突围时与黄肇汉、何梅一起牺牲。

（十六）容振

容振（1921—1949），乳名兆喜，字家铎，中山八区龙西乡龙坛村人。1938年6月，他由邝任生介绍加入中国共产党。同年7月，他与容煜一起在龙坛村组织成立了大刀队（又称"别动队"）。1939年1月，他任龙西乡抗先队队长。1940年，容振任中共龙坛支部宣传委员，积极参与八区游击队的抗战活动。1944年，他被任命为中山八区抗日游击大队小队长，帮助收复新会县天亭和双水。同年10月，他出任中山八区抗日游击中队副中队长，并在该中队编入中区纵队主力部队逸仙大队民生队后，改任队长。其后，他与妻子一起加入八区的武工队，共同反对国民党的压迫。1949年，国民党进驻龙坛，容振积极迎战，但不幸在战斗中身亡。

（十七）林兴华

林兴华（1919—1961），马山乡人，1939年参加八区青年抗日先锋队，积极从事抗日救亡活动，同年加入中国共产党。抗日战争期间，他表现突出，先后担任台山第三区抗日联防大队和台山人民抗日游击队第四大队中队长。斗门解放后，他历任广东省军区粤军中军分区二十一团团长、台山县军管会副主任、粤中专署公安处副处长、南矿矿长。

（十八）梁其颖

梁其颖（1915—1969），乾务乡人。少年时，他曾到广州、日本学习，接受了革命思想。回国后，他担任多个中小学的教员及乾务村时代小学的校长，号召师生队伍参与抗日救亡运动。1938年10月，他加入八区抗敌后援会。次年，他加入中国共产党。同年春，他转入健民小学任教，同时担任抗先队中山县八区区队队长，统领队伍进行抗战。1940年3月，他撰写《告八区同胞书》，将国民党与伪军的罪行及阴谋淋漓尽致地揭露出来。1943年5月，他在五区工作时被汪伪第四十三师包围而被捕入狱，直到1945年后才被党组织营救出来。1949年8月24日，他负责开展部队的思想政治教育工作，帮助打击国民党反动派。中华人民共和国成立后，他历任中共中山县委宣传部副部长、石岐市副市长、中山县副县长等职。1969年1月，梁其颖逝世。

（十九）陈中坚

陈中坚（1913—1972），月坑村人。1939年，他参加广东青年抗日先锋队中山县八区区队，后成立抗先队，并担任队长；8月，加入中国共产党；9月28日，担任"十人武装小组"队长。1941年4月，他担任中山八区抗日游击大队队长，统领抗日武装斗争工作。1945年1月，他担任广东人民抗日解放军第四团（五团）团长，多次带领部队与日军作战，收复了天亭、双水等地。1946年6月，他奉命随军北撤，参加解放战争。中华人民共和国成立后，他转业到地方工作，于1972年病逝。

（二十）陈川

陈川（1919—1972），月坑村人，自小随叔父陈世典参加农会运动，1939年加入陈中坚领导的八区抗日游击队，历任小队长、中队长、武工队队长。在一次战斗中，他一枪击毙碉楼中的日军机枪手，被誉为游击队神枪手。1944年后，他转战江门、阳江等地区进行抗日斗争。

（二十一）陈连厚

陈连厚，出生年月不详，斗门镇下洲村人。根据其家里珍藏的信件及其日记显示，陈连厚具有出色的搜集情报和反侦察能力，在抗日战争年代为国共两党联合抗日做出了重要贡献，受到海军军事学院院长谢立全将军的赞扬。国民党高官陈立夫也致信陈连厚，表示对其离开政治事业、选择从农的遗憾。陈连厚旧

陈连厚

居还存有郭沫若赠送给他的书法作品《青松诗》，展现了他的崇高品格。20世纪60年代后，陈连厚解甲归田，但他退伍不褪色，一生坦荡无私，直至1978年去世，他的精神影响着许多人。

（二十二）李枫

李枫（1912—1984），八甲乡人。在广州求学期间，李枫与邝任生结下了深厚的友谊。抗战全面爆发后，他加入了中山县八区青年社、中山八区民众抗敌后援会和八甲乡抗日工作团，并在八甲乡抗日工作团任团长。同时，他利用自己所学，参与出版《八区青年》月刊并任编辑委员。1939年，他担任澳门《大众日报》编辑。次年，他转移至香港，并加入中国共产党。他在

香港期间制作了多部宣传抗日救国运动的爱国主题教育影片，掀起了民众的抗日热潮。1942年3月，他重返中山八区，参与中共地下组织工作。1946年，他再次前往香港，开辟了多个中共活动据点，创办了影院和杂志社，制作了多部影片来揭露国民党的罪行。1948年10月，他前往台山加入粤中纵队，投入解放战争，为祖国的革命和建设事业付出了毕生的心血。

（二十三）赵约文

赵约文（1911—2005），1938年加入中国共产党，随即被派往郁南县开展地下工作。经刘田夫委派，他长期潜伏在国民党伪政府中，以科长的灰色面目为中国共产党工作。1946年，他调任中山县伪政府，历任建设科、地证科、社会科科长。斗门解放后，赵约文曾任中山县工商科长，小榄镇镇长，广东省委书记处书记、副省长，曾获中共中央、国务院、中央军委颁发的中国人民抗日战争胜利60周年纪念章一枚。

（二十四）赵荣

赵荣（1920—2012），南门乡人。1939年，他加入中国共产党，并担任月坑、网山、东澳等多个村的党支部书记。1942年2月，他参加抗日敌后武装斗争。1944年，在第一次黄杨山战斗结束后，他带领武工组成员坚守八区，积极维护人民利益。他一生担任了多个重要职务，如广东人民抗日解放军第四团、第六团政治处主任，广东人民抗日解放军广阳支队第八团团长兼政委，粤中纵队第二支队第八团团长兼政委等，对革命事业和社会主义建设事业都做出了重大贡献。

（二十五）陈达

陈达（1928—2015），八甲乡黄沙坑人。1942年7月，他被编进泽堂护沙队第三小队，负责交通员的工作。1944年10月，他调往中山五桂山珠江纵队民族队第四班（小鬼班），在随部

陈达

队执行任务时，遭国民党袭击，与部队事务长谭佩华失去联络后前往惠州，经组织决定后以回乡生产做掩护，承担起交通员的工作，直至1947年冬调回八区武工队。此后，他先后担任了粤赣湘边纵队中山独立团四营十连排长、粤中珠江军分区顺德县武装部参谋、八甲人民委员会文书等职务，为斗门的解放、建设发展做出了重大贡献。晚年，他积极参与斗门历史资料的收集与整理工作，传承斗门红色文化，直到生命最后一刻。

（二十六）赵强

赵强，生卒年月不详，1937年接受邝任生委派到三灶教书，开始从事革命活动。1942年，他参加中山八区抗日游击大队。抗日战争期间，他先后任副中队长、二连连长。解放战争时期，他先后任新（兴）云（浮）开（平）边区委书记、台（山）开（平）恩（平）平原区武工队独立区队区队长。

二、烈士简表①

姓名	性别	乡籍②	出生时间	参加革命（参军）时间	牺牲时间
梁 捷	男	乾务镇乾北村	1910年	1939年参加革命	1939年10月
罗建才	男	斗门镇南门村	1913年	1938年参加革命	1940年7月
黄萼荣	男	五山镇网山村	1919年	1938年参加革命	1941年3月

① 资料来源于斗门县人民政府于井岸镇设立的斗门革命烈士纪念碑（原斗门县革命烈士纪念碑）。

② 以下乡籍均按现今的地名。

（续上表）

姓名	性别	乡籍	出生时间	参加革命（参军）时间	牺牲时间
陈明祥	男	五山镇马山村	1913年	1941年参加革命	1941年9月
周　伍	男	井岸镇草葫村	1915年	1941年7月参加革命	1941年10月
邝任生	男	斗门镇小濠涌村	1911年	1932年参加革命	1942年3月
苏素卿	女	斗门镇斗门村	1907年	1938年参加革命	1942年6月
陈子念	男	五山镇中禾村	1916年	1940年参加革命	1942年11月
陈　照	男	五山镇南山村	1922年	1942年参加革命	1942年11月
邝健玲	女	斗门镇小濠涌村	1918年	1937年参加革命	1944年
梁　威	男	六乡镇月坑村	1916年	1939年参加革命	1943年7月
赵　弟	男	斗门镇南门村	1924年	1942年参加革命	1943年7月
赵成康	男	斗门镇南门村	1919年	1942年参加革命	1943年7月
赵　诚	男	斗门镇南门村	1918年	1941年9月参加革命	1943年
梁成耀	男	乾务镇乾西村	1919年	1938年参加革命	1943年5月
黄达郁	男	五山镇网山村	1920年	1939年参加革命	1943年
邝振大	男	斗门镇小濠涌村	1916年	1936年参加革命	1943年7月
陈郁厚	男	五山镇马山村	1918年	1942年9月参加革命	1943年
何如有	男	斗门镇黄沙坑村	1920年	1943年参加革命	1944年
周买大	男	乾务镇东澳村	1922年	1942年5月参加革命	1944年
莫有九	男	斗门镇新赤水坑村	1920年	1942年参加革命	1944年
容兆云	男	井岸镇龙坛村	1908年	1943年参加革命	1944年2月

（续上表）

姓名	性别	乡籍	出生时间	参加革命（参军）时间	牺牲时间
邝昔富	男	斗门镇小濠涌村	1920年	1943年参加革命	1944年6月
林忠吐	男	五山镇马山村	1924年	1942年参加革命	1944年6月
何斗耀	男	六乡镇月坑村	1926年	1943年参加革命	1944年6月
苏东苟	男	六乡镇月坑村	1919年	1943年参加革命	1944年6月
何　尧	男	莲溪镇大沙村	1925年	1943年7月参加革命	1944年6月
陈巩华	男	五山镇新村	1924年	1942年参加革命	1944年
陈　仁	男	五山镇马山村	1918年	1942年参加革命	1944年9月
黄买强	男	五山镇马山村	1922年	1943年参加革命	1944年
陈　木	男	五山镇禾丰里村	1920年	1940年参加革命	1945年
练　木	男	井岸镇草葫村	1923年	1941年12月参加革命	1945年1月
周　伍	男	六乡镇月坑村	1922年	1941年参加革命	1945年
陈柏长	男	新会崖西旺冲村	1915年	1938年参加革命	1945年1月
邝保护	男	斗门镇小濠涌村	1920年	1944年参加革命	1945年1月
黄成长	男	五山镇网山村	1926年	1943年参加革命	1945年2月
陈　康	男	六乡镇月坑村	1921年	1943年参加革命	1945年2月
罗炳林	男	井岸镇草葫村	1922年	1943年参加革命	1945年2月
邝国能	男	斗门镇小濠涌村	1921年	1944年参加革命	1945年2月
林若冰	女	五山镇马山村	1919年	1942年参加革命	1945年2月
梁俊帼	女	乾务镇乾东村	1920年	1943年参加革命	1945年4月
邝叔明	男	斗门镇小濠涌村	1913年	1933年参加革命	1945年6月
林素勤	男	五山镇马山村	1928年	1943年参加革命	1945年5月

（续上表）

姓名	性别	乡籍	出生时间	参加革命（参军）时间	牺牲时间
周　祥	男	乾务镇东澳村	1922年	1942年参加革命	1945年7月
赵尧仔	男	斗门镇南门村	1929年	1942年参加革命	1945年7月
周　芳	男	乾务镇东澳村	1916年	1941年参加革命	1945年10月
陈怀庆	男	五山镇马山村	1920年	1942年参加革命	1945年12月
周维友	男	斗门镇黄沙坑村	1928年	1944年参加革命	1945年12月
陈　其	男	五山镇新村	1925年	1943年参加革命	1945年12月
周　志	男	乾务镇东澳村	1925年	1942年参加革命	1945年12月
林　泉	男	六乡镇涩涌村	1922年	1944年参加革命	1945年12月
赖　达	男	白蕉镇赖家村	1925年	1944年参加革命	1945年12月
陈丁顺	男	五山镇南山村	1921年	1943年参加革命	1945年12月
胡　腾	男	南海县九江新龙村	1897年	1943年参加革命	1946年2月
陈　彩	女	莲溪镇莲江村	1925年	1944年参加革命	1946年7月
林　科	男	五山镇马山村	1914年	1938年参加革命	1948年5月
杨英林	男	斗门镇官冲村	1920年	1947年参加革命	1948年12月
赵福文	男	斗门镇大赤坎村	1918年	1947年参加革命	1948年12月
容　振	男	斗门镇龙坛村	1921年	1938年参加革命	1949年3月
刘大生	男	信宜县云开	1907年	1948年参加革命	1949年4月
邓以赞	男	井岸镇大黄杨村	1928年	1948年参加革命	1949年9月
余鸿钧	男	斗门镇小赤坎村	1911年	1938年参加革命	1949年1月
黄长森	男	五山镇网山村	1925年	1949年参加革命	1949年9月
何　源	男	斗门镇黄沙坑村	1929年	1948年参加革命	1949年9月
何志女	男	斗门镇黄沙坑村	1919年	1948年参加革命	1949年9月

（续上表）

姓名	性别	乡籍	出生时间	参加革命（参军）时间	牺牲时间
赵康然	男	斗门镇大赤坎村	1922年	1948年参加革命	1949年12月
黎容登	男	东莞槎窑村	1920年	1948年参加革命	1950年1月
赵叔敏	男	斗门镇大赤坎村	1929年	1949年参加革命	1950年
陈明东	男	斗门镇新沥岐村	1926年	1948年11月参军	1950年
赵德光	男	斗门镇南门村	1934年	1951年2月参军	1951年
杜北伦	男	上横镇大胜村	1932年	1949年11月参加革命	1951年1月
赵权	男	莲溪镇文锋村	1925年	1948年参军	1951年5月
黄曼乐	男	斗门镇小赤坎村	1933年	1946年参军	1951年6月
邝章迎	男	五山镇网山村	1931年	1950年3月参军	1951年9月
赵寿	男	斗门镇大赤坎村	1928年	1948年参军	1951年
陈社兆	男	五山镇马山村	1929年	1950年1月参军	1951年10月
黄瑞添	男	斗门镇大濠冲村	1927年	1949年参军	1951年
梁炳强	男	乾务镇东澳村	1933年	1951年2月参军	1952年12月
赵欢波	男	斗门镇南门村	1925年	1950年3月参军	1952年1月
赵彰德	男	斗门镇大赤坎村	1929年	1950年3月参军	1952年
梁北群	男	乾务镇乾东村	1928年	1950年3月参军	1952年
李万锚	男	斗门镇大赤坎村	1930年	1951年2月参军	1952年
黄广雅	男	六乡镇沙栏村	1930年	1951年2月参军	1952年
吴秋华	男	斗门镇汉坑村	1933年	1951年2月参军	1952年
陈伟尧	男	斗门镇南门村	1930年	1951年2月参军	1952年
梁骚	男	乾务镇乾东村	1926年	1951年2月参军	1952年8月

（续上表）

姓名	性别	乡籍	出生时间	参加革命（参军）时间	牺牲时间
赵买灵	男	斗门镇大赤坎村	1936年	1950年3月参军	1952年10月
赵　女	男	斗门镇大赤坎村	1931年	1951年2月参军	1952年12月
李权光	男	斗门镇大赤坎村	1933年	1949年10月参军	1952年12月
陈万安	男	六乡镇月坑村	1924年	1949年10月参军	1952年12月
叶金祥	男	六乡镇涩涌村	1925年	1952年2月参军	1952年12月
赵毅文	男	斗门镇大赤坎村	1929年	1950年3月参军	1953年
赵买韶	男	斗门镇大赤坎村	1932年	1951年2月参军	1953年6月
胡发雄	男	井岸镇鸡咀村	1932年	1950年3月参军	1953年7月
凌贞祥	男	白蕉镇红二村	1929年	1951年2月参军	1953年7月
邝相朝	男	斗门镇斗门村	1930年	1950年3月参军	1953年
邝顺有	男	斗门镇斗门村	1932年	1950年2月参军	1953年
季　满	男	罗定县大扩村	1925年	1948年9月参军	1954年
吴国成	男	斗门镇汉坑村	1931年	1953年2月参军	1954年1月
陈长根	男	六乡镇涌口村	1937年	1956年参军	1958年3月
林炳均	男	井岸镇南朝村	1940年	1960年3月参军	1961年9月
周耕牛	男	莲溪镇石龙村	1940年	1959年参军	1961年
陈宝贤	男	白蕉镇朝阳村	1950年	1969年12月参军	1970年5月
梁有昔	男	斗门镇群山村	1953年	1972年12月参军	1976年2月
张庆山	男	北京市密云县	1956年	1973年12月参军	1979年2月
陈锦超	男	上横镇大胜村	1949年	1968年3月参军	1979年3月
黄郁生	男	六乡镇沙栏村	1958年	1978年3月参军	1979年3月
谭锦波	男	斗门镇东兴村	1958年	1978年3月参军	1979年3月

（续上表）

姓名	性别	乡籍	出生时间	参加革命（参军）时间	牺牲时间
梁锦焕	男	白蕉镇新二村	1950年	1971年1月参军	1979年3月
何嘉才	男	大埔县湖寮镇	1961年	1979年3月参军	1979年10月
杨大全	男	井岸镇水口村	1962年	1982年1月参军	1985年6月

斗门革命烈士纪念碑正面刻着革命烈士简介

斗门革命烈士纪念碑背面刻着革命烈士简介

大事记

1928年

秋，中山八区一批进步青年到广州求学，学习进步思想，后逐步参与到革命事业当中。

冬，月坑等7乡的农民协会被国民党中山县县长兼县民团总队长梁鸿洗派军队"围剿"，农民协会和农民自卫军决定暂停活动以保存革命力量。

1930年

冬，出生于斗门小濠涌村的青年共产党员邝任生学成归来，秘密开展革命工作。

1932年

春，邝任生利用在八甲乡排山小学任教的便利，宣传反帝反封建的革命道理，并组织农会进行抗租。

3月，陈杰、谢英分别前往网山小学和八甲乡赤水坑小学任教，秘密开展革命事业。

11月上旬，陈杰、邝任生分别在网山、八甲两地开展庆祝十月革命胜利15周年活动，提出"打倒土豪劣绅""打倒贪官污吏""打倒帝国主义""反对内战"的口号，并宣传马克思主义理论。

是年，农民协会组织迅速扩大，由7个乡增加到14个。

1933年

年初，邝任生、邝叔明、邝振大等人在广州组建"共产主义同情小组"。

1934年

夏，邝明、邝仲海三人共同创办健民小学。

冬，邝任生、邝叔明等人在小濠涌新兴小学组织成立读书会。

1936年

是年，小濠涌青年社成立。

是年，在邝任生的组织带领下，编印《青年月刊》。

11月，中山县八区第一个党小组——小濠涌党小组宣告成立。

1937年

1月，原"青年社"改为"八区青年社"，原《青年月刊》改为《八区青年》月刊，继续扩大抗日宣传的影响。

2—8月，邝健玲、邝仲海、邝卓生、黎华龙经邝任生介绍先后加入中国共产党，小濠涌第二个党小组因此成立。

8月，中共斗门墟特别支部成立，以八区青年社成员为建党对象，开办党课学习班。

8月，中共中山县委在石岐成立，随后20多个村的党组织得以建立、恢复和发展。

9月20日，斗门乃至珠海市的第一个党支部——中共小濠涌支部成立，由邝任生担任支部书记。

9月，国民党中山县党部成立中山民众抗敌后援会，国民党中山县第八区区党部成立中山八区民众抗敌后援会（后改称"御侮救亡会"）。

10月，小濠涌最早的一个群众性抗日组织——大刀会成立。

11月，在江门完成《八区青年》第九期（最后一期）的印刷。

12月，八区青年社到各乡开展抗战话剧表演。

1938年

2月，中山战时妇女协会八区分会（简称"妇协会"）成立，随后8个乡相继成立了乡妇协会。

2月，日军侵占中山县第七区的三灶岛后，开始在岛上修建飞机场。随后，斗门多个乡村遭受日机轰炸。

6月，斗门地区党组织由中共南方工作委员会领导改由中山县委领导。

9月，中共斗门墟支部成立，由黄萼荣担任支部书记。

10月，中共斗门区委（即中共中山县八区委员会）成立。邝任生任区委书记，全区党员共24名。

11月，中共八甲乡支部成立，由陈洪护担任支部书记。

12月，中共网山乡支部成立，由黄展平担任支部书记。

1939年

1月，八区委组建了广东青年抗日先锋队中山县八区区队（简称"抗先队"）。

2—5月，游击队训练班于南门新围村崇基祠举办。期间，妇协会成立了救护队，广大妇女参与到抗日救亡运动当中。

3月，中共南山乡支部成立。

4月9日—12日，中共中山县委召开第二次武装工作会议，随后成立中山县民众抗日自卫团第二十八大队（简称"二十八大队"）。

5月，中共南门乡支部成立。

7月，中共马山乡支部成立。

7月，大濠涌村党小组成立。

7月，二十八大队被国民党区公所解散，随后八区委初步计划在月坑村建立抗日根据地。

7月下旬，日军进犯中山横门，八区委派抗先队支援国民党抗日武装，共同击退日军。

8月，中共乾务小组成立。

9月28日，"十人武装小组"在月坑村成立，由八区委直接领导，对外挂"民生公司"牌子。

12月，"民生公司"宣布解散，武装小组撤回月坑，并动员了10多名青年入伍，成立"守更队"，对外挂"陈更生联防中队"的番号。

12月，中共月坑小组成立。

1940年

春，中山县本部地区沦陷。

1月，由于国民党反动派掀起了第一次反共高潮，抗先队的活动从公开转向隐蔽。

2月，"守更队"更名为"八区陈中坚抗日游击队"。

2月，中共龙坛支部成立。

3月，梁其颖撰写《告八区同胞书》，揭露国民党与伪军的罪行。

6月，中共广东省委召开扩大会议，决定建立中共南（海）番（禺）中（山）顺（德）中心县委，统一领导南番中顺地区党的组织和抗日武装。此后中山县八区委员会归中心县委直接领导。

7月，抗日游击队利用乾务乡的宗族关系，积极开辟武装据点，并组建一支沙面自卫队。

8月下旬，日军进攻八区抗日游击队驻地月坑村，陈中坚、黄伯林（军事教官）率队顽强与日军抗战，打响了八区武装反抗日军的第一枪。

10月，中共乾务支部成立，由梁其靖担任支部书记。

12月初，中山本部县委妇女委员郑迪伟调来八区接任邝健玲的工作。

12月20日，日军大肆进攻月坑，下午退回三灶岛途中，在涩涌深坑用机枪杀害村民30多人，制造了"深坑惨案"。

1941年

1月，中共南番中顺中心县委在月坑召开会议，宣布将中山划为三个直属区、区委领导调整、区委会迁移等决定，同时明确了今后的主要任务：整顿组织、壮大力量。

2月9日，斗门墟沦陷。

2月，东澳村党小组成立。

3月，八区委创办《黄杨山报》。

4月，八区陈中坚抗日游击队改称"中山八区抗日游击大队"，对外挂"挺进第三纵队第七支队第二大队"番号。

4—5月，中共南山乡地下组织领导开展"反献枪献壮丁、赶走白蕉伪海防军司令部派来潜伏南山乡当文书，准备沦陷后成立伪政权的组织者陈凌"的斗争并取得胜利。

6月13日，日军入侵中山八区，驻扎于斗门墟天主教堂，全区第二次沦陷。

6月，八区妇运工作全部转入分散隐蔽活动。

6月，工友会暴露，暂时退出斗门。

7月，东澳乡人民抗日义勇游击独立小队成立。

7月，中共月坑支部成立。

秋，中共网山支部改为党小组。

10月23日，中山八区抗日游击大队攻打驻守在马山创基祠和闸口碉楼的日军。

10月，东澳乡人民抗日义勇游击独立小队与国民党联防中队黄球仔部作战并取得胜利。随后，多名小队成员转入八区抗日游击大队。

11月，斗门墟锄奸队抓获并处决了投靠日军的黄益新。

年底，妇女干部培训班在南山开设。

是年，南山村成立妇女党支部。

1942年

2月，中共网山小组重新恢复为党支部。

2月，中共老糠堆支部成立。

3月，梁威带领游击队，深夜袭击廖锦全伪军，迫使廖部撤销大托南村庙仔岗哨，扫清了月坑通往龙坛、乾务的交通障碍。

4—5月，八区委机关转移到黄沙坑，由郑迪伟负责妇女工作。

9月，八区委派陈振发带领部分游击骨干回南山，从南山乡的自卫队中补足兵源，组成一个队，进驻大虎。同时，派党员干部到大虎小学教学，协助开辟新的据点。

11月，伪军和土匪深夜攻打驻扎于大虎的游击队。郑少康带领游击队和大虎自卫队人员分四路御敌，击退敌人的多次冲锋，最后成功返回南山根据地。

1943年

1月，游击大队副中队长林兴华带领一个小队袭击黄庭伪军。

3月，锄奸队击毙投靠日军的斗门墟汪伪维持会会长赵国平。

4月，陈中坚带领游击大队再次袭击黄庭伪军并取得胜利。

5月，八区委接到上级党组织的通知，决定将地方党组织与武装部队分开，采取单线联系的方式，分派党员联系不同地方的党员。

5月，锄奸队在当地党支部的配合下，抓获并处决了日伪军黄炳全。

10月，游击大队出兵攻打分驻西坑的伪联防中队队长黄福祥并取得胜利。

10月，南番中顺游击指挥部副指挥谢立全到月坑组织开会，研究部署攻打汉奸吴全大队的计划。

11月，南番中顺游击指挥部联合中山八区抗日游击大队的力量，共同攻打吴全大队。

是年，中山八区抗日游击大队派部队精英骨干到五桂山军政干部训练班学习。

秋冬间，陈惠贞、林若冰、林凤、林泳嫦、梁俊帼等妇女队员分批到五桂山参加珠江纵队举办的妇运干部培训班。

1944年

1月13日，锄奸队在当地党组织的配合下，将依仗国民党八区区分部书记梁象豪势力的八甲乡副乡长潘文兴抓获并处决。

3月，南番中顺游击指挥部军事督导员郭大同来八区老糠堆举办了为期10天的军事骨干培训班。

3—5月，南番中顺游击指挥部政治部主任刘田夫听取李进阶等人的工作汇报和指示后决定转战新会，开辟崖南新据点，同时要求中山八区抗日游击大队找准时机向台山、新会、恩平等县发展。

4月初，游击队俘获白蕉乡伪乡长、汉奸赖一鸣一行数人。

5月19日，陈中坚发表《制裁汉奸吴全之快邮代电》，揭露汉奸吴全投日求荣、残害民众的罪行，呼吁社会制裁汉奸吴全。

5月底，锄奸队处决了龙西乡伪乡长马永宽。

6月上旬，日伪军再次发动"扫荡"，企图消灭中山八区抗日游击大队。

6月上旬，黄杨山战斗爆发。中山八区抗日游击大队粉碎了汉奸吴全、挺进第三纵队第八支队梁渭祥部、伪军赖少华部的"扫荡"，取得了反"围剿"战斗的胜利。

6月中旬，南番中顺游击指挥部做出指示，中山八区抗日游击大队除赵荣带一个武工队留守八区，赵明小队继续隐蔽驻守在连湾外，全部人员转移到新会崖南交贝石。

7月，原留在中山八区的赵荣带的武工组和赵明小队也先后转移到新会崖南交贝石。

7月，中共台山县特派员黄文康到交贝石与李进阶接上关系，几次共商中山八区抗日游击大队入台山抗日事宜。

8月，八区地方党划归中共新会县委领导。

9月中旬，中山八区抗日游击大队首次进入台山县，但遭到国民党广阳守备区指挥部第三指挥所李景象的阻拦，随后撤回交贝石。

9月下旬，中山八区抗日游击大队挂"台山第三区抗日联防大队"番号，成功进入台山莘村，帮助台山进行抗战。

10月11日，台山第三区抗日联防大队联合友军及国民党地方部队，一起攻打驻扎于台城的日伪军，随后成功收复了台城。

12月，中山八区抗日游击大队进入台山、开平边界，创建抗日游击根据地，游击大队改称"台山人民抗日游击队第四大队"。

1945年

1月，台山人民抗日游击队第四大队（原中山八区抗日游击大队）改编为广东人民抗日解放军第四团。

年初，八区武装党组织划归珠江纵队一支队领导。

9月，八区地方党组织重新划回中山地区，由中共广东区党委中山特派员黄佳直接领导。

1946年

年底，为贯彻执行"长期埋伏、积蓄力量"的方针，地方党组织将已经暴露身份的武装党组织负责人赵明调到中山九区黄阁小学任教，暂时潜伏，武装党组织工作交由邝辉负责。

截至年底，陈丽芳以黄沙坑联络站为中心，共开辟了4条交通线。

1947年

冬，中山特派员曾谷将在九区教书的赵明调回八区，负责武装组建工作。

冬，赵明派马健召集容振、何松、陈勇、黄买等人一起活动，聚集于龙坛，组建武工队。

冬，地方党组织与武工队执行上级的指示，组织农会，掌握各乡地方武装，做好反"三征"斗争。

1948年

5月，根据中共珠江三角洲地区工作委员会的决定，中山八区实行地方党和武装党统一领导，加快发展武装力量。

秋，八区地方党组织在龙坛村农会的配合下召开群众大会，抵制国民党政府的"三征"暴政，订立了"三不交"（不交一粒粮，不交一个兵，不交一文钱），"三不准"（不准勾引"三征"官吏进村，不准与"三征"官吏私通泄密，不准安排"三征"官吏食宿）公约。

7月，八区武工队发展壮大，人数扩增到三四十人。

9月，中山特派室调郑文（黄生）来八区专管武装工作。

10月，中共南门地下组织编辑出版进步刊物《黎明报》。

11月，梁其靖前往乾务，负责梁北盛的统战工作，帮助组建护沙小队（驻三板）；同时组建驻恒丰围的护沙小队。

12月，中共党员赵东受南门党组织的委派，组建了农民武装冬防队。

冬，武工队小组揭露小濠涌乡乡长及其亲信抗缴军粮的罪行。

1949年

2月，因人员调整，《黎明报》停刊。

2月，乡委和农商会联席会议在乾务召开。

5月，中共南门支部恢复设立。

5月，"三山"（马山、南山、网山）党总支成立。

7月，八区武装队伍派人接收原新会县委领导的驻防马墩竹洲头的汤山武装小队17人。

7月，组建中山县七区、八区游击队，代号为"北海队"。

8月24日，黄森部队在龙坛村起义，此后将黄森部改编为泰山队，由黄森任大队长，受北海队统一领导。

8月，北海队与泰山队主力中队进入乾务，召集各乡乡长和地主当权派训话，促使土豪劣绅交足了所欠的军粮。

夏，在区领导的思想指引下，白蕉乡取消了"反共救国军"的错误主张。

9月，迎接解放的三灶领导小组成立。

9月，中共珠江地工委委员、武装部部长谭桂明来八区与赵明研究，决定袭击驻守在小霖乡的国民党军。

秋，中共中山县七区、八区分委会成立。

10月1日，北海队和泰山队全体官兵在龙坛村聚集，用收音机收听了中华人民共和国开国大典的实况报道，并郑重地举行了第一次五星红旗升旗仪式。

10月15日，乾务乡解放。

10月16日，斗门墟解放。

10月17日，国民党广州卫戍区司令李及兰辖下的保二师、保五师进犯斗门墟，北海队由斗门墟转移到南山中禾村。

10月30日，泰山队与兄弟部队一起解放了石岐，准备迎接南下大军。

11月3日，解放军攻打国民党保二师的一个连并获得胜利。

11月2日—4日，粤赣湘边纵队主力一团挺进中山八区，与两广纵队、八区的武工队一起追歼国民党李及兰残部并获得胜利。

11月4日，斗门全境解放。